민주주의 [증보판]

On Democracy, Second Edition

On Democracy, Second Edition
by
Robert A. Dahl

민주주의 [증보판]

On Democracy, Second Edition

로버트 달 지음
이안 샤피로의 제2판 서문 및 새로운 두 개의 장 추가

김왕식, 장동진, 정상화, 이기호 옮김

역자소개

김왕식 이화여대 사회생활학과 교수
University of Missouri, Columbia(Ph. D.)

장동진 연세대 정치외교학과 교수
University of Texas, Austin(Ph. D.)
전공: 정치철학(정의론, 자유주의, 민주주의)

정상화 연세대 동서문제연구원 연구원
University of Missouri, Columbia(Ph. D.)

이기호 한신대학교 정조교양대학 및 사회혁신경영대학원 교수
연세대 대학원 정치학(Ph.D)
전공: 정치이론, 정치사회학, 시민사회론

민주주의 [증보판]
On Democracy, Second Edition

초판 발행 1999년 3월 20일
증보판 발행 2018년 2월 28일
증보판 2쇄 2021년 2월 26일

지은이 로버트 달
이안 사피로의 제2판 서문 및 새로운 두 개의 장 추가
옮긴이 김왕식, 장동진, 정상화, 이기호
펴낸이 최국주
펴낸곳 동명사
출판등록 1950년 11월 1일(제1-76호)
주소 (우 10881) 경기도 파주시 회동길 50(문발동)
전화 031-955-7200(대표)~2, 7203(편집부), 7204(물류)
팩스 031-955-7205
전자우편 webmaster@dmsbook.com
홈페이지 www.dmsbook.com

ISBN 978-89-411-8186-6 93340
값 27,000원

옮긴이의 말

(Dahl, *On Democracy*, Second Edition, 2015)

이 『민주주의』 번역본은 Robert A. Dahl, *On Democracy*, Second Edition(Yale University Press, 2015)을 번역한 것이다. 옮긴이들은 1999년에 제2판본이 나오기 이전의 Dahl, *On Democracy*(1998)의 원래의 판본을 동명사를 통하여 번역한 바 있다. 달의 *On Democracy* 제2판본은 1998년 원래의 판본에서 달의 글을 그대로 보존한 채, 사피로(Ian Shapiro)에 의해 Preface to the Second Edition, Chapter 16, Chapter 17, 그리고 Appendix D가 추가되었다. 특히 추가된 부분에서 사피로는 달의 다원주의 입장을 견지하면서, 민주주의와 경제적 불평등의 문제에 대한 논의를 하고 있으며, 부록 D의 말미에서 대통령제와 의회제의 혼합정체의 등장과 이에 대한 이론적 조명을 촉구하고 있다.

On Democracy(1998) 원본 번역 당시(1999), 1장과 제1부 '민주주의의 기원'은 정상화, 제2부 '이상적 민주주의'는 장동진, 제3부 '현실의 민주주의'는 김왕식, 제4부 '우호적 조건들과 비우호적 조건들'은 이기호가 담당하여 번역하였다. 1판 번역을 그대로 계승하여, *On Democracy*, Second Edition 번역에서 사피로(Ian Shapiro)에 의해 증보된 Preface to the Second Edition, Chapter 16, Chapter 17, 그리고 Appendix D 부분을 장동진이 담당하여

번역하였다. 이후 특히 1판 번역에서 오류와 미진한 부분, 그리고 추가 번역된 부분을 역자들이 함께 논의 검토한 후 이기호가 최종 수정하고 확인하여 달의 민주주의 2판 번역을 마무리 하게 되었다.

특히 달의『민주주의』의 원본을 번역한지 거의 20년에 가까운 세월이 흘렀다. 그간 옮긴이들의 미숙한 번역을 통해서라도 많은 독자들이 민주주의를 좀 더 쉽게 이해하는데 도움이 되었기를 바라는 마음 간절하다. 만약 달의『민주주의』한국어 번역본을 읽은 후 아주 쉽게 민주주의에 대해 이론적으로 좀 더 친숙해졌다면, 그것은 아마도 옮긴이의 역할보다는 원숙한 이해를 기반으로 민주주의를 아주 간명하게 설명한 달의 원 저술의 공헌이라 할 수 있다. 원판 번역과정에서 달의 아주 간명한 설명에도 불구하고, 우리말로 전환하는 데에는 언어 및 문화와 전통의 차이로 어려움을 겪을 수밖에 없었다. 이로 인해 미진하고 불분명한 부분, 심지어 오역도 있었으리라 짐작하며, 독자들의 관대한 이해를 바랄 뿐이다. 이번의 제2판 번역에서는 이러한 부분을 가능한 축소시키려고 노력하였지만, 여전히 많은 미진한 부분이 있을 수밖에 없다는 생각을 한다.

그간 달의『민주주의』원판을 1999년 번역한 이래 상당히 많은 시간이 흐름으로 인해, 한국 민주주의는 물론 전 세계적으로 선진 및 후발 민주주의 국가들을 막론하고 많은 긍정적 진전과 함께, 새로운 문제들이 지속적으로 대두되고 해결을 기다리는 현상을 목격해 왔다. 아마 사피로가 몇몇 부분을 달의 원 저서에 추가한 것은 이러한 민주주의의 새로운 진전과 변화에 대한 학문적 관심을 촉구하기 위한 것으로 이해된다. 이 추가된 제2판『민주주의』를 통해 한국 민주주의가 직면하고 있는 문제들에 대한 진단은 물론, 전 세계적 차원에서 진행되는 민주주의의 현상을 이해하는 데 기초적 관점과 비판적 시각을 획득할 수 있기를 기원한다.

특히 달의 『민주주의』 제2판의 추가된 부분을 번역함에 있어, 연세대 대학원 정치학과의 김태민 군이 번역과정에서 용어 및 사례의 검색 확인, 그리고 난해한 문장을 우리말로 번역하는데 있어 내용의 확인과 문장을 가다듬는데 많은 도움을 주었다. 그리고 달의 『민주주의』 제2판 판권문제를 쉽게 해결하여 준 동명사의 최국주 사장님과 그리고 추가 번역본이 좋은 모습으로 출판될 수 있도록 하여준 편집진에게 감사한다.

2018년 2월 25일

옮긴이 일동

목차

제2판 서문

달(Robert Dahl)은 2014년 2월 5일에 98세의 나이로 세상을 떠났다. 그는 20세기의 가장 중요한 정치학자였다고 할 수 있으며, 동시에 20세기의 가장 탁월한 사회과학자의 한 사람이었다고 확실히 말할 수 있다. 그는 수많은 상과 명예 학위를 받았다. 그 중에는 정치학 분야에서 노벨상이 없다는 것을 보완하기 위해 1995년에 만들어진 요한 스카이트 상의 첫 번째 수상자(the first Johan Skytte Prize)였다. 달의 저술에 대한 인용은 수만 회수에 이르며, 그의 동시대 학자들에 대한 인용 빈도를 무색하게 한다. 오늘날 학계의 수많은 지도자들은 그의 학생이었다.

아이오와 주의 인우드(Inwood, Iowa)에서 1915년에 태어나서, 달은 알래스카(Alaska)에서 자랐으며, 1936년에 워싱톤 대학(the University of Washington)을 졸업하고, 1940년에 예일(Yale)에서 박사학위를 마쳤으며, 이후 전쟁임무에 참가하였다. 그는 전시생산국(the War Production Board)에서, 그리고 육군의 중위로 근무하였으며, 탁월한 근무에 대한 청동무공훈장(a Bronze Star with oak cluster)을 수상하였다. 루즈벨트 대통령 행정부에서 잠시 활동을 한 후, 1946년에 예일로 돌아와서 이번에는 교수가 되었다. 그는 40년 동안 가르쳤으며, 1986년에 스털링 명예교수(Sterling Professor Emeritus)로 은퇴하게 되었다. 그 후에도 또 다른 20년을 활동적 학자로 활약하였다.

수년에 걸쳐, 달은 현대 정치학의 영역을 개척하였다. 확실히, 정치학의 학문적 연구는 적어도 고대 그리스인들로 거슬러 올라가게 된다. 달은 플라톤, 아리스토텔레스가 아니었으며, 또한 홉스도 아니었다. 그러나 그는 수천 년 동안 학문적 기획을 규정하여 왔던 일화를 조명하여 의미를 부풀리는 방식인 관념적 숙고(the armchair reflection)에 새로운 무언가를 첨가하였다. 그것은 바로 엄격하게 진술된 이론적 주장들을 평가하는 체계적 경험의 사용이었다. 달의 후계자들의 세대들은, 그가 1950년대와 1960년대에 혁신적인 업적들을 산출한 이래, 이론과 경험적 방법 모두를 다양한 방향으로 발전시켜왔다. 때로는 그가 보기에 그의 취향에 맞지 않는 방식으로 나타나기도 하였다. 그렇지만 그러한 작업들이 달의 기반위에 서 있다는 점을 부인할 사람은 거의 없을 것이다.

달은 정치학에 있어 행태주의 학파의 창시자로 흔히 간주되고 있다. 그 이유는, 뉴 헤븐(New Heaven)에서의 정책결정에 관한 그의 연구서인 『누가 통치하는가?』(*Who Governs?*)를 통하여, 도시 엘리트의 권력과 행위에 관한 그의 초기 이론적 작업에서 관찰 가능한 행위를 강조했기 때문이다. 그러나 이것은 달을 행태주의 또는 특정 행태주의 학파와 동일시하게 만드는 오해를 불러 일으키기도 한다. 그의 연구의 일부는 분명 권력 및 민주주의의 본질과 같은 것들에 대한 이해를 염두에 둔 개념적인 것도 있다. 이러한 개념적 작업의 일부는 제도적인 것이었다. 그는 권력분립의 가능성과 효과성, 민주주의가 시장경제 없이 생존 가능한가, 그리고 민주적 회사(democratic firms)가 효율적일 수 있는가의 문제를 연구하였다. 그리고 여전히 규범적 문제를 다루는 다른 문제들이 있는데, 어떤 정치대표의 체제가 최선인지, 정치권력을 전문가에게 위탁하는 것이 좋은 발상인지, 그리고 어느 정도의 불평등이 바람직한 지의 문제를 결정하는 것과 연결되어 있다. 그는 그의 시대의 주요 문제들을 천명하고 그러한 과제에 적합한 방법을 선택하였던 문제 지향적 학자였다.

달의 학문세계를 조명해 볼 수 있는 하나의 창문은 일생 동안 지속된 제임스 매디슨(James Madison)과의 대화에 종사해 온 그를 살펴보는 것이다. 달은 미국의 건국 세대에 대한 막대한 존경을 가지고 있었다. 페더럴리스트 페이퍼 10번(Federalist No.10)에 나타나는 복수의 파벌이 민주주의를 광범위한 차원에서 존속가능하게 할 수 있다는 메디슨의 주장이 아마도 달이 자신의 다원주의 민주주의 이론(pluralist theory of democracy)을 형성하였던 기반이 되는 교차적 분열의 논리(the logic of crosscutting cleavages)의 초기 진술이라 할 수 있을 것이다.

그러나 미국 건국 선조들의 제도적 이론들은 다른 문제였다. 1956년에 출판된 『민주주의 이론 서설』(*A Preface to Democratic Theory*)에서, 달은 권력분립(the separation of powers) 전반, 그리고 구체적으로는 사법심사제(judicial review), 그리고 대표체제(the system of representation)에 대해 통렬한 비판을 가하였다. 이것들은 노예제도를 둘러싼 미국내의 시민전쟁을 방지하기 위한 시도의 일부로 고안된 것이었는데, 이 시도는 결과적으로 헛된 시도로 판명되었다는 것이다.

페더럴리스트 페이퍼 51번에 있는 매디슨이 자주 반복하였던 "야망은 야망을 통해 제어시켜야만 한다"(ambition must be made to counteract ambition)는 슬로건은 레토릭 상으로는 다소 길며, 이것이 정말 실제로 어떻게 작동할 수 있을지에 대한 설명으로서는 매우 짧다는 점에 주목하여, 달은 미국 건국 선조들과 그의 추종 집단들이 미국의 헌법질서 때문에 미국 민주주의가 생존하게 되었다고 생각하였던 것은 잘못이라고 주장한다. 오히려 미국의 헌법질서를 생존하게 만들었던 것은 사회의 다원주의적 성격이었다고 달은 주장한다.

1957년의 한 독창성이 있는 논문에서, 달은 사법심사제도에 집중하여, 관련된 데이터를 살펴보면, 연방대법원이 소수자 권리를 보호한다는 전통적 지혜를 확인해 주지 못한다고 주장하였다. 잇따른 경험적 학술연구는 달의 주장을 입증해 주었다. 우리가 미국 자체의 역사를 살펴보거나, 또는 여러 많은 국가들을 비교해 보거나, 또는 사법심사제를 갖추지 못한 상태로부터 사법심사제를 갖추게 된 민주주의 국가를 들여다 보든지 간에, 중대한 함양(the heavy lifting)은 민주주의에 의해 이루어진 것이지, 사법심사제도에 의한 것이 아니라는 달의 입장이 옳은 것으로 판명되고 있다. 권위주의적 지도자들은 처벌을 받지 않고서도 재판관과 법정을 무시할 수 있으며, 민주주의에 법정을 부가하는 것은 권위주의적 지도자들로 하여금 시민적 자유나 소수자 권리를 보호하도록 하는데 눈에 띠는 영향을 미치지 못한다. 그렇지만 신기하게도, 새로운 민주체제에서는 권리장전을 강화하기 위해 독립적 사법부의 창출을 지속적으로 요구하고 있다.

다른 주요 문헌들은『민주주의 서설』(*A Preface to Democratic Theory*)과 다른 곳에서 이루어진 달의 공화주의적 제도들에 대한 비판에서부터 발전되어 왔다. 일 부류의 학문적 연구에서는 정부의 구조를 통하여 거부권 행사자들을 다중화시킴(multiplying veto players)으로 인해 나타나는 결과에 초점을 맞추었다. 달을 추종하는 학자들은, 거부권 행사자를 다중화시키게 되면, 그것은 사태를 현상유지로 기울어 지도록 하는 편향성이 있을 뿐만 아니라, 사태를 자원이 풍부한 자들(the well resourced)에게 유리하도록 만드는 편향성이 있다는 점을 입증해 왔다. 반항하는 코끼리를 제어하기 위해서는 굉장한 중량이 필요하다.

달의 작업은 또한 대표제(representation)에 관한 막대한 문헌들을 생산케 하였다. 치열한 소수자들의 요구에 부응하는 것에 대한 달의 회의주의적 입장은 잘 부각되었다. 소수자 요구에 부응하기 위해 고안된 협의민주주의(consociational democracy)와 여타 체계에 대한 비판은, 그러한 부응 자체가 소수자 요구를 더 고착화시켜, 그러한 장치를 통해 개선하려고 하였던 분열과 반목을 오히려 조장하는 경향이 있다는 점을 보여주었다. 달은 미 상원에서의 조그만 주들의 과도 대표에 대해 각별히 고심을 하였는데, 이것은 미국 헌법제도에서 수정되는 것이 사실상 불가능한 하나의 특징이였다.

달은 전 세계에 있는 민주주의 정체들을 연구하였다. 그렇지만 통상 미국 민주주의를 비교의 기준으로서 염두에 두고 있었다. 비록 그는 여러 면에서 매디슨에 강력하게 동의하지 않았지만, 그는 미국 건국 선조들의 실수의 상당 부분은 처음으로－우리의 축적된 경험과 회고적 지혜의 유리점을 고려하지 않고－대규모 민주주의(a large-scale democracy)를 창안하려는 도전에서부터 비롯되었다고 생각하였다. 달은 매디슨의 페더럴리스트 페이퍼 이후의 정치적 경험이 매디슨으로 하여금 정당에 대한 그의 혐오감을 포기하게 만들고, 결과적으로, 마찬가지로 다수결주의에 대한 그의 적대감을 포기하게 만들었다는 사실을 발견하고 만족해 하였다. 2006년에 출판된 『민주주의 서설』(*A Preface to Democratic Theory*)의 15번째 기념 출판본 후기에서, 달은 아주 감사한 마음으로 다음과 같은 매디슨의 입장을 언급하고 있다. 매디슨은, 자신이 죽기 삼년 전인 1833년에, 다수결에 대한 비판은 "귀족정(aristocracy), 과두정(oligarchy), 또는 군주정(monarchy)의 공언된 신도들에 가세하거나, 아니면 문명화된 공동체에서는 아직 찾아볼 수 없는 완전히 동질적인 이익, 의견 및 감정의 상태를 표출해 내는 이상사회

(Utopia)를 갈망하는 것일 수밖에 없다"는 점을 선언한 바 있다.

『민주주의』(*On Democracy*)는 1998년에 출판되었다. 달은 이 저술을 현대 세계의 민주적 체제들에 대한 안내서로, 그리고 이러한 민주적 체제들이 당면하고 있는 주요 도전들에 대한 개략서로 생각하였다. 즉 일종의 현대적인 실태조사서(a kind of finde-siècle stocktaking)로 생각하였다. 20세기는 민주주의의 주요 승리이면서 충격적 실패의 한 세기이기도 하였다. 참정권은 마침내 보편적인 것이 되었다. 인종 및 성 차이로 인한 배제가 구(舊) 민주주의에서 폐지되었으며, 새로운 민주주의의 구조들은 보편적 성인 참정권을 당연시 하기에 이르렀다. 그러나 20세기 중엽에는 파시즘과 공산주의의 등장과 그 재앙적 결과로 인해 크나큰 좌절을 겪게 되었다.

제2차 세계대전은 유럽의 파시스트 중도출현(the European fascist interlude)을 종식시키긴 하였지만, 군사적 권위주의가 1967년과 1974년 사이에 그리스에 복귀하였으며, 스페인에서는 프랑코 장군의 죽음 그 다음해까지 살아남았다. 공산주의는 1980년대 중반까지는 붕괴될 기미를 보이지 않았다. 민주주의는 1989년 11월에 베를린 장벽이 무너진 후에 (두드러지게는 유고슬라비아를 제외하고) 동구유럽의 많은 지역에서 신속하게 회복되었다. 그러나 사태는 그 이상의 동쪽에서는 그렇게 낙관적이지 못했다. 구소련의 아시아 공화국들은 민주화가 되지 못했다. 러시에서의 민주주의의 정착은, 달이 언급하였듯이, 기껏해야 보잘 것 없는 수준이었다. 이것은 달이 아마도 오늘날에도 똑같이 언급할 것이 확실시 되는 판단이다. 1989년에는 중국에서 민주적 세력을 무자비하게 억압하였던 현실을 목격하게 되었다. 그 외의 아시아, 아프리카 및 라틴 아메리카의 상당 부분은 권위주의에 머물렀다.

그러나 전체적으로 종합하여 볼 때, 달은 20세기의 전환점에서는 사태가 민주주의에 유리하게 전개되었던 것으로 결론을 내리고 있다. 절대적 수로 측정하거나, 아니면 전 세계의 인구의 비중으로 측정하든지 간에, 더 많은 사람들이 그 이전 보다는 민주주의 체제에서 살게 되었다. 그리고 비록 비민주적 체제들이 여전히 민주주의 국가들의 수를 능가하긴 하지만(이것은 곧 역전이 될 비율), 달은 전례 없는 65개 민주주의 국가를 밝혀내고 있다.

달은 절대로 목적론자가 아니란 점은 확실하다. 그는 민주주의가 고대에 그 계보를 두고 있음에도 불구하고, 민주주의는 수세기 동안 지구 표면에서 사라져 버렸다는 점에 주목하고 있다. 원리상으로 본다면, 그러한 현상은 다시 발생할 수 있을 것이다. 그러나 달에게는, 현대 세계에서 정치적 정당성의 원천으로서 민주주의가 지니는 거의 보편적 위치 – 대부부의 권위주의적 지도자들이 인민으로부터 권위를 부여받았다고 주장하고 또 대부분의 권위주의 체제들은 민주정체 또는 특정 형태의 인민공화국으로서 묘사되고 있다는 (사실) 등 – 를 감안한다면, 그러한 일은 일어날 것 같지 않은 것으로 여겨졌다. 따라서 *On Democracy*가 민주주의가 사라졌었다는 점에 지면을 별로 할애하지 않고 있다는 것은 그리 놀라운 일이 아니다. 오히려 달은 세 가지의 미래 과제를 밝혀내고 있는데, 더 많은 비민주적 국가들이 민주화될 것인지, 새로운 민주정체들이 공고화될 것인지, 그리고 보다 오래된 민주정체들이 "자신의 민주주의를 완결시키고 심화할 것"인지의 여부에 관심을 기울인다.

이 책에 대한 나의 첨언은 이 세 가지 도전들을 중심으로 구성되어 있다. 16장에서 나는 처음 두 문제를 다룰 것이다. 나는, 거기에서, 달이 (*On Democracy*를) 저술한 이래 수년 동안 존속을 위해 몸부림쳐 왔던 민주정체들을, 현재 지속적으로 진화하고 있는 학문적 업적 – 상당 부분은 다원주의에 관한 달의 원래 작업에 의해 형성된 – 에 비추어, 논하고 있다. 비록 민주주의로의 이행(transitions to democracy)에 관한 연구에서 내가 제시한 이유에 입각해 본다면 별 진전이 없었긴 하지만, 우리는 민주주의의 성공적 공고화를 가능하게 만드는 조건들에 관하여 보다 많은 지식을 갖추게 되었다. 나는 이러한 지식이 왜, 2010년 후반에 중동에서 발생하였던 아랍의 봄 혁명의 민주적 전망이나, 다양화된 경제체제를 결여하고 있는 다른 새로운 민주정체에 관하여, 낙관주의 전망에 별 근거를 제공해 주지 못하는지에 관하여 설명하려 한다. 이러한 나라들에 있어서 정치제도 및 이슬람 정치 문화의 역할에 대한 광범위한 관심에도 불구하고, 경제체제가 발전하고 다양화되지 않는 한, 민주주의는 이러한 나라들의 어느 곳에서도 지속가능할 것 같지 않다.

민주주의 확립(established democracy)에 직면하는 도전들이 17장에서의 나의 주제이다. 달은 이 책 이후에 두 가지 책을 저술하였다. 그것은 2002년에 출판한 *How Democratic Is the American Constitution?*과 4년 이후의 *On Political Equality*이다. 이 두 개의 저술 중 첫 번째 저술에서, 달은 미국의 제도들에 대한 그의 오래된 비판을 확장하여 미국의 제도들이 더 민주적 방향으로 개혁이 되어야 한다고 주장하였다. 특히, 그는 연방대법원의 역할이 "민주적 정치체제의 존속에 필요한 근본적 권리들"을 보호하는데 국한되어야만 한다고 강조하였다. 연방대법원은 이러한 민주주의를 강화하는 명령으로부터 벗어날수록, 연방대법원은 점점 더, "헌법을 해석한다는 미명하에 – 또는, 심지어 보다 더 의혹스럽게, 건국 선조들의 애매하고 또 종종 파악하기 어려운 의도들을 신성시함으로써," 법과 정책을 제정하는 비선출직의 입법부(an unelected legislature)가 되어간다고 달은 주장하였다. 달은 연방대법원이 그가 주장했던 것처럼 제어가 될 수 있는지에 관하여 어느 정도의 "신중한 비관주의"(measured pessimism) 입장을 고백하였다. 그렇지만 그는 그것이 불가능한 것은 아니라고 생각하였다.

『정치적 평등에 관하여』(*On Political Equality*)는 발달된 민주주의 사회들, 특히 미국에 대하여 보다 암울한 평가를 내렸다. 이러한 암울한 평가는, 그가 이 저술을 쓸 때까지 30년 동안의 비교적 좋은 시기에 편승하여, 가속화된 급진적 불평등의 증대에 비추어 이루어진 것이다. 민주주의를 다른 삶의 영역, 무엇보다도 경제영역으로 확장함으로써(그가 1985년의 *A Preface to Economic Democracy*에서 처음 주장하였던) 민주주의를 "심화하는 것"(deepening democracy)에 관한 질문을 하는 대신에, 달은 이제는 민주적 퇴보에 기여할 수도 있는 불평등 문제를 우려하게 되었다. 1790년대 초반에 해밀톤(Alexander Hamilton)이 열렬하게 옹호하였던 금전적 이익(monied interests)이 아직 초창기에 있는 미국의 민주적 질서를 파괴할지도 모른다는 두려움을 가졌던 매디슨(Madison)과 마찬가지로, 달은 불평등이 근본적으로 민주주의와 타협할 수 있는지에 관한 의문을 느끼게 되었다. 17장에서 나는 이러한 우려들이 상당한 근거가 있다는 것을 주장한다. 역설적이게도, 연방대법원에 관한 달의 오래 지속된 우려에 비추어 볼 때, 나는, 연방대법원은 민주적 정체의 작동에 필요한 근본적 권리를 보호하기 보다는, 오히려 금전적 이익에 의한 민주주의의 전복(democracy's subversion)을 방조하고 또 부추켜 왔다고 결론을 내린다. 이 분야에서, 다른 많은 분야에서와 마찬가지로, 달의 학문은 시대의 검증을 견뎌 왔다.

이안 사피로

본문에 관한 언급

달의 원래 본문에는 변경된 사항이 없다. 본문의 제 5부(Part V)를 보충하는 나의 새로운 2개의 장과는 별도로, 나는 부록 D, "민주주의 국가들에 관한 측정 II"(On Counting Democratic Countries II)를 추가하였다. 이것은 Robert Dahl, Ian Shapiro, José Cheibub, *The Democracy Sourcebook* (Cambridge, MA.: MIT Press, 2003)를 근거로 하여 조정 및 수정되고 또 새로운 정보로 갱신하였다. 이것은 민주주의 측정에 관한 다양한 방식들에 관한 현재의 학문적 업적들을 요약하고, 위 저서의 주 저자인 체이법(Cheibub)과 MIT 출판사의 허락을 얻어 재 인쇄하였다. 나는 이 책의 서문의 일부분들을 2014년 2월 12일자 *Foreign Affairs*에서 "Democracy Man"의 제목으로 출판한 바 있다. 그 자료는 허락을 득하여 여기에서 재 수록되었다.

이안 샤피로

제1장

민주주의를 이해하기 위한 지침은 필요한가

20세기 후반기에 들어 세계는 전례에 없던 정치적 변화를 겪고 있다. 민주주의에 대한 대안이 되었던 정치제도들은 사라지거나 극히 일부분의 지역에서만 존속되고 있다. 20세기 초에 존재하였던 민주주의에 대한 전근대적 형태의 대안적 제도들－중앙집권화된 군주정, 세습 귀족정, 소수 국민의 배타적 참정권에 기초한 과두정－은 그 정통성을 오래 전에 상실하였다. 20세기의 주요 반(反)민주적 정부제도들－공산주의, 파시즘, 나치즘－은 대규모 전쟁의 결과로 사라지거나 소련의 경우에서 보듯이 내부로부터의 붕괴로 인하여 소멸되었다. 군사독재제도들은 정책적 실패로 인하여 거의 모두 불신임을 받았는데, 이러한 추세는 종종 유사(類似) 민주정의 간판을 내걸고 존속하여 왔던 라틴아메리카에서 특히 더 두드러졌다.

그러면 민주주의가 마침내 전 세계를 망라하여 인류의 지지를 얻기 위한 체제 이데올로기의 경쟁에서 승리하였다고 할 수 있는가? 그렇다고 할 수는 없다. 반민주적 신념과 운동은 주로 극단적 민족주의나 종교적 원리주의와 결합하여 계속되고 있다. 전 세계 국가들 중 절반이 못 되는 국가들만이 민주정부(다양한 정도의 '민주성'을 가진 with varying degrees of 'democracy')를 가지고 있는데, 이는 세계 인구의 반이 채 되지 못하는 사람들만을 수용하는 셈이다. 세계 인구의 5분의 1은 중국에 살고 있는데 그 나라는 4,000년의 화려한 역사를 통하여 한 번도 민주적 정부 형태를 갖지 못하였다. 금세기 마지막 10년에 이르러서야 민주적 통치질서를 가지게 된 러시아에서의 민주주의는 아직 취약하고 지지기반이 약한 상태이다. 심지어 일부 관찰자들은 민주주의가 오래 지속되고 안정적인 것처럼 보였던 국가에서조차 만성적인 실업, 빈곤, 범죄, 사회복지제도, 이민, 조세, 그리고 부패 등의 문제를 공정하고 효율적으로 다룰 수 있는 정치지도자, 정당 및 정부 관료들의 능력에 대한 시민들의 믿음의 감소로 인하여, 민주주의가 적어도 위기에 처하거나 심각한 긴장상태에 놓여 있다고 주장한다.

거의 200개에 달하는 세계의 국가들의 정부형태를 비민주정부, 신생 민주정부, 그리고 상대적으로 역사도 깊고 안정적인 민주정부로 나누어 보자. 사실 각 국가군은 매우 다양한 국가들을 포함하는 집합체이다. 그러나 이런 단순한 분류는 민주적 관점에서 각 국가군이 당면한 상이한 과제를 이해하는 데 도움이 된다. 비민주적 국가들에 있어서 도전(challenge)은 과연 어떻게 민주주의로 이행(transition)할 수 있냐는 것이다. 새로이 민주화된 국가들에 있어서 도전은, 과연 어떻게 새로운 민주적 실행들과 제도들이 강화되거나, 아니면 일부 정치학자들이 표현하듯이, 공고화(consolidated)됨으로써 시간, 정치적 갈등, 그리고 위기라는 앞으로의 시련들을 극복할 수 있느냐는 것이다. 오래된 민주주의 국가에 있어서 도전은 민주주의를 보다 완전히 하고 심화(deepen)하는 것이다.

그러나 이 부분에 이르러 혹자는 의문을 가질는지 모른다. 도대체 민주주의란 무엇인가? 민주적 정부는 비민주적 정부와 어떻게 구별되나? 어떤 한 비민주국가가 민주국가로 된다면 어떻게 전환되는 것인가? 언제 전환되었음을 알 수 있는가? 공고화 과정의 민주정치에 대하여는 정확히 무엇이 공고화되는가? 그리고 민주주의 국가에 있어서 민주주의의 심화란 무엇을 의미하는가? 어떤 국가가 이미 민주주의 국가라면 어떻게 좀 더 민주화될 수 있는가? 등등.

민주주의에 관하여는 2,500년 동안 간헐적인 토의가 있어 왔는데, 이 기간은 모든 혹은 거의 모든 사람이 합의에 도달할 수 있는 일련의 적절한 개념들을 만들어 내기에 충분한 시간이라고 할 수 있다. 그러나 좋든 싫든 간에 합의는 이루어지지 않았다.

25세기 동안 민주주의가 토의되고, 논의되고, 주장되고, 공격받고, 무시되고, 도입되고, 실행되고, 파괴되고 그리고 때로 재도입되었으나 민주주의에 관한 가장 기본적인 의문들에 대한 합의는 이루어 내지 못한 것 같다.

아이러니컬하게도 민주주의가 그만큼 오랜 역사를 가졌다는 점이 동 개념에 대한 혼란과 이견(異見)을 조장하였는데, 이는 '민주주의'가 상이한 시간과 상이한 장소에서 상이한 사람들에게 상이한 의미를 지녀 왔기 때문이다. 사실 민주주의는 인류 역사의 오랜 기간 동안 실제의 제도로서는 사라졌었고 다만 소수의 사람들 사이에서만 하나의 개념이나 기억으로 간신히 존속하였었다. 2세기 – 약 10세대역주: 저자는 1세대를 20년으로 여기고 있다. – 전까지만 해도 민주주의의 실례(實例)는 극히 제한되어 있었다. 민주주의는 채택되어 실행되어야 할 실제의 정치제도라기보다는 사상가들의 이론적 논의의 주제였다. 그리고 심지어 '민주주의(democracy)' 혹은 '공화정(republic)'이 실제로 존재하였던 매우 드문 경우에 있어서조차 대부분의 성인들은 정치적 참여의 자격을 부여받지 못하였다.

비록 일반적인 의미에서의 민주주의는 역사가 깊지만, 내가 이 책에서 다루는 민주주의의 형태는 20세기의 산물임을 밝힌다. 오늘날 우리는 민주주의란 모든 성인 국민들에게 투표할 권리를 보장하여야 한다고 당연히 가정하고 있다. 그러나 약 4세대 전－1918년 혹은 1차 세계대전 끝 무렵－만해도 당시까지 존재하였던 모든 독립된 민주정치체제 혹은 공화정 내 성인의 과반수 정도는 완전한 시민권을 갖지 못하였다. 물론 이 배제된 과반수의 성인들이란 여성을 의미한다.

여기에서 흥미로운 사실은 모든 성인의 참정권을 민주주의 조건의 하나로 설정할 경우, 모든 민주주의 국가 시민들의 일부는 그들의 정부제도보다 더 나이든 셈이라는 점이다. 현대적 의미의 민주주의는 역사가 짧다고는 할 수 없지만 또한 그다지 오래된 것도 아니다.

이러한 반문이 있을지 모른다. 미국은 미국혁명 이래로 민주주의 정치체제－링컨(Abraham Lincoln)의 표현대로 하자면 "공화정에서의 민주주의(democracy in a republic)"－를 유지하여 오지 않았는가? 프랑스의 위대한 사상가 토크빌(Alexis de Tocqueville)이 1830년대 미국을 방문한 후 저술한 그의 유명한 책이름이 『미국의 민주주의(*Democracy in America*)』가 아닌가? 그리고 아테네인들이 기원전 5세기에 그들의 정치체제를 민주주의라고 부르지 않았는가? 만약 일종의 민주정이 아니라면 로마 공화국은 무엇인가? 만약 '민주주의'가 상이한 시간에 상이한 의미를 지녀 왔다면 오늘날 우리는 과연 그 의미에 대하여 합의를 이룰 수 있을 것인가?

이 밖에도 다른 의문들이 제기될 수 있다. 도대체 왜 민주주의가 바람직한가? 그리고 오늘날 우리가 민주주의체제를 가지고 있다고 하는 국가들-미국, 영국, 프랑스, 노르웨이, 오스트레일리아 등-에서 '민주주의'는 얼마나 민주적인가? 나아가 왜 이들 국가들이 '민주적'인 반면 많은 다른 국가들은 그렇지 않은가 하는 것은 설명될 수 있는가? 의문들은 계속 이어질 수 있다.

이 장의 제목에서 던졌던 질문에 대한 대답은 명확하다. 만약 민주주의에 대한 기본적 의문들에 대하여 해답을 얻고자 한다면 지침을 하나 마련하는 것이 도움이 될 수 있을 것이다.

물론 이 제한된 양의 지면에서 모든 의문의 답이 구해질 수는 없다. 우리의 독서를 간결하게 하기 위하여 많은 부분들이 상세한 설명 없이 지나치게 될지도 모른다. 나는 독자들이 읽기를 마친 후, 스스로 그 부분들을 탐구하기를 희망한다. 이를 위하여 책의 말미에 독자들이 필요하리라고 생각되는 참고문헌의 목록을 마련하였다.

이제 우리의 독서여행을 시작 합시다: 민주주의의 기원.

제1부

민주주의 기원

제2장

민주주의는 어디에서 어떻게 발달하였는가
-대강의 역사

나는 책의 앞부분에서 민주주의는 2,500년 동안 간헐적으로 논의되어 왔다고 언급하면서 글을 시작하였다. 독자들은 민주주의가 정말로 그렇게 오랜 역사를 가지고 있다는 것에 대하여 의문을 품을지 모른다. 많은 미국인들은 물론 아마도 다른 국가의 사람들도 민주주의는 200년 전에 미국에서 시작하였다고 믿을지도 모른다. 민주주의의 고전적 뿌리를 알고 있는 사람들은 민주주의가 고대 그리스나 로마에서 시작하였다고 주장할 수도 있다. 도대체 어디에서 민주주의가 시작되었고 어떻게 발전하여 왔는가?

민주주의는 그 최초의 고안, 말하자면 2,500년 전 고대 그리스의 민주주의에서 시작하여, 그 후 이럭저럭 계속 확산되어 오늘날 모든 대륙과 인류의 상당 부분에 영향을 미치는 제도로 발전하였다고 생각하고 싶은 유혹을 느낀다.

이것은 아주 간편한 생각이긴 하지만 적어도 두 가지 이유로 잘못되었다고 할 수 있다.

첫째, 유럽사에 친숙한 모든 사람이 알고 있듯이 고대 그리스와 로마에서의 민주정치 이후 민중에 의한 정부는 쇠퇴와 해체의 과정을 겪었다.

우리가 어떠한 정부를 '민중적(popular)', '민주적(democratic)', 혹은 '공화적(republican)'으로 간주할 것인가를 정하는 데 있어서 관대한 기준을 적용하더라도, 이러한 범주에 속하는 정부들의 발전형태가 이따금 짧은 하강기를 가지나 전체적으로는 먼 정상을 향해 꾸준히 오르는 모습을 지녔다고 볼 수는 없다. 민주주의 발달사는 오히려 한 여행자가 평평하고 끝이 없을 것처럼 보이는, 다만 약간의 언덕에 의해서만 변화를 갖는, 사막을 오래 걸은 후에야 지금의 높이에 도달하기 위한 등정을 드디어 시작한 행로와 비슷하다(그림 1).

둘째, 민주주의가 증기기관의 발명과 같이 한 번에 갑자기 고안되었다고 생각하는 것도 잘못이다. 유사한 도구와 관습들이 상이한 시대에 상이한

그림 1 민주국가들(남성 혹은 전 성인인구에 투표권을 부여한 국가들), 1850–1995

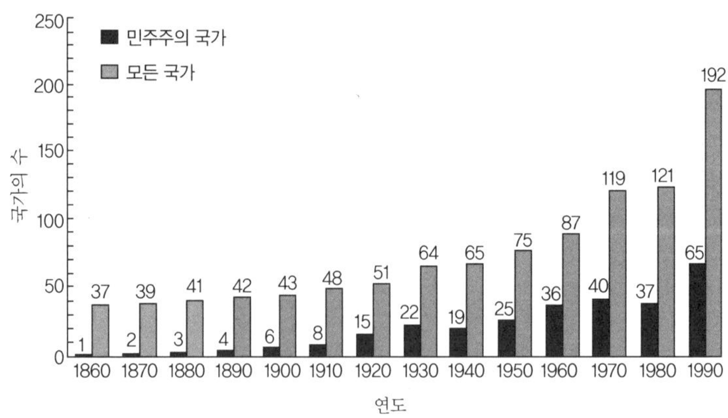

장소에서 출현한 것이 목격되면, 인류학자들과 역사학자들은 어떻게 이러한 출현들이 제각기 독립적으로 이루어졌는지를 알고 싶어 한다. 도구와 관습들은 그 최초의 발명자로부터 다른 집단으로 확산되어 퍼져 나갔는가, 아니면 각기 다른 집단들에 의하여 서로 독립적으로 발명되었는가? 이에 대한 대답을 찾는다는 것은 어렵기 마련이며 불가능할 수도 있다. 민주주의의 발달도 마찬가지다. 그 공간적 팽창의 어느 정도가 최초 고안으로부터의 확산에 의한 것인가, 그리고 만약 있다면 어느 정도가 독립적 고안에 의한 것인가?

민주주의에 관한 답변에는 많은 불확실성이 내포되어 있지만, 내가 검토한 역사기록은 적어도 다음의 사실을 말해 준다. 즉 민주주의 보급의 일정 부분－아마도 많은 부분일지도 모른다－은 민주적 사상 및 관습의 확산에 크게 힘입은 것이라고 할 수 있으나, 이러한 확산 그 자체가 모든 것을 설명해 주지는 못한다. 불, 혹은 그림이나 문자와 같이, 민주주의도 하나 이상의 장소에서 한 번 이상 고안되었던 것으로 판단된다. 도대체 특정 시대와 장소(예를 들어 기원전 500년의 아테네)에서 민주주의의 출현에 유리한 조건들이 형성되었다면, 이와 유사한 조건들이 다른 곳에서는 왜 형성될 수 없었는가?

나는 적당한 조건들이 갖추어진다면 언제라도 민주주의는 독립적으로 출현하며 또 출현될 수 있다고 생각한다. 그리고 나는 그러한 조건들은 상이한 시간과 상이한 장소에서 존재하여 왔다고 믿는다. 경작이 가능한 토지와 적당한 강우량이 농업의 발전을 가져왔듯이, 민주정치의 발달에 적합한 조건들은 항상 민주적 정부를 발달시키는 경향을 보여 왔다. 예를 들면 민주주의적 체제의 형성에 유리한 조건들을 갖고 있던 오래 전 선사시대의 부족통치제에서도 일종의 민주주의체제가 존재하였을 가능성이 높은 것으로 판단된다.

다음의 가능성을 생각해 보자. 어떤 사람들이 상당히 유대가 강한 하나의 집단–'우리' 그리고 '너희', 우리 자신들 그리고 그들 자신들, 우리 민족 그리고 그들 민족, 우리 부족 그리고 그들 부족–을 만들었다고 가정해 보자. 그리고 그 집단–부족이라고 가정하자–이 외부의 통제로부터 적당히 독립적이라고 하자. 그 부족의 구성원들은 이를테면 외부의 간섭 없이 그들만의 쇼를 진행할 수 있는 것이다. 끝으로 집단의 특정 구성원들–아마도 연장자들–은 그 집단을 통치하는 데 있어 발언권을 행사할 자격을 자신들 모두가 평등하게 갖추고 있다는 것을 잘 인식하고 있다고 가정하자. 나는 이러한 상황에서는 민주주의가 쉽게 발달된다고 생각한다. 민주적 참여의 촉발은 우리가 흔히 이야기하는 평등의 논리(logic of equality)로부터 이루어진다.

소규모 집단의 형태로 살면서 식물의 뿌리, 과일, 딸기류 및 다른 자연식품의 채집과 사냥에 의해 생존하던 오랜 기간 동안, 인류는 때로 아마도 항상, 평등의 논리에 의하여 움직이는 다수의 구성원–연장자 혹은 경험이 많은 자–이 하나의 집단으로서 정책결정에 참여하는 제도를 발전시켰음에 틀림없다. 이러한 제도가 실제로 존재했었다는 개연성은 문자를 갖지 못한 부족사회에 대한 연구들에 의하여 강력히 주장되고 있다. 이러한 맥락에서 보면 일종의 원시적 민주주의의 형태가 수천 년 동안 가장 '자연적인' 정치체제로서 존속하여 왔다고 할 수 있다.

그러나 우리는 이러한 오랜 기간이 언젠가 끝났다는 것을 알고 있다. 인류가 농업과 교역을 위해 정착된 공동체를 가지기 시작했을 때, 위에서 언급한 집단의식, 외부 간섭의 부재, 평등성에 대한 수용 등 다수가 참여하는 데 우호적인 상황의 조건들이 사라지기 시작한 것으로 추측된다. 이제 위계질서와 지배의 형태가 더 '자연적'이 되었다. 그 결과로 정착민 사이에서는 주민통치가 이후 수천 년 동안 사라지게 되었다. 과거의 직접통치 형태는 어떤 형식으로든 계급과 위계질서에 의존하는 군주정(monarchy), 전제정(despotism), 귀족정(aristocracy) 혹은 과두정(oligarchy)으로 대치되었다. 그런데 기원전 500년경 몇몇 장소에서 민주정치의 발달에 유리한 상황들이 다시 등장함으로써, 일부 소규모 집단의 사람들에 의하여 집단적 결정의 참여에 폭넓은 기회를 제공하는 통치형태가 발전되기 시작하였다. 이는 원시적 민주주의가 하나의 발달된 형태로 재창조되었다고 할 수도 있는 것이었다. 가장 중요한 발달은 유럽에서, 구체적으로 지중해 연안의 세 지역과 북유럽의 여러 지역에서 이루어졌다.

지중해

이따금 변화가 있기는 하나 상당수의 시민들에 의한 주민참여의 정치체제가 매우 굳건한 토대 위에서 형성되어 수세기 동안 존속하였던 곳은 기원전 500년의 고대 그리스와 로마였다.

그리스(Greece)

고대 그리스는 하나의 정부를 지닌 통치체제 내에 모든 그리스인들이 함께 사는 특정 지역을 뜻하는 현대적 의미의 국가는 아니었다. 그리스는 주변의 농촌지역을 포함하는 수백 개의 독립된 도시들로 구성되어 있었다.

현대 세계의 지배적 정치조직체이자, 소위 민족국가인 미국, 프랑스, 일본 및 기타 현대화된 국가들과 달리 그리스의 주권국가들은 도시국가의 형태를 가졌다. 고대는 물론 그 후에도 가장 유명했던 도시국가는 아테네였다. 기원전 507년에 아테네는, 이후 북방의 더 강력한 이웃국가였던 마케도니아에 의하여 합병되기까지 2세기 가까이 존속하였는데, 주민이 직접 통치에 참여하는 정치체제를 채택하였다(기원전 321년 이후로 아테네 정부는 수세대 동안 마케도니아의 영향권 아래 놓인다. 그 뒤 아테네는 다시 로마에 의하여 합병된다).

민중이라는 의미의 데모스(demos)와 통치라는 의미의 크라토스(kratos)로부터 데모크라시(democracy), 혹은 데모크라찌아(demokratia)라는 용어를 만들어 낸 사람들은 그리스인들 – 아마도 아테네인들 – 이다. 아무튼 아테네에서 데모스라는 단어가 보통 모든 아테네인을 의미하면서도 때때로 보통사람 혹은 심지어 가난한 사람들을 의미했다는 것은 흥미로운 일이다. 데모크라시라는 단어는 때로 자신들의 정부통제권을 빼앗아 간 보통시민들에 대한 그들의 혐오감을 보여 주는 별칭으로 귀족들에 의하여 사용되었다. 어떠한 경우든 아테네인과 그 외 다른 그리스인들은 데모크라찌아라는 단어를 특별히 아테네와 그 밖의 많은 그리스 도시국가들의 정부를 지칭하는 데 사용하였다.[1]

그리스의 민주주의들 중 아테네의 것이 후대의 정치사상에 대한 영향력의 면에서 단연 가장 중요하며, 당시나 지금이나 가장 널리 알려졌고,

---

1 아테네의 민주정치에 대한 폭넓은 논의로는 Mogens Herman Hansen, *The Athenian Democracy in the Age of Demosthenes: Structure, Principles, and Ideology*, J. A. Cook 영역(Oxford: Blackwell, 1991) 참조.

또한 시민의 정치참여 혹은 참여적 민주주의(participatory democracy)의 모범적인 예로 인용되어 왔다.

아테네 정부는 복잡하여 여기에서 적절히 묘사하기가 곤란할 정도다. 가장 중심이 되는 것은 모든 시민이 참여할 자격이 있는 의회(assembly)였다. 의회는 소수의 주요 관리들-예를 들어 지금은 이상하게 들릴지 모르지만 장군들-을 선출하였다. 그러나 공적 의무를 수행하는 시민을 선발하는 주된 방법은 자격을 갖춘 시민들이 모두 똑같이 선출될 확률을 가진 추첨제였다. 조사에 의하면, 보통시민들은 정부의 가장 중요한 통치관으로 선출될 기회를 생애에 한 번은 가졌다고 한다.

비록 일부 그리스 도시국가들이 국가 제휴, 동맹 및 연합(대개 공동방위를 위한)을 위하여 초보적 형태의 대의제 정부를 조직하였다고 전하여지나 이러한 제도에 관하여 구체적으로 알려진 것은 거의 없다. 그 국가들은 후대의 민주주의 사상이나 실행에 전혀 영향을 미치지 못하였으며, 나중에 형성된 대의제 민주주의에도 아무런 영향을 주지 못하였다. 뿐만 아니라 공적 의무를 수행하기 위한 시민을 선출하는 방법이었던 아테네식의 추첨제 선발제도도 그 후 대표자를 선출하는 데 있어 선거를 대신할 수 있는 하나의 적합한 대안으로 발전하지는 못하였다.

이와 같이, 그 당시에는 혁신적이었던 그리스 민주주의의 정치제도들이 현대 대의제 민주주의의 발달 기간 동안에는 무시되거나 혹은 심지어 노골적으로 거부되었다.

로마(Rome)

그리스에 민중정부(popular government)가 등장할 당시 이탈리아 반도의 로마라는 도시국가에서도 민중정부의 정치형태가 등장하였다. 그러나 로마인들은 그들의 정치체제를 라틴어로 물건(thing)이나 일(affair)을 의미하는 레스(res)와 시민, 대중을 의미하는 푸블리쿠스(publicus)를 조합하여, 공화국(republic)으로 불렀다. 완곡히 해석한다면 공화국은 인민(the people)에 속한 것이라는 의미이다(민주주의와 공화국의 개념에 대하여는 추후 논의하겠다).

공화국의 통치에 참여할 수 있는 권리는 처음에는 귀족에게만 제한되었다. 그러나 그 발달과정에서 투쟁을 통해 평민(plebs 혹은 plebeians)도 참여자격을 얻었다. 아테네에서와 마찬가지로, 그리고 훨씬 나중의 20세기 이전의 민주주의와 공화국들에서와 마찬가지로 참정권은 남자에게만 주어졌다.

애초부터 좁지 않은 영토를 가졌던 로마 공화국은 합병과 정복의 수단을 통하여 원래의 도시경계를 훨씬 벗어나는 지역을 지배하게 되었다. 그 결과 공화국은 전체 이탈리아뿐만 아니라 그보다 훨씬 넓은 영토를 통치하게 되었다. 더욱 중요한 것은, 공화국은 고도로 존중되었던 로마시민권을 종종 피정복민에게 부여함으로써 그들을 단순한 피통치자가 아닌 권리와 특전을 완전하게 갖는 로마 시민으로 만들었다.

이러한 은전은 현명하고 관대하게 보일지 모르지만, 오늘의 관점에서 로마를 판단하면, 하나의 중대한 결함을 가지고 있음을 알 수 있다. 로마는 그 시민 수와 영토의 급격한 증가에 맞추어 정부 제도들을 적절하게 개편하지 않았던 것이다. 우리의 관점에서 보면 이상스럽게도 로마 시민들이 참여의 권한을 갖고 있는 시민의회들은 예전과 마찬가지로 로마 시내 – 오늘날 여행객들이 보는 바로 그 황폐화된 포룸(Forum) – 에서만 개최되었다. 그러나 공화국의 변방에 살고 있는 대부분의 로마 시민들에게 로마 시는 적어도 특별한 노력과 비용 없이 참가하기에는 너무 먼 곳에 있었다. 결과적으로, 압도적 다수의 시민들이 로마식 통치제도의 핵심을 담당하는 시민의회에의 참여기회를 실제적으로 거부당한 셈이었다. 그것은 과거 미국에서 전국적인 선거에서 투표권을 행사하기 위해서는 워싱턴 시에 직접 가는 도리밖에 없음에도 불구하고, 국경이 확장됨에 따라 신생 주(州)의 주민들에게 시민권이 계속 부여되었던 것과 같았다.

여러 면에서 고도로 창의적이고 실용적인 민족이었지만, 로마인들은 오늘날 우리에게 너무나 당연한 것으로 간주되고 있는 하나의 해결책을 고안하거나 채택하지는 못하였다. 그 해결책이라는 것은 민주적으로 선출된 대표자들에 의한 작동가능한 대의제 통치체제(a workable system of representative government)이다.

로마인들이 현대인들보다 창의적이지 못하거나 능력이 부족하다는 성급한 결론을 내리기보다, 우리는 이미 친숙하기 때문에 현재의 것들을 당연시함으로써 과거의 그들이 왜 좀 더 혁신이나 창안을 일찍 이루지 못하였냐고 의아해할 뿐이라는 것을 알아야 한다. 대부분의 우리는 옛날에는 발견되어야 했던 많은 것들을 이제는 당연히 여기고 있다. 마찬가지로 후대의 세대들은 그들이 당연히 여기는 어떤 혁신적인 것들을 왜 현대의 우리가 간과하였는지에 대하여 의아해할지도 모른다. 로마인들과 마찬가지로, 우리가 정치제도를 개선하는 데 있어 당연히 여기는 것들이 있다 하더라도 이 때문에 우리가 별로 창의적이지 못하다고 할 수는 없지 않을까?

로마 공화국은 아테네 민주주의보다 상당히 더 오래 지속되었을 뿐 아니라 현대의 어느 민주주의보다도 오래 지속되었지만, 내부동요, 전쟁, 군사주의화, 부패, 그리고 과거 시민들 사이에 형성되었던 굳건한 시민의식의 쇠락으로 인해 기원전 130년경 무너져 갔다. 약간이나마 남아 있던 공화국의 정통 관습들도 카이사르(Julius Caesar)의 독재로 인해 소멸되었다. 한때 시민들에 의해 지배되었던 공화국이 기원전 44년 카이사르의 암살 이후 황제들에 의하여 지배되는 제국으로 바뀌었다.

로마 공화국의 멸망과 더불어 시민이 통치하는 정치체제는 남유럽에서 완전히 사라졌다. 그러한 통치체제는 소규모로 흩어져 살던 부족들의 정치체제를 제외하면 지구상에서 그 후 약 1,000년간 모습을 감추게 된다.

이탈리아(Italy)

급격한 기후 변화 뒤에 멸종되었던 종(種)이 다시 등장하는 것과 같이 민중통치체제(popular rule)는 1100년경 북부 이탈리아의 많은 도시에서 다시 등장하기 시작하였다. 이번에도 그러한 민주주의체제는 큰 지역이나 나라들에서가 아닌, 상대적으로 규모가 작은 도시국가에서 발달하였다. 과거의 로마나 보다 후대의 초기 현대 대의제 정치체제에서와 마찬가지로 도시국가에서의 통치를 위한 참여는 처음에는 사회 상류계층(귀족, 대지주 등)에게만 제한적으로 허용되었다. 그러나 사회경제적으로 하위 층에 속하는 도시 거주민들도 자신들의 참정권을 요구하기 시작하였다. 우리가 오늘날 중산층－신흥 부유층, 소규모 상인 및 은행인, 조합(guild)으로 조직된 숙련 기술자, 귀족의 지휘를 받는 일반 병사－이라고 부를 수 있는 사회의 구성원들은 상류 지배층보다 수적으로 많았을 뿐만 아니라 스스로들을 조직할 줄 알았다. 더욱이 그들은 필요할 경우 폭력을 수반하는 반란을 일으킬 수 있는 잠재적 위협의 가능성도 가지고 있었다. 그 결과 많은 도시국가에서 이러한 계층－때로 포폴로(popolo)라고 불리는－의 사람들은 정부에 참여할 권리를 획득하였다.

이러한 공화국들은 2세기 이상에 걸친 기간 동안 많은 이탈리아의 도시들에서 번성하였다. 플로렌스나 베니스 같은 많은 공화국들은 눈부신 번영, 정교한 수공예, 위대한 예술과 건축, 뛰어난 도시설계, 찬란한 시와 음악, 그리고 그리스와 로마라는 고대세계에 대한 의욕적인 재발견의 중심지가 되었다. 후대의 세대들이 중세기라고 부르는 시대는 막을 내리고 뛰어난 창의성이 믿을 수 없을 만큼 폭발적으로 등장하는 특징을 갖는 르네상스(the Renaissance)가 도래하였다. 그러나 민주주의의 발전을 위해서는 불행하게도 1300년대 중반 이후 점차 주요 도시국가들의 공화정부는 시민통치체제의 숙명적 적이라고 할 수 있는 경제쇠퇴, 부패, 과두지배, 전쟁, 정복, 그리고 왕, 군주 혹은 군인 등 권위적 통치자의 권력 장악에 의하여 위기를 맞는다. 시련은 계속되었다. 장기적 역사의 추세에서 볼 때, 도시국가는 훨씬 강력한 힘을 가진 경쟁상대(국가 혹은 민족국가)의 출현에 의하여 시민통치체제를 위한 하나의 기반으로서 그 수명을 다하게 되어 있었다. 도시와 마을은 이제 지리적으로 더 넓고 강력한 조직체에 합병됨으로써 기껏해야 정부의 하위 통치단위가 되어야 하는 운명을 맞이하게 되었다.

도시국가는 과거에는 영광스러웠지만 이제 쓸모없는 것이 되었다.

용어해설

독자들은 내가 그리스, 로마 및 이탈리아의 '민중정부(popular government)'를 각기 다른 용어로 언급한 것을 알았을 것이다. 우리는 민중이 통치하는 정부를 표현하기 위하여 그리스인들이 민주주의(democracy)라는 용어를 만들었음을 보았다. 로마인들은 그들의 언어인 라틴어에 기초하여 자신들의 정부를 '공화국(republic)'으로 불렀고, 나중의 이탈리아인들은 그들의 일부

도시국가들의 민중정부를 같은 이름으로 지칭하였다. 독자들은 민주주의와 공화국이 완전히 다른 헌정체제를 의미하는지 의아해할 수 있다. 만약 서로 다른 체제를 의미하는 것이 아니라면, 두 단어는 그들이 기원을 둔 언어의 상이성을 반영한 것에 지나지 않는가?

새로이 제안된 미국헌법안에 대한 지지를 얻기 위하여 1787년에 제임스 매디슨(James Madison)이 쓴 한 영향력 있는 논문은 오히려 이에 대한 올바른 이해를 방해하는 결과를 낳았다. 헌법의 주요 기초자 중의 한 사람이자, 당시 정치학에 대한 지식이 출중하였던 정치가로서 매디슨은 '직접 정책을 결정하고 집행하는 소수의 시민들로 구성되는 사회를 의미하는 순수 민주주의(a pure democracy)'와 '대의제라는 제도를 갖춘 정부를 의미하는 공화국(republic)'을 구분하였다.[2]

이러한 구분은 사실 역사적 근거에 기초한 것이 아니었다. 예를 들어 로마에서나 베니스에서 대의제는 존재하지 않았다. 매디슨의 정의에 따르면, 초기의 공화국들은 오히려 '민주주의'라고 할 수 있었다. 더욱이 두 단어는 18세기의 미국에서도 서로 혼용되고 있었다. 뿐만 아니라 매디슨의 이러한 구분은 그가 숭배하고 자주 칭송해 마지않았던 프랑스의 저명한 정치철학자 몽테스키외(Montesquieu)의 어느 연구에서도 발견되지 않는다. 매디슨 자신은 이러한 구분이 아무런 역사적 근거가 없다는 것을 알고 있었을지 모른다. 이러한 점을 고려할 때, 우리는 매디슨이 자신이 제안한 헌법안이 만족할 정도로 '민주적'이 아니라고 주장하는 비판가들을 공격하기 위하여 의도적으로 두 용어를 구분하였다고 결론을 내릴 수밖에 없다.

어찌되었든 명확한 사실은 민주주의(democracy)와 공화국(republic)이 (매디슨의 주장에도 불구하고) 다른 종류의 민중정부를 의미하는 것은 아니라는 것이다. 후대의 혼란을 낳은 두 용어들은 다만 자신들을 낳은 언어들(그리스어와 라틴어)의 차이를 반영할 뿐이다.

북유럽(Northern Europe)

민주주의로 불렸든 공화국으로 불렸든 간에, 그리스, 로마 및 이탈리

2 James Madison, The Federalist: *A Commentary on the Constitutions of the United States*… [New York: Modern Library(1937?)], No.10, 59.

아의 민중정부 체제들은 모두 현대 대의제 정부들이 갖고 있는 몇몇 주요 특징들을 결여하고 있었다. 중세 및 르네상스기의 이탈리아뿐만 아니라 고대 그리스도 민중이 통치하는 지방정부들은 가지고 있었으나, 효과적인 중앙정부(national government)는 가지고 있지 않았다. 말하자면 로마는 민중이 참여하는 하나의 지방정부만을 가지고 있었지, 선출된 대표들로 구성되는 중앙의회는 가지고 있지 않았던 셈이다.

오늘의 관점에서 볼 때 이러한 체제들은 적어도 다음의 세 가지 기본적인 정치제도들을 결여하고 있었다: 선출직 대표들로 구성된 하나의 중앙의회(*national parliament*), 그리고 궁극적으로 중앙정부에 종속되는 민중의 선택에 의해 구성되는 지방정부들(*popularly chosen local governments*). 지방단위에서의 민주주의와 민중이 선출하는 대표자들로 구성되는 중앙에서의 의회를 결합한 형태의 정치체제는 아직 고안되지 못하였다.

정치제도들을 이와 같이 조합한 정치체제는 지중해 북쪽의 영국, 스칸디나비아, 스코틀랜드 남동부 및 스위스 등지에서 등장하기 시작하였다.

비록 이러한 지역들의 정치 발전의 유형들이 서로 매우 다른 양태를 보이지만 그들을 단순화한다면 다음과 같은 모습을 지닌다. 자유민들과 귀족들은 다양한 지방 정치조직체들 내에서 지방의회에 직접 참여하기 시작하였다. 이와 더불어 일부 혹은 전원이 선거에 의해 선출되는 대표들로 구성된 광역 및 중앙 의회들이 등장하였다.

지방의회(*Local Assemblies*)

나는 바이킹(the Vikings)의 이야기로부터 시작하려 하는데, 이는 단지 개인의 감상적인 이유에서뿐 아니라 그들의 경험이 (초기 민주주의의 예로서)

고도로 적합성을 지녔음에도 불구하고 거의 알려지지 않았기 때문이다. 나는 이따금 나의 조부가 이민을 떠난 트론드헤임(Trondheim)에서 북동쪽으로 80마일 떨어진 노르웨이의 한 농장을 방문한다[개인적으로 기쁘게도 그 장소는 아직도 달 베스트레(Dahl Vestre) 혹은 서부 달(West Dahl)로 불린다]. 스테인셰르(Steinkjer)라는 가까운 마을에서는 바이킹 자유인들이 약 600년에서 1000년 사이에 노르웨이어로 팅(Ting)으로 불리는 재판회의를 가졌던 커다란 돌로 구성된 배(船) 모양의 바위군(群)을 볼 수 있다(우연히도 영어의 thing 역시 물건과 회의체를 의미하는 고대 영어의 한 단어로부터 유래하였다). 그 근방에는 이와 유사한, 그리고 심지어 더 오래된 장소들이 발견된다. 900년까지 자유 바이킹인들의 의회들은 트론드헤임 지방뿐만 아니라 스칸디나비아의 다른 많은 지방에서도 결성되었다. 스테인셰르에서와 마찬가지로 팅은 대개 커다란 입석에 의하여 표시되는 공개된 들판에서 이루어졌다. 팅의 모임에서 자유인들은 분쟁을 해결하고, 법을 토론하고, 승인하거나 기각하였으며, 종교의 변화에 대한 제안을 받아들이거나 기각하였고(그들이 고대 노르웨이의 종교를 대신하여 기독교를 받아들였을 때와 같이), 심지어 왕－왕은 종종 팅에서 승인된 법에 충실할 것을 맹세하도록 요구되었다－을 선출하거나 승인하였다.

바이킹들은 1,000년 전 그리스와 로마에서 이루어졌던 민주적 혹은 공화국적 정치에 대하여 전혀 알지 못하였거나, 거의 알지 못하였으며, 또한 개의하지도 않았다. 바이킹들은 자유인들에게 적용되었던 평등의 논리를 기반으로 그들의 회의체를 고안한 것으로 보인다. 10세기의 바이킹 자유인들 사이에 평등이라는 관념이 활발하고 확고하였다는 것은, 덴마크 바이킹들이 프랑스의 한 강을 여행할 때 강둑에서 전령이 "너희 주인의 이름이 무엇이냐?"고 묻자 "모른다, 우리는 모두 평등하다."고 대답[3]했던 사실에 의해서도 증명된다.

그러나 우리는 과장해서도 안 된다. 바이킹들이 자랑스러워했던 평등은 오직 자유인에게만 해당되는 것이었고, 심지어 그 안에서도 부와 지위의 차이는 다양하였다. 자유인의 밑에는 노예들이 위치하였다. 그리스인들과 로마인들과 같이, 그리고 수세기 후에 유럽인들과 미국인들과 같이 바이킹들은 노예를 소유하였다. 노예들은 전쟁포로들, 혹은 이웃민족에 대한 공격에서 노획한 죄 없는 희생자들, 혹은 단순히 고대 노예시장에서 구입한 노예들로 구성되었다. 그리고 그들은 출생에서부터 자유로운 사람들과는 달리 해방되었더라도 전의 소유주에 종속된 상태로 남아 있었다. 노예가 자유인의 밑에 있는 계급이라면, 그 위에는 보통 토지에 의하여 결정되는 부와 세습에 의한 지위를 가지고 있던 귀족집단이 있었다. 그리고 최 정점에는 선거, 법을 준수할 의무, 그리고 자유인들의 지지와 귀족들의 충성을 확보할 필요성 등에 의하여 권력이 제한을 받는 왕이 있었다.

평등에 대한 이러한 심각한 제약에도 불구하고 자유민 계급－소작농, 소규모 자작농, 농장주－은 정치 제도 및 전통의 민주성을 지속적으로 유지할 수 있을 만큼 수적으로 다수였다.

또한 유럽의 몇몇 다른 지방에서도 때로 민중의 통치에의 참여를 출현시킬 만한 지역적 조건들이 성숙하였다. 예를 들어 알프스의 높은 산악지역의 계곡은 목축업에 종사하는 자유인들을 외부로부터 보호하고 그들만의 독자성을 보장해 주었다. 한 현대작가는 800년경의 라에티아(Raetia)－나중의

---

3 Johannes Brφndsted, *The Vikings*(New York: Penguin, 1960), 241.

스위스 그라우뷘덴(Graubnden)주－를 다음과 같이 묘사하였다. "자유인들은…… 그들이 독특하게 평등한 조건하에 놓여 있음을 알았다. 그들은 공동의 지위에 의하여…… 그리고 (산악 목초지에 대한) 공동사용권에 의하여 중세 봉건시대의 위계적이고 신분 의식적인 추세와 전혀 어울리지 않는 평등감각을 발달시켰다. 이러한 독특한 정신이 그 후 라에티아 공화국에서 민주주의가 출현하는 데 크게 공헌하였다."[4]

지방의회에서 중앙의회로(*From Assemblies to Parliaments*)

바이킹들이 아이슬란드 방향으로 서진(西進)하였을 때 그들은 자신들의 정치적 관습을 옮겨 왔으며 몇몇 지방정치체에 팅(Ting)을 재현하였다. 그들은 여기에 만족하지 않고 다른 지방에서 중앙의회가 출현하기에 앞서, 일종의 최고 팅(알팅*Althing* 혹은 중앙의회National Assembly)을 930년에 설립하였는데, 이 기관은 아이슬란드가 노르웨이에 의하여 최종적으로 합병되기 전까지 3세기 동안 아이슬란드 법을 제정하는 장소가 되었다.[5]

이러는 동안 노르웨이, 덴마크 및 스웨덴에서 지방의회가 발달하였고, 이어 아이슬란드에서처럼 중앙의회가 발달하였다. 비록 그 후 왕과 중앙 관료들의 권한이 강화됨에 따라 중앙의회의 중요성은 감소되었지만 그 영향력은 후대까지 존속하였다.

예를 들어 스웨덴에서는 바이킹 시대에 형성된 일반민중의 의회 참여의

---

4 Benjamin R. Barber, *The Death of Communal Liberty: A History of Freedom in a Swiss Mountain Canton*(Princeton: Princeton University Press, 1974), 115.

5 Gwyn Jones, *A History of the Vikings*, 2d ed.(Oxford: Oxford University Press, 1985), 150, 152, 282~284.

전통이, 15세기경 왕이 다양한 사회분야의 대표자들(귀족, 성직자, 자치도시민 및 보통시민)의 회합을 주선하기 시작하였을 때, 근대적 대의제 의회제도의 설립을 위한 하나의 전례를 제공하는 역할을 하였다. 이러한 회합들은 궁극적으로 스웨덴의 릭스다그(riksdag) 혹은 의회로 발전하였다.[6]

전혀 다른 환경을 가진 네덜란드(the Netherlands)와 플랑드르(Flanders)에서는 제조업, 상업 및 금융업의 확장이 상당한 경제적 자원을 지배하는 사람들로 구성된 도시 중산층을 형성하였다. 계속 수입을 확보할 필요가 있던 통치자들은 이러한 재원을 무시할 수 없었을 뿐더러 그 소유자들의 동의 없이 세금을 부과할 수도 없었다. 통치자들은 동의를 구할 목적으로 도시와 이들 중요 사회계급에서 선출된 대표자들의 모임을 소집하였다. 이와 같은 모임들, 의회들 혹은 종종 불리듯이 '신분회의들(estates)'은 오늘날의 중앙의회로 직접 발전되지는 못하였지만 그러한 발전을 강력히 촉구하는 전통, 관행 및 사상들을 형성하였다. 이러는 동안 눈에 잘 띄지는 않았지만 대의제 의회제도가 서서히 등장하기 시작하여, 그 후 수세기에 걸쳐 발달되는 대의제 정부에 관한 사상과 실천에 단연 가장 큰 영향력을 행사하였다. 이것이 중세 잉글랜드의 의회(Parliament)였다. 의회는 1272년에서 1307년에 걸친 에드워드 1세의 통치기간 동안 간헐적으로 소집된 회의체들을 바탕으로 필요에 의하여 발전하였는데, 이는 의도적이거나 계획적인 것이라기보다는 자연스러운 발전의 결과였다.

이러한 시작으로부터 어떻게 영국의회가 발전하였느냐를 여기에서

---

6 Franklin D. Scott, Sweden: *The Nation's History*(Minneapolis: University of Minnesota Press, 1977), 111~112.

요약하기에는 그 내용이 너무 길고 복잡하다. 그러나 왕과 의회가 서로의 권위를 가지고 서로의 권한을 제한하는 일종의 헌정체제가 18세기까지는 성립되었다. 의회 내에서 귀족원(House of Lords)의 세습적 귀족들의 권한은 평민원(House of Commons)의 시민들의 권한에 의하여 상쇄되었다. 그리고 왕이나 의회가 제정한 법률은 항상 그런 것은 아니지만 거의 대부분 왕과 의회로부터 독립된 판결관들에 의하여 해석되었다.

주요 사회 세력들 간의 견제와 균형, 그리고 정부 내 권력의 분산을 이루는, 경이롭다고 할 수 있는 이러한 정치체제는 1700년대의 유럽에서 광범위한 흠모의 대상이 되었다. 이 체제는 누구보다 저명한 프랑스의 정치철학자 몽테스키외로부터 칭송을 받았고, 군주정의 폐해가 없이 영국식 체제의 장점만을 취하는 공화정을 미국에 건설하고자 했던 많은 미국헌법의 기초위원들로부터 찬탄의 대상이 되었다. 바로 그들이 건설하려고 했었던 공화국[역주: 미국을 의미]이 후대에 때가 왔을 때 다른 많은 공화국들을 위한 하나의 모델 역할을 수행하였던 것이다.

민주화: 진행 중, 다만 진행 중일 뿐

후각자의 이점을 가지고 과거를 되돌아보면, 18세기까지 유럽에서 발전된 정치적 사상과 실행의 어떤 요소들이 후대의 민주적 신념과 제도에 중요한 영향을 미쳤는가를 쉽게 알 수 있다. 당시의 사람들보다 더 현대적이고 추상화된 용어로써 그 요소들이 무엇이었는가를 요약해 보면 다음과 같다.

우호적인 지역조건과 기회 덕분으로 몇몇 유럽 지역(특히 스칸디나비아, 플랑드르, 네덜란드, 스위스 및 영국)에서 평등의 논리는 자유인들이 적어도 어느 정도는 통치에 참여할 수 있는 지방의회(local assemblies)의 결성을 촉진하였다. 원래 세금인상에 대응하기 위하여 주장된 '정부는 피통치자의 동의를 필요로 한다'(governments needed the consent *of the governed*)는 사상은 점차 법 일반에 관한 주장으로 발전하였다. 대규모 마을, 도시, 지역 혹은 국가에서와 같이 자유인들이 직접 협의체를 갖기에 너무 넓은 지역에서는, 합의를 위해 세금을 인상하고 법률을 제정하는 모임에 대표(representation)를 보내는 것이 필요하였다. 대표는 아테네와는 달리 추첨이나 무작위 선발에 의하지 않고 선거(election)에 의하여 선출되었다. 국가, 민족, 혹은 민족국가에서 자유시민들의 동의를 얻는다는 것은 여러 수준에서의 선거를 통한 대의제 입법부나 의회의 구성을 필요로 하게 되었다. 지역별 수준은 지방, 전국, 그리고 아마도 주(州), 광역지역 등 기타 중간 수준들도 포함하게 될 것이었다.

이러한 유럽의 정치사상과 실행들은 민주화가 진행될 수 있는 기초가 되었다. 한편 고대 그리스, 로마 및 이탈리아 도시들의 민중정부에 관한 이야기는 민주주의 옹호자들의 주장의 실현성을 때때로 높여 주었다. 정부는 인민(people)의 의지에 종속된다는 것이 단지 환상적 희망만은 아니라는 것을 그러한 역사적 경험들은 보여 주었다. 그러한 체제들은 한때 실제로 존재하였고 수세기 동안 지속되었던 것이다.

달성되지 못한 것들(*What hadn't been achieved*)

만약 위에서 언급한 사상, 전통, 역사 및 실행들이 민주화에 대한 희망을 보여 줄 수 있었다 할지라도 그것은 다만 희망이었을 뿐이었다. 다음의 중요한 요건들은 아직 충족되지 못하고 있었다.

첫째, 총체적 불평등은 가장 순조로운 출발을 보였던 국가들에서조차 민주화에 대한 커다란 장벽이 되었다. 노예와 자유인, 부자와 가난한 자, 지주와 소작농, 주인과 하인, 남자와 여자, 날품팔이꾼과 실습공, 숙련공과 공장주, 일반 도시민과 금융인, 중세 영주와 소작농, 귀족과 평민, 군주와 신민, 왕의 관료들과 피지배층 사이에 존재하는 권리, 의무, 영향력, 그리고 권력 간의 차이가 그것이었다. 그리고 많은 곳에서 자유인의 부인들은 법적으로, 관습적으로, 그리고 실제적으로 남편의 재산으로 간주되었다. 그리하여 언제 어디에서나 평등의 논리는 불평등이라는 야만적 현실과 충돌하였다.

둘째, 협의체와 의회가 존재하였더라도 그 제도들이 최소한의 민주적 기준을 충족시키기까지는 오랜 시간을 필요로 하였다. 의회는 종종 군주의 적수가 되지 못하였다. 관료들에 대한 통제권이 군주로부터 의회로 넘어가고 대통령이 왕의 위치를 차지하기까지는 수세기가 걸렸다. 의회 그 자체도, 특히 귀족들과 고위 성직자들을 위해 마련된 의원(議院, chambers)의 경우에는 특권의 거점이었다. '인민(people)'에 의해 선출된 대표들은 법률제정을 하는 데 있어 기껏해야 부분적인 발언권만을 가졌다.

셋째, '인민'의 대표들은 실제로 전체 인민을 대표하지는 않았다. 예를 들어 자유인은 다만 남자를 의미할 뿐이었다. 드문 경우의 여성 군주를 제외하면 성인 인구의 반은 정치생활로부터 배제되었다. 그러나 많은 성인 남자들 - 실제상 대부분의 성인 남자들 - 도 사실 마찬가지의 처지였다. 1832년의 영국에서조차 20세 이상 인구의 단지 5%만이 투표권을 가지고 있었다. 영국민들은 같은 해에 투표권을 7% 이상으로 약간이나마 확대하기 위하여 격렬한 투쟁을 벌여야만 했다(그림 2). 바이킹시대의 팅들에 대한 민중참여의 경험에도 불구하고 노르웨이에서도 역시 그 비율은 조금도 더 높지 않았다.[7]

그림 2 영국의 유권자, 1831–1931
Encyclopadia Britannica(1970), '의회(Parliament)'편

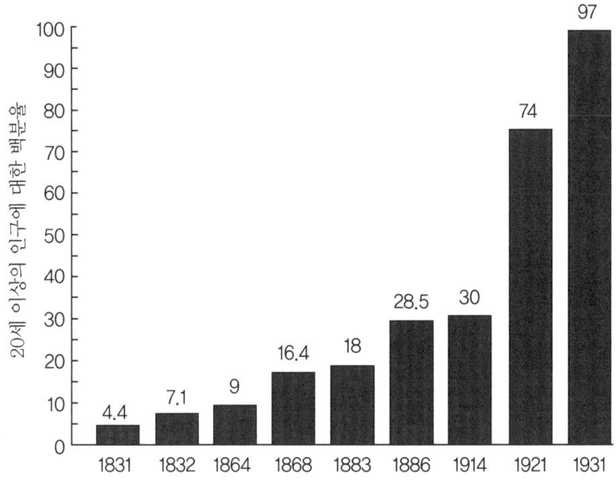

넷째, 18세기 및 그 직후까지도 민주주의에 대한 사상과 믿음들은 그렇게 널리 공유되지 못하고 있었으며 심지어 제대로 이해되지도 못하였다. 모든 국가에서 평등의 논리는 특권을 부여받은 소수의 사람들 사이에서만 효력을 발생하고 있었다. 더욱이 민주적 공화국이 정치적 제도화를 이루기 위해 필요로 하는 것들에 대한 이해조차 이루어지지 않고 있었다. 언론과 표현의 자유도, 그것이 왕을 비난하는 데 사용될 경우, 심각하게 제한되었다. 정치적 반대는 정통성과 합법성을 결여한 것으로 취급되었다. '폐하의 충성스러운 야당(His Majesty's Loyal Opposition)'이라는 개념은 아직 때를

7 Dolf Sternberger and Bernhard Vogel, eds., *Die Wahl Der Parliamente*, vol. 1: Europa(Berlin: Walter de Gruyter, 1969), part 1, table A1, 632; part 2, 895, and table A2, 913.

만나지 못하였다. 많은 사람들에게 정당은 위험하고 바람직하지 못한 것으로 비판받았다. 선거는 왕실관료들에 의하여 극도로 타락하였다. 민주주의적 사상과 실행의 진보는 일정한 우호적 조건들을 필요로 하는데 그것들은 아직 존재하지 않았다. 민주주의에 대한 신념을 가지고 그것을 위하여 투쟁할 준비가 오직 소수의 사람들에게만 되어 있는 한 기존의 특권들은 비민주적 정부의 비호 아래 계속 존속될 것이다. 설사 많은 사람들이 민주주의적 사상과 목표들에 대한 신념을 갖고 있다 할지라도 민주화가 지속적으로 이룩되려면 다른 조건들도 역시 충족되어야 한다. 이 책의 끝 부분인 제4부에서 이러한 조건들 중 중요한 것들에 대한 설명이 있을 것이다.

한편, 우리가 이 장에서 개관하였듯이, 민주화는 초기의 희망적인 출발 이후 현재까지 지속적 상승과정을 걸어온 것은 아니었다는 점을 기억할 필요가 있다. 발전과 쇠퇴, 저항, 반란, 내전 및 혁명이 있었던 것이다. 중앙집권화된 군주정의 등장은, 비록 아이로니컬하게도 궁극적으로는 민주화에 우호적인 일부 조건들을 제공하기는 했지만, 수세기 동안 민주주의의 초보적 발전을 퇴행시켜 놓았다.

과거 민주주의의 부침을 되돌아보건대 민주주의가 꾸준히 발전하거나 심지어－민주적 정부가 지구상에서 사라졌던 그 오랜 기간이 우리에게 말하여 주듯－단순히 지속하기 위해서라도 시간의 흐름에만 의존할 수는 없다는 것은 분명하다.

민주주의는 기회에 민감한 것으로 생각된다. 그러나 그 기회란 또한 우리가 무엇을 하는가에 달려 있다. 비록 역사적 조건이 민주주의에 우호적이 아니라고 할지라도 우리는 외부 조건들을 통제하지 못하고 단순히 희생당하는 그러한 존재들은 아니다. 우리는 민주주의가 필요로 하는 조건들에 대한 적절한 이해와 그 조건들을 충족시키고자 하는 의지를 가지고, 민주주의적 사상과 관습들을 보존하고 나아가 발전시키기 위한 행동을 취할 수 있다.

제3장
민주주의를 위한 앞으로의 과제는 무엇인가

민주주의에 대하여 이야기할 때 우리를 가장 혼란스럽게 하는 것은 '민주주의'는 이상과 실제를 모두 의미하는 단어라는 사실이다. 우리는 자주 이 둘을 구분하는 데 실패하곤 한다. 예를 들어보자.

앨런(Alan)은 "내 생각엔 민주주의가 가장 이상적인 정부형태인 것 같아."라고 말한다.

베스(Beth)는 "소위 이 나라의 민주정부가 우리를 위한 최선의 정부형태라고 믿다니 너는 정신이 나갔음에 틀림없어."라고 대답한다.

물론 베스는 실제의 정부체제를 말한 것이고 앨런은 이상으로서의 민주주의를 의미한 것이다. 서로가 속으로 무엇을 생각하고 있는지 명확히 밝힐 때까지 앨런과 베스의 이러한 대화는 계속될는지 모른다. 과거의 오랜 경험으로 나는 이런 소모적인 논쟁이 쉽게 벌어질 수 있다는 것을 안다–말하기 곤란하지만, 이상과 실제로서의 민주주의에 대하여 잘 알고 있는 학자들 사이에서조차 그러하다.

민주주의가 무엇을 의미하는지 명확히 함으로써 이러한 혼란은 극복될 수 있다.

앨런은 계속하여 답한다. "오, 나는 실제의 정부를 말했던 것이 아니야. 그것이라면 나도 너와 같은 의견이야."

베스는 대답한다. "그래, 네가 이상적 정부를 의미했다면 네 이야기가 전적으로 옳아. 나도 이상적으로는 민주주의가 가장 최선의 정부형태라는 사실을 믿고 있어. 바로 그래서 나는 우리 정부가 지금보다 더 민주적이어야만 한다고 말하고 싶은 거지."

철학자들은, 한편으로, 목표, 이상, 가치 등에 관한 우리의 판단과, 다른 한편, 현실 및 실제 등에 관한 우리의 판단간의 차이를 주제로 끝없는 논쟁을 벌여 왔다. 우리는 '나는 무엇을 해야만(ought) 하는가, 내가 무엇을 하는 것이 옳은가' 등의 질문을 받을 때 전자에 속한 판단을 내린다. 반면, 우리는 '나는 무엇을 할 수(can) 있는가, 어떠한 선택권이 나에게 주어졌는가, 내가 Y가 아니라 X를 선택하면 어떤 결과가 발생할까' 등의 질문을 받는다면, 후자에 속하는 판단을 내리게 된다. 보통 전자에 속하는 판단을 가치판단(혹은 도덕적 판단)이라고 하고, 후자에 속하는 판단을 경험판단이라고 한다.

용어해설

비록 철학자들이 가치판단과 경험판단의 본질, 그리고 한 종류의 판단과 다른 종류의 판단의 차이점에 관하여 끊임없는 논쟁을 벌여 왔으나, 우리가 이러한 철학적 문제들에 신경 쓸 필요는 없는데, 이는 우리가 이미 이상적인 것과 현실적인 것을 구분하는 데 어느 정도 익숙해져 있기 때문이다. 그러나 지나치게 집착하지 않는 한도 내에서 가치판단과 경험판단을 구분할 필요는 있다. 만약 우리가 "정부는 그 결정에 의해 구속받는 모든 개인들의 복지와 이익을 공평히 고려하여야 한다."고 하거나 "행복은 가장 상급의 미덕이다."라고 주장한다면, 우리는 '순수한' 형태의 가치판단에 할 수 있는 한 매우 근접한 판단을 내리는 셈이다. 그 반대의 판단, 즉 극단적으로 경험적인 명제의 예로는 뉴턴(Newton)의 유명한 만유인력의 법칙, 즉 두 물체 사이의 힘은 그들 질량의 곱에 비례하고 그들 사이의 거리의 제곱에 반비례한다는 법칙을 들 수 있다. 사실 많은 주장들은 두 종류의 판단을 모두 담고 있거나 전제로 하고 있다. 공공정책에 관한 판단은 거의 모두 그 전형적인 예이다. 예를 들어 누가 "정부는 의료보험제도를 전면적으로 실시해야 한다."고 주장할 때, 이는 1)건강은 추구해야 할 좋은 목표이고, 2)정부는 그 목표를 추구하도록 노력해야 하고, 3)의료보험제도의 전면적 실행은 그 달성을 위한 최선의 수단이라는 것을 주장하는 셈이다. 더욱이 우리는 3)과 같은, 불확실성 속에서 우리가 할 수 있는 최선의 경험적 판단을 수없이 내리고 있다. 이러한 판단들은 엄격한 의미에서 '과학적'인 것은 아니다. 종종 확실한 근거, 애매한 근거, 터무니없는 근거, 그리고 불확실성이 뒤섞여 우리의 판단을 결정한다. 이러한 판단은 때로 '실제적인(practical)' 혹은 '신중한(prudential)' 판단으로 불리기도 한다. 끝으로 이러한 실제적 판단의 한 주요 종류는 하나의 가치, 개인, 혹은 집단에 부여되는 수익을 다른 또 하나의 가치, 개인, 혹은 집단이 지불해야 하는 비용에 견주어 저울질해 보는 것이다. 이러한 경우의 상황을 묘사할 때, 나는 때로 경제학자들이 자주 사용하는 표현을 빌려, 다양한 '교환관계(trade-offs)'가 있는 목표들 사이에서의 선택이라고 말한다. 우리는 앞으로 글이 전개됨에 따라 이러한 여러 종류의 가치판단과 경험판단의 문제에 직면하게 될 것이다.

민주적 목표와 현실

이상과 현실은 구분하는 것도 필요하지만, 민주적 이상 혹은 목표들과 현실이 어떠한 관계를 갖는가를 이해하는 것도 필요하다. 나는 다음 장들에서 이러한 관계를 자세히 다룰 것이다. 여기에서는 그에 대한 대강의 지침을 다음 표를 이용하여 알아보고자 한다.

표-1의 '이상'과 '현실'의 항목에 있는 네 가지 질문들은 모두 기본적인 것들이다.

표-1 주요 내용

이상		현실	
목표와 이상		현실의 민주정부	
민주주의란 무엇인가?	민주주의가 왜 필요한가?	민주주의는 어떤 정치제도들을 필요로 하는가?	어떤 조건들이 민주주의에 우호적인가?
제4장	제5~7장	제3부	제4부

민주주의는 무엇인가? 민주주의는 무엇을 의미하는가? 달리 표현하자면, 한 정부가 과연 그리고 어느 정도 민주적인가를 결정할 때 우리는 어떤 기준을 사용할 것인가?

나는 민주정치체제는 다섯 가지 기준을 만족시켜야 하며, 이러한 기준들을 모두 만족시키는 정치체제는 완전히 민주적이라고 생각한다. 제4장에서 이러한 기준들 중 네 가지를 설명할 것이며, 제6장과 제7장에서는 왜 다섯 번째 기준이 필요한지 밝힐 것이다. 그러나 이러한 기준들은 이상적 혹은 완벽한 민주정치체제를 염두에 둔 것이라는 사실을 밝혀 둔다. 실제 현실의 수많은 제약 요인들을 고려할 때, 우리가 완벽한 민주정치체제를 가질 수 있다고 믿는 사람은 없으리라고 판단된다. 그렇지만 이러한 다섯 가지 기준들은 현실의 정치체제와 그 제도들이 (민주주의를 위해) 이미 이룬 것들과 아직 이루지 못한 것들을 비교해서 보여 주고, 또 (민주주의의) 이상에 더 가까이 갈 수 있는 방법들을 제시하여 줄 수 있다.

왜 민주주의가 필요한가? 민주주의가 최선의 정치체제라는 믿음의 근거는 무엇인가? 민주주의 덕분에 가장 만족되고 있는 가치는 무엇인가?

이러한 의문들에 답하는 데 있어, 우리는 왜 사람들은 지금 민주주의를 지지하는가, 혹은 왜 과거에 지지하였는가, 혹은 민주정치체제는 어떻게 발전하여 왔는가를 묻고 있는 것은 아니라는 사실을 명심할 필요가 있다. 사람들은 여러 이유로 민주주의를 선호할 수 있다. 예를 들어 어떤 사람들은 자신들이 민주주의를 왜 좋아하는지 심각히 생각해 보지도 않고 그것을 선호할 수도 있다. 민주주의에 대하여 칭송하는 것이 그들이 위치한 시간과 장소에서는 관습적이거나 전통적일 수 있는 것이다. 사람들은, 민주정부는 자신들이 부자가 될 기회를 높여 줄 것이라고 믿기 때문에, 혹은 민주정치는 자신들의 정치적 출세를 보장할 것이라고 생각하기 때문에, 혹은 존경하는 사람이 그렇게 하라고 했기 때문에 등의 이유로 민주주의를 선택할 수도 있다.

민주주의를 지지하여야 하는 좀 더 일반적이고 보편적인 타당성을 가진 이유들이 있는가? 나는 그렇다고 믿는다. 이러한 주제들은 제5장에서부터 제7장까지에서 다루어질 것이다.

현실 세계의 한계와 가능성을 염두에 둘 때, 이상적 기준들을 가능한 한 최대로 만족시키기 위해서는 어떤 정치제도들이 필요한가?

다음 장에서 보게 되듯이, 서로 상당히 다른 정치제도들을 가진, 상이한 시간과 상이한 장소에 존재하였던 정치체제들이 민주주의 혹은 공화국으로 불렸다. 마지막 장에서는 민주적 정치제도들이 서로 상이하여야 했던 이유 하나를 다룰 것이다. 그 제도들은 차이가 큰 정치 단위－인구, 영토, 혹은 이 모두의 면에서－의 범위 혹은 규모에 제각기 적응하여 왔던 것이다. 예를 들어 영국의 촌락과 같은 어떤 정치 단위들은 영토와 인구 면에서 매우 작으나 중국, 브라질, 혹은 미국과 같은 정치 단위들은 영토와 인구의 면에서 모두 엄청나게 크다. 작은 도시나 마을은 대규모 국가에서 요구되는 일련의 정치제도들이 없어도 민주정치를 위한 기준들을 훌륭히 만족시킬 수 있다.

그러나 18세기 이후로 민주주의 사상은 미국, 프랑스, 영국, 노르웨이, 일본, 인도 등 거의 모든 국가들에 전파되었다. 작은 규모의 마을이나 도시의 민주주의를 위해 필요하거나 바람직한 것으로 생각되었던 정치제도들은 규모가 훨씬 큰 현대 국가들에게는 전적으로 부적절하다는 것이 증명되었다. 마을 정도의 규모에 적합한 정치제도들은, 덴마크나 네덜란드같이 세계적 기준에서 볼 때 작다고 할 수 있는 국가들에게조차 전적으로 부적절하였던 것이다. 이러한 이유로 인하여, 부분적으로는 초기 민주주의와 공화국의 정치제도들을 닮았으나 전체적으로는 완전히 새로운 정치체제를 구성하는 일련의 새로운 정치제도들이 19세기와 20세기에 이르러 발달하였다.

이러한 역사적 발전은 제2장에서 간략히 소개되었다. 제3부에서는 실제 존재하였던 민주주의체제들의 정치제도들과 그들의 주요 차이점에 대하여 좀 더 자세히 설명하고자 한다.

한 가지 주의할 점

어떤 특정의 제도들이 필요하다고 하는 것은 그것들이 곧 완벽한 민주주의를 보장하여 주기에 충분하다는 의미는 아니다. 이상으로서의 민주주의와 현실로서의 민주주의 사이의 무시하지 못할 차이는 모든 민주주의 국가들에서 존재한다. 이러한 차이는 우리에게 하나의 도전이다. 우리는 '민주'국가들을 더욱 민주적으로 만들 방법을 찾을 수 있을까?

만약 '민주'국가들마저도 완전히 민주적이 아니라고 한다면, 현대 민주주의에 필요한 주요 정치제도들을 전혀 갖고 있지 않거나 일부만을 갖고 있는 국가들, 즉 비민주국가들에 대하여는 무어라고 말하여야 하는가? 만약 그 국가들에 민주적 요소가 조금이라도 있다면 어떻게 이들을 더 민주적으로 발전시킬 수 있는가? 아니면, 단순히 왜 어떤 국가들은 다른 국가들보다 더 민주주의적이 되었는가? 이러한 의문들은 우리로 하여금 다른 의문들을 품게 한다. 어떠한 조건들이 한 국가(혹은 정치 단위)의 민주주의제도들의 안정과 발전에 우호적인 것들인가? 아니면, 역으로 어떠한 조건들이 민주주의제도들의 안정과 발전을 막거나 방해할 가능성이 있는 것들인가?

이러한 것들은 오늘날의 세계에서 매우 중요한 의문들이다. 다행스럽게도 20세기 말의 우리는 몇 세대 전보다는 상당히, 그리고 역사 초기시대보다는 월등히 나은 해답을 갖고 있다. 제4부에서 이러한 중요한 의문들에 대하여 20세기를 마감하는 이때 우리가 알고 있는 답이 무엇인가를 보여 주고자 한다.

물론 우리가 갖고 있는 답들에 불확실한 점이 전혀 없다는 것은 결코 아니다. 그러나 그 답들은 민주주의를 위한 해답을 구하는 데 있어 과거 어느 때보다 굳건한 출발점을 제공하여 준다.

가치판단에서 경험판단으로

앞의 표-1에 대한 설명을 마치기에 앞서, 나는 그 왼편의 질문들로부터 오른편의 질문들로 이동하는 행보의 중요성에 관하여 독자의 주의를 환기시키고자 한다. '민주주의란 무엇인가'라는 의문에 답할 때, 우리는 우리의 가치관이나, 우리가 선하거나 옳거나 혹은 바람직하다고 믿는 것들에 거의 전적으로 의존하여 판단을 내리게 된다. 우리가 '민주주의는 왜 필요한가'라는 의문에 답변하게 될 때에도 우리의 판단은 여전히 이상적 가치들에 의존하게 되나, 이때는 우리를 둘러싼 현실 세계에 존재하는 인과관계, 한계 및 가능성에 대한 우리의 믿음, 즉 경험판단에 또한 의존하게 된다. 이때 우리는 증거, 사실, 그리고 사실이라고 알려진 것들에 대한 우리의 해석에 더욱 의존하기 시작한다. 민주주의가 실제로 요구하는 정치제도들이 무엇인가를 결정하려 할 때, 우리는 증거와 경험판단에 한층 더 의존한다. 그러나 여기에서도 우리는 민주주의의 의미와 가치에 대한 우리의 기존 판단에 부분적으로 의존한다. 사실, 현실 세계의 정치제도들의 형태에 관하여 우리가 신경을 쓰는 이유도 민주주의적 가치들과 그 기준들이 우리에게 중요하기 때문이다.

표-1의 오른편 질문 항으로 이동하여 어떠한 조건들이 민주적 제도의 안정과 발전에 우호적인가를 결정할 때, 우리의 판단은 직접적으로 경험적이 된다. 그 판단은 우리가 주어진 증거를 어떻게 해석하느냐에 전적으로 의존하게 된다. 예를 들어 민주주의에 대한 신념은 민주정치제도들의 존속에 지대하게 공헌하는가 혹은 그렇지 않은가? 그러나 역시 여기에서도 이러한 경험판단이 우리에게 중요하거나 타당성이 있는 이유는 우리가 민주주의와 그 가치를 소중히 여기기 때문인 것이다.

이와 같이 제2부에서는 이상, 목표 및 가치에 대하여 탐구하고, 제3부에서는 민주정치제도에 관하여 좀 더 경험적으로 설명하고자 한다. 그리고 제4부에서는 민주정치제도에 우호적이거나 비우호적인 조건들에 관하여 설명하고자 하는데, 이때 우리의 판단은 사실상 거의 전적으로 경험적인 것이 될 것이다. 끝으로, 마지막 장에서 나는 앞으로 민주주의가 직면하게 될 도전들에 관하여 설명하고자 한다.

제2부

이상적 민주주의

제4장

민주주의란 무엇인가

우리 모두는 자신의 힘으로는 달성할 수 없는 목표들을 가지고 있다. 그렇지만 유사한 목적들을 공유하는 타인과 협력함으로써 이러한 목표들의 일부를 달성할 수도 있다.

자, 그렇다면 특정한 공통 목적들을 달성하기 위하여, 당신과 수백만의 다른 사람들이 어떤 협회를 형성한다고 가정하여 보자. 이 협회의 구체적인 목표들이 무엇인가에 관한 문제는 당분간 보류해 두고, 이 장의 제목이 되는 질문에만 초점을 맞추어 보자. 민주주의란 무엇인가?

다음과 같이 한 번 더 가정하여 보자. 첫 모임에서 몇몇 회원들이 당신의 협회가 헌법을 필요로 한다고 제안한다. 그리고 이들의 견해가 호의적으로 수용된다. 당신이 이와 같은 문제들에 대한 약간의 기술을 소유하고 있다고 생각되기 때문에, 한 회원이 당신으로 하여금 헌법의 초안을 만들 것을 제안한다. 이 헌법 초안을 회원들이 검토해 볼 수 있도록 다음 모임에 당신이 가져와야 하는 것이다. 이런 제안이 만장의 갈채로 채택되었다.

이러한 과제를 수용함에 있어 당신은 다음과 같이 말한다.

"나는 내가 우리가 공유하고 있는 목표들을 이해하고 있다고 생각한다. 그러나 나는 우리가 어떻게 우리의 결정을 내려야 할지에 대하여는 확신을 갖고 있지 않다. 한 예로, 우리 중에서 가장 유능하고 식견 있는 몇몇 사람들에게 우리의 중요한 모든 결정을 위임하는 헌법을 우리는 원하는가? 그러한 협정이 보다 현명한 결정을 보장할 수도 있을 뿐만 아니라 나머지 우리들로 하여금 많은 시간과 노력을 절약할 수 있게 하는 가능성도 있다."

회원들은 압도적으로 이러한 종류의 해결을 거부할 것이다. 내가 주요 연설자로 칭하고자 하는 한 회원은 다음과 같이 주장한다.

"이 협회가 다루려고 하는 가장 중요한 문제들에 관하여, 우리들 중에서 나머지 다른 사람들보다 훨씬 현명하여 자신의 견해가 일방적으로 우월하다고 할 수 있는 사람은 그 누구도 없다. 가령 일부 회원들이 주어진 순간에 특정의 쟁점에 관하여 더 알고 있다손 치더라도, 우리는 모두 우리가 알아야 할 필요가 있는 것을 배울 능력이 있는 것이다. 물론, 우리는 결론에 도달하기 전에 우리들 사이에서 쟁점들을 토론하고 심의할 필요가 있을 것이다. 심의하고 토론하고 나서 정책에 대한 결정을 내리는 것이 바로 우리가 이 협회를 형성한 하나의 이유이다. 우리 모두는 쟁점에 대한 토론과 우리의 협회가 따라야 할 정책결정에 참여할 동등한 자격이 있다. 결과적으로 우리의 헌법은 그러한 가정에 기초하여야만 한다. 우리의 헌법은 우리 모두에게 협회의 결정에 참여할 수 있는 권리를 보장해야만 한다. 아주 평범하게 말한다면, 우리 모두는 동등한 자격이 있기 때문에 우리들은 민주적으로 우리 스스로를 통치해야만 하는 것이다."

계속된 토론은 주요 연설자에 의해 제시된 견해가 지배적인 견해와 일치한다는 사실을 밝혀 준다. 그리고 나서 당신은 이러한 가정 하에 헌법을 기초할 것에 동의한다.

그렇지만 당신이 작업에 착수하자마자 곧 스스로 '민주적'이라고 부르는 다양한 협회와 조직들이 수많은 상이한 헌법들을 채택하고 있다는 사실을 발견하게 된다. 심지어 '민주적' 국가들 중에서조차 헌법의 중요한 면이 서로 다르다는 것을 발견하게 된다. 하나의 예로, 미합중국의 헌법은 대통령직에 있어서 강력한 행정수반에 대한 규정을 하고 있으며, 동시에 의회에서 강력한 입법을 위한 규정을 하고 있다. 그리고 이들의 각각은 다소간 상호 독립적으로 되어 있다. 대조적으로 대부분의 유럽 국가들은 의회제를 선호하여 왔는데, 이 체제에서는 최고 행정수반, 즉 수상이 의회에서 선출되고 있다. 이렇듯 수많은 여타의 중요한 차이점들을 아주 쉽게 지적할 수 있을 것이다. 단 하나의 '민주적' 헌법만이 존재한다고 여겨지지 않는다(이 문제에 관하여 제10장에서 다시 다루겠다).

자, 그렇다면 이제 당신은 이러한 상이한 헌법들이 '민주적'이라고 하는 자신들의 주장을 정당화할 수 있는 공통의 무언가를 가지고 있는지 여부에 관하여 궁금해 하기 시작할 것이다. 그리고 아마도 일부의 헌법은 다른 것보다 *더* '민주적'(*more* 'democratic')인가? 민주주의란 무엇인가? 아아, 그런데 당신은 이 용어가 혼란스러울 정도로 여러 가지 방식으로 사용되고 있다는 사실을 곧 알게 될 것이다. 그렇지만 당신은 아주 현명하게도 이러한 절망적일 정도로 다양한 정의들을 무시하기로 결정한다. 왜냐하면 당신의 과제는 보다 구체적이기 때문이다. 일련의 규칙과 원칙들을 고안하는 것, 즉 협회의 결정들이 어떻게 이루어져야 하는지를 규정하는 헌법을 입안하는 일이다. 그리고 당신의 헌법은 하나의 기초적인 원칙과 일치해야만 하는 것이다. 이 새로운 헌법 하에서 협회가 추구할 정책에 관한 결정과정에 모든 구성원들이 동등한 참가자격이 있는 것으로 간주되어야만 한다는 점이다. 다른 사항에 관한 경우가 무엇이든지 간에, 이 협회를 운영함에 있어 모든 성원들은 정치적으로 평등한(politically equal) 존재로 간주되어야만 하는 것이다.

민주적 절차를 위한 기준

민주주의에 관한 엄청나고 종종 헤치고 들어가기 어려울 정도로 무성한 개념들의 숲속에서 다음과 같은 몇몇 기준을 확인해 내는 것은 가능한가? 즉 협회의 정책결정에 모든 성원들이 동등한 참가자격이 있다는 조건을 충족시키기 위하여 협회가 갖추어야 할 운영원칙에 관한 몇 가지 기준을 밝혀내는 것은 가능한 것인가? 적어도 다섯 가지의 그러한 기준이 있다고 생각한다(표-2).

• 효과적 참여(effective participation)

협회에 의해 어떤 정책이 채택되기 전에, 모든 성원들은 어떤 정책이

표-2 민주주의란 무엇인가

민주주의는 다음과 같은 기준들을 확보할 수 있는 기회를 제공해야 한다.

1. 효과적 참여
2. 투표의 평등
3. 계몽적 이해의 확보
4. 의제설정에 대한 최종적 통제의 행사
5. 성인들의 수용

채택되어야 하는지에 관하여 다른 성원들에게 자신의 견해를 알릴 수 있는 동등하고 효과적인 기회를 가져야 한다.

- **투표의 평등**(voting equality)

정책에 관한 결정이 최종적으로 내려져야 할 순간에 이르렀을 때, 모든 성원들은 평등하고 효과적인 투표의 기회를 가져야만 하며, 모든 투표는 평등하게 간주되어야만 한다.

- **계몽적 이해**(enlightened understanding)

합당한 시간적 제약 내에서, 각 성원은 관련된 정책대안들과 이 대안들이 가져올 수 있는 가능한 결과들을 이해할 수 있는 동등하고 효과적인 기회를 가져야만 한다.

- **의제의 통제**(control of the agenda)

성원들은 어떻게, 그리고 만약 선정을 하여야만 한다면, 어떤 문제들이 의제에 상정되어야만 하는지를 결정할 배타적 기회를 가져야만 한다. 이렇게 하여, 앞에서의 세 가지 기준에 의해 요구되는 민주적 과정이 결코 폐쇄적이지 않게 되는 것이다. 협회의 정책이란 협회의 성원들이 변경하기를 선택한다면, 언제나 변경할 수 있어야 한다.

- **성인들의 수용**(inclusion of adults)

모든, 또는 여하튼 대부분의 성인의 영구적 거주자들만이 앞의 네 가지 기준이 시사하는 완전한 시민의 권리를 향유해야만 한다. 20세기에 이르기 전에는 이 기준은 대부분의 민주주의의 옹호자들에게는 받아들여질 수 없는 것이었다. 이것을 정당화한다는 것은 다른 사람들을 우리의 정치적 동반자로 간주해야만 하는 이유를 검토할 것을 요구한다. 제6장과 제7장에서 이 문제를 탐구한 연후에, 수용의 기준에 관한 문제로 돌아오겠다.

그 동안 첫 네 가지 기준들에 대해 당신은 수많은 가능성들 중에서 다소 자의적인 선정에 불과한 것이 아닌가 하는 생각을 할 수도 있다. 민주적 과정을 위한 특수한 기준으로서 이 네 가지를 채택하게 되는 좋은 이유가 있는 것인가?

왜 이러한 기준들인가?

단순히 다음과 같이 간단하게 답변할 수 있다. 성원들(그 수가 얼마나 제한되었든지 간에)이 협회의 정책을 결정함에 있어 정치적으로 평등하려면, 위의 각각의 기준은 필요한 것이다. 다른 말로 표현한다면, 이 기준 중 어떤 것이라도 위반이 되면, 성원들은 정치적으로 평등하지 않게 되는 것이다.

예를 들면, 일부의 성원들이 다른 성원들보다 자신의 견해를 제시함에 있어 더 큰 기회를 부여받는다면, 이들의 정책이 지배적일 가능성이 높아지게 된다. 극단적인 경우에, 의제에 상정될 제안들을 토론할 기회를 차단함으로써, 아주 극소수의 성원들이 사실상 협회의 정책을 결정할 가능성이 있게 된다. 효과적 참여의 기회란 이러한 결과들의 방지를 보장해 주는 것을 의미한다.

아니면 상이한 성원들의 투표를 동등하지 않게 계산한다고 가정하여 보자. 예를 들어, 투표의 비중을 성원이 소유하고 있는 재산의 양에 비례하여 부과하고, 그리고 성원들이 상당한 차이가 나는 재산을 소유하고 있다고 가정하여 보자. 만약 모든 성원들이 협회의 결정에 동등하게 참여할 자격을 잘 갖추고 있다고 우리가 생각한다면, 이들 중 일부의 투표가 다른 사람들의 투표보다 더 비중 있게 간주되어야만 할 이유가 있겠는가?

비록 처음 두 개의 기준이 거의 자명한 것처럼 생각된다 하더라도, 당신은 계몽적 이해의 기준이 정말 필요하거나 적절한지의 여부에 의문을 가질 수 있을 것이다. 만약에 성원들이 동등하게 자격이 있다면, 이 기준이 왜 필요한가? 그리고 만약에 성원들이 동등한 자격을 가지고 있지 않다면, 그렇다면 왜 이들이 동등한 자격이 있다는 가정 하에 헌법을 입안해야 한다는 말인가?

그렇지만 주요 연설자가 말한 바와 같이, 정치적 평등의 원칙은 성원들이 협회의 사안에 관하여 질문, 토론, 심의를 통해 알 수 있는 적절한 기회를 가진다는 전제조건으로 결정에 참여할 동등한 자격을 갖추고 있는 것으로 가정하고 있다. 세 번째 기준은 이러한 기준들이 모든 성원들을 위해 존재한다는 것을 보장하고 있음을 의미한다. 이의 본질은 기원전 431년에 아테네의 지도자 페리클레스(Pericles)가 그 도시의 전쟁 사망자들을 기념하는 유명한 연설에 잘 나타나 있다. "우리의 평범한 시민들, 비록 생업의 종사에 사로잡혀 있긴 하지만, 그래도 공공사에 관한 공정한 심판자들이다. 그리고 토론을 우리의 행동을 방해하는 장애물로 간주하기보다는, 우리는 토론을 현명한 행동에 이르는 필수불가결한 예비단계로 생각한다."[8]

8 Thucydides, *Complete Writings: The Peloponnesian War*, unabridged Crawley translation with introduction by John H. Finley, Jr.(New York: Random House, 1951), 105.

처음 세 개의 기준을 합하면 아주 충분한 것같이 여겨질 수 있다. 그러나 모든 성원들이 협회의 일을 운영하는 데 있어 정치적으로 평등하게 간주되어야만 한다는 생각에 일부의 성원들이 암암리에 반대하고 있다고 가정하여 보자. 이들은 대단위의 재산을 소유한 자들의 이익이 사실상 여타의 사람들의 이익보다 훨씬 중요하다고 당신에게 말한다. 이들은 대단위 재산 소유자들이 항상 이길 수 있도록 이들의 투표에 더 큰 비중을 부여하는 것이 가장 최선의 방책일 것이라고 주장한다. 그렇지만 설사 그렇게 한다 하더라도 이들이 항상 이길 수 있다는 것은 불가능한 것처럼 여겨진다. 결과적으로 필요한 것은 성원의 대다수가 자유롭고 공정한 투표에서 어떠한 방법을 채택한다 하더라도 대단위 재산소유자들이 이들을 압도할 수 있는 규정을 만드는 것이다.

이러한 기발한 해결책을 제시하면서, 이들은 첫 세 가지 기준을 아주 잘 충족시킬 수 있고, 그리고 그러한 한도 내에서는 충분히 민주적인 것처럼 여겨지는 헌법을 제안한다. 그러나 이러한 기준들을 무효화하기 위해, 이들은 다음과 같은 규정을 둘 것을 제안한다. 즉 일반적인 전체회의에서는 성원들은 집행위원회(executive committee)가 의제에 설정한 사안들에 관하여서만 토론과 투표를 할 수 있으며, 집행위원회의 회원자격은 대단위 재산소유자들에게만 허용된다는 것이다. 의제를 통제함으로써, 이 소수의 집단은 협회가 자신들의 이익에 반하여 결코 행동할 수 없다는 것을 잘 확신할 수 있게 된다. 그 이유는 이들 소수의 집단은 자신들의 이익에 반할 수 있는 제안이라면 어떠한 것이라도 상정되는 것을 허락지 않을 것이기 때문이다.

심사숙고해 본다면, 당신은 이들의 제안을 거절할 것이다. 왜냐하면 그것은 당신이 지지해 왔던 정치적 평등의 원칙을 위반하기 때문이다. 당신은 대신 네 번째의 기준을 충족시켜서 최종적 통제가 전체 구성원에 의해 좌우되는 것을 보장하는 헌법적 구성을 모색하게 될 것이다.

그렇다면, 협회의 일들을 관장하는 데 있어 성원들의 정치적 평등을 보장하기 위해서는, 네 가지 기준 모두를 충족시켜야 하는 것이다. 만약 협회가 민주적 과정에 의해 운영되어야 한다면, 이제 우리는 협회에 의해 충족되어야만 하는 기준들을 발견한 것 같다.

몇 가지 중대한 질문들

우리는 이제 '민주주의란 무엇인가'라는 질문에 대답하였는가. 그러하였다면 그 질문은 그렇게 대답하기가 쉽단 말인가. 내가 방금 제시한 답변이 비록 좋은 출발점이라 하더라도, 나의 답변은 잇따른 더 많은 좋은 질문들을 제기하게 될 것이다.

우선 제시한 기준들이 매우 조그만, 자발적 협회(voluntary association)의 통치에는 매우 유용하게 적용될 수 있다 하더라도, 이들 기준들이 정말로 국가(state)의 통치에 적용될 수 있을까?

용어해설

국가(state)라는 용어가 종종 아주 정교하지 못하고 모호하게 사용되고 있기 때문에, 이것이 의미하는 바를 간략히 언급하고자 한다. 나는 국가를 아주 특수한 형태의 협회의 의미로 사용한다. 국가는 사법권 행사를 주장하는 모든 사람들에게 국가 규칙의 준수를 보장할 수 있다는 취지와 그리고 국가의 우월한 강제의 수단에 의해서 구별되어질 수 있는 특징을 지닌다. 사람들이

'정부(government)'에 관하여 이야기할 때, 통상 국가의 정부를 의미하는데, 그 사법적 관할 하에 사람들이 생존을 영위하고 있는 것이다. 역사를 통해 볼 때, 희귀한 예외를 제외하고는 국가는 특정의(또는 어떤 경우에는 불확실하거나 쟁탈의 대상이 되는) 영토를 점령하고 있는 사람들에 대한 사법적 관할권을 행사하여 왔다. 그래서 우리는 국가를 영토적 실체로 간주할 수 있다. 비록 어떤 시대와 장소에서는 국가의 영토가 하나의 도시에 불과한 적도 있지만, 근세기에 이르러서는 국가란 전 지역에 대한 사법적 관할권을 일반적으로 행사하여 왔다.

국가란 단어의 의미를 설명하기 위한 나의 간략한 시도에서 아마도 많은 결함을 발견할 수도 있을 것이다. 정치와 법 철학자들에 의한 국가에 관한 저술은 아마도 조그만 숲을 다 소모해야 할 정도로 충분한 지면이 필요할지도 모른다. 그렇지만 내가 설명하였던 것은 우리의 목적에 부합할 것이라고 나는 믿는다.[9]

자 이제 다시 우리의 질문으로 되돌아가 보자. 우리는 내가 앞에서 말한 기준들을 국가의 정부에 적용할 수 있을까? 물론 그렇다. 사실상, 민주적 발상들의 우선적 초점은 오랫동안 국가였다. 비록 다른 종류의 협회들, 특히 일부의 종교적 단체들이 민주적 발상과 실천의 역사 후반에서 역할을 하였지만, 고대 그리스와 로마의 민주주의 초창기 이래 우리가 통상 민주주의의 특징으로 생각하는 정치제도들은 국가의 정부를 민주화하는 수단으로 주로 개발되었던 것이다.

아마도 다른 여타의 조직과 마찬가지로 민주적 과정의 기준에 완전히

9 국가(state)라는 용어를, 연합된 국가들(United States)의 연방체제를 구성하는 주들(states)이라는 의미로 사용하는 데 익숙한 미국의 독자들은 이러한 의미로 사용하는 나의 용어에 때때로 혼란을 느낄 수 있을 것이다. 그러나 이러한 용어는 국제법, 정치학, 철학, 그리고 연방의 구성단위가 주**역주: 'province'의 한글 번역은 모두 '주(州)'로 통일한다.**(provinces, 캐나다), 캔톤(cantons, 스위스), 방(Lande, 독일)으로 불리는 몇몇 연방체제의 국가들을 포함하는 다른 나라 등에서 널리 사용되고 있다.

부합하는 정부를 일찍이 소유했던 국가가 없었다는 사실은 반복할 필요가 있는 것 같다. 어떠한 국가도 그렇게 민주적 과정의 기준을 완전히 충족시킬 것 같지는 않다. 그렇지만 내가 보여 주고자 희망하는 것은 이 기준들이 민주적 정부의 성취와 그 가능성들을 측정할 수 있는 아주 고도의 유용한 기준들을 제공할 것이라는 점이다.

두 번째 질문

어떤 협회가 이러한 기준들을 완전히 충족시킬 수 있다고 생각하는 것은 현실성이 있는가? 이 질문을 다른 말로 표현한다면, 어떤 실제적인 협회가 도대체 완전하게 민주적이 될 수 있는가? 현실세계에서는 어떤 협회의 모든 성원이 정말로 평등한 참여기회, 그리고 쟁점에 대한 근거 있는 적절한 이해뿐만 아니라 의제에 영향을 미칠 수 있는 평등한 기회를 가질 수 있을까?

아마도 그렇지 않을 것이다. 그렇다면 이 기준들은 정말로 유용한가? 아니면 이 기준들은 단지 그림의 떡(pie-in-the-sky), 즉 불가능한 것에 대한 공상적 희망에 불과한 것인가? 간단히 말한다면, 이에 대한 대답은, 이 기준들은 이상적 기준들이 유용한 것처럼 유용하며 다른 많은 기준들보다 훨씬 적절하며 유용하다는 것이다. 이 기준들은 민주적이라고 주장하는 실제적인 협회의 업적을 평가할 수 있는 준거를 제공해 준다. 이들은 구체적인 협정, 헌법, 실천, 그리고 정치제도를 형성하고 재구성하는 데에 지침으로 기능할 수 있다. 민주주의를 열망하는 모든 자들을 위해, 이 기준들은 유관한 질문을 제기시킬 수 있을 뿐만 아니라 그 해답을 찾는 데 도움을 줄 수 있다.

백문불여일견(百聞不如一見)이기에, 나머지 장들에서 나는 어떻게 이 기준들이 민주적 이론과 실천의 몇몇 중심적 문제들을 해결하기 위한 지침들을 제공해 줄 수 있는지를 보여 주고자 한다.

세 번째 질문

이 지침들이 유용한 기준들이 될 수 있다는 점을 인정한다면, 이들 모두가 민주적인 정치제도들을 고안해 내는 데 필요한 것인가? 내가 앞에서 상상한 바와 마찬가지로, 만약 당신이 민주적 헌법을 고안해 내고 민주적 정부의 실제적 제도들을 제안하는 과제를 부여받았다면, 당신은 이 기준들에서부터 시작하여 고안의 작업으로 곧바로 이행할 수 있을까? 그렇게 할 수 없는 것은 명백할 것이다. 어떤 건축가가 고객으로부터 제공된 기준만－위치, 규모, 일반적 스타일, 방의 수와 형태, 비용, 기간 등－을 가지고 있어도, 이 건축가는 수많은 구체적인 요인들을 고려한 후에야 계획을 수립할 수 있을 것이다. 정치제도의 고안 역시 마찬가지이다.

우리가 어떻게 민주적 기준들을 잘 해석해 낼 수 있으며, 이 기준들을 구체적인 협회에 적용하고, 그리고 이 기준들이 요하는 정치적 실천과 제도들을 가장 잘 만들어 낼 것인가 하는 문제는 물론 그렇게 간단한 일이 아니다. 그렇게 하기 위해서는, 우리가 직접 정치적 현실에 맞부딪쳐야만 할 것이다. 이 정치적 현실에서 우리의 선택들은 수많은 이론적, 그리고 실천적 판단을 필요로 하게 될 것이다. 우리가 몇 가지 기준들－이 경우에는 적어도 네 가지－을 적용하려고 할 때 직면하게 되는 다른 난점들 가운데서 우리는 이 기준들이 때로는 상충되고, 그리고 이 상충되는 가치들 상호간의 교환관계에 대한 판단을 해야만 한다는 사실을 발견하게 될 것이다. 이러한 문제들을 제10장의 민주적 헌법의 검토에서 다루고자 한다.

끝으로 보다 근본적인 질문은 다음과 같다. 주요 연설자의 견해들이 아무 도전 없이 채택될 수도 있을 것 같다. 그러나 왜 그러한 견해들이 채택이 되어야만 하는가? 그러나 민주주의가 특히 국가와 같이 중요한 협회를 통치하는 데 있어 바람직하다고 믿어야 하는 이유는 무엇인가? 그리고 만약 민주주의의 바람직함이 정치적 평등의 바람직함을 전제한다면, 액면 그대로 본다면, 다소 앞뒤가 뒤바뀐 것같이 보이는 것을 우리는 왜 믿어야만 하는가? 그렇다면 만약 우리가 정치적 평등을 믿지 않는다면, 우리가 어떻게 민주주의를 지지할 수 있겠는가. 그렇지만 만약 우리가 국가의 시민들 간의 정치적 평등을 믿는다면, 이것은 우리로 하여금 다섯 번째의 기준-시민자격의 수용기준(inclusive citizenship)-과 같은 것을 채택하게끔 하지 않겠는가?

자 이제 이러한 도전적 질문들에 대하여 다루어 보자.

제5장

왜 민주주의인가

왜 우리는 민주주의를 지지해야만 하는가? 보다 구체적으로 왜 우리는 국가의 운영에 있어 민주주의를 지지해야만 하는가? 국가란 일종의 독특한 협회라는 점을 기억해 보라. 이 국가의 정부는 (다른 수단과 함께) 힘, 강제, 폭력에 의해 자신의 규칙에 대한 준수를 확보할 수 있는 비상한 능력을 소유하고 있다. 국가를 통치하는 보다 더 좋은 방법은 없을까? 전혀 민주적이지 않은 정부체제가 더 나은 것은 아닐까?

용어해설

이 장에서 나는 민주주의(democracy)라는 용어를 이상적인 정부가 아닌 실제적 정부를 언급하는 좀 더 완만한 의미로 사용하고자 한다. 즉 앞 장에서 제시된 기준들을 상당한 정도로 충족시키긴 하지만 결코 완전하게 충족시키지 못하는 현실적 정부를 언급하고 있다. 그리고 때로 나는 또한 민중정부(popular government)를 보다 포괄적인 용어로 사용하고자 한다. 즉 이 포괄적 용어는 20세기 민주적 체제뿐만 아니라, 다른 형태로 민주적이긴 하지만 성인 인구의 상당 부분이 참정권이나 다른 형태의 정치적 참여가 배제된 체제도 포함한다.

20세기에 이르기까지, 세계의 대부분은 이론과 실제 모두에 있어서 비민주적 체제의 우월성을 주창하였다. 최근에 이르기까지, 인류의 지배적 다수－때로는 모든 인류－는 비민주적 지배자의 통치하에 있었다. 그리고 비민주적 정체의 수장들은, 대부분의 일상인이 국가의 통치에 참여할 수 있는 능력을 단순히 결여하고 있다는 고대로부터 지속되는 주장을 들어, 자신들의 통치를 정당화하려 한 것이 보통이었다. 이 주장은 계속하여, 대부분의 일상인은 복잡한 통치의 문제를 자신들보다 현명한 자들－기껏해야 소수, 아마도 단지 한 사람－에게 맡기는 것이 훨씬 더 나을 것이라고 한다. 실제로, 이런 합리화는 결코 충분한 것이 아니었다. 그래서 논쟁이 중지된 곳에서는 강제가 지배하게 되었다. 대부분의 사람들은 자칭 우월한 자들에 의해 통치 받는 것에 결코 명시적으로 동의를 한 적은 없었다. 이들은 강제적으로 그렇게 통치를 받았던 것이다. 이러한 보다 오래된 견해－그리고 실천－는 오늘에서조차 결코 사라진 것은 아니다. 이러저러한 형태로

표–3 민주주의란 무엇인가

민주주의는 다음과 같은 바람직한 결과를 가져온다.

1. 전제정치의 방지
2. 본질적 권리들
3. 일반적 자유
4. 자기 결정
5. 도덕적 자율성
6. 인간계발
7. 본질적인 개인적 이익들의 보호
8. 정치적 평등

추가하여, 현대 민주주의는 다음과 같은 결과를 가져온다.

9. 평화의 추구
10. 번영

'1인, 소수 또는 다수'에 의한 통치를 하려는 경쟁은 여전히 우리 곁에 있는 일이다.

이러한 역사의 현실에서, 왜 우리는 민주주의를 다른 비민주적 대안보다 더 나은 국가의 통치방법으로 믿어야만 하는가? 그 이유들을 열거해 보자.

민주주의에 대한 가능한 대안과 비교하여, 민주주의는 적어도 열 가지의 이점들을 지니고 있다(표-3).

1. 민주주의는 잔인하고 포악한 독재자에 의한 통치를 예방하는 데 도움이 된다.

아마도 정치에서 가장 근본적이고 지속적인 문제는 독재적인 지배를 피하는 것이다. 우리들 자신의 시대를 포함하는 모든 기록된 역사를 통하여 과대망상, 편집증, 이기심, 이념, 민족주의, 종교적 신념, 태생적 우월성에 대한 확신, 또는 단순한 감정이나 충동에 좌우되는 지도자들이 자기 자신의 목적달성을 위해 국가의 예외적 능력을 이용하여 강제와 폭력을 행사하여 왔던 것이다. 전제적 통치로 인한 인간적 손실은 질병, 기아, 그리고 전쟁으로 인한 손실과 대등한 것이다.

20세기 이래의 몇몇 예를 들어보자. 소련의 스탈린 통치(1929~1953) 하에서, 수백만의 사람들이 정치적 이유로 투옥되었다. 그런데 종종 그 이유란 것이 스탈린 제거 음모에 대한 스탈린 자신의 과대망상적인 공포였던 것이다. 추정하건대 약 2000만 명의 사람들이 강제노동 수용소에서 죽었거나 정치적 이유로 처형되었으며, 스탈린이 국가운영 농장에 강제로 농민들을 가입시킴으로써 발생한 기근(1932~1933)으로 인해 사망하였다. 비록 스탈린 통치기간의 희생자인 또 다른 2000만 명은 겨우 생존을 영위하긴 하였지만, 이들은 비참할 정도의 고초를 겪었다.[10] 나치 독일(1933~1945)의 독재적 통치자였던 히틀러(Adolf Hitler)의 경우를 보자. 2차 세계대전으로 인한 수천만의 군 및 민간인 희생자는 제쳐놓고라도, 히틀러에게 직접적인 책임이 있는 수용소의 600만 명의 유태인은 물론 헤아릴 수 없는 반대자들, 폴란드인, 집시, 동성연애자, 그리고 히틀러가 절멸시키고자 했던 기타 집단의 사람들이 죽음을 당했던 것이다. 캄보디아의 폴 포트(Pol Pot) 독재통치(1975~1979)하에서는 크메르 루주(Khmer Rouge)가 캄보디아 인구의 4분의 1이나 살상하였다. 아마도 자해적인 민족학살의 예라고 할 수 있을 것이다. 폴 포트의 지식계급에 대한 두려움이 너무나 커서 이들을 거의 제거하였던 것이다. 안경을 끼거나 곱상한 손을 가지고 있다는 것은 사실상 바로 죽음의 영장을 의미하였다.

확실히 민중통치(popular rule)의 역사 역시 심각한 오점이 없는 것은 아니다. 모든 정부와 마찬가지로, 민중정부(popular governments) 역시 종종 영토 바깥의 사람들, 즉 다른 국가의 국민들－외국인, 식민지인 등－에 대하여 부정당하거나 잔인하게 대해 왔던 것이다. 이 문제와 관련하여 민중정부는 비민주적 정부보다 이방인들에게 더 악하게 대해 온 것은 아니다. 이들은 종종 더 낫게 대해 왔다. 어떤 경우에는, 예를 들면 인도의 경우에서처럼, 식민권력은 우연 또는 의도적으로 민주적 신념과 제도들의 창출에 기여하여 왔다. 그렇지만 우리는 민주적 국가들이 종종 이방인에게 행한 부정의(injustices)에 대해 용서할 수는 없다. 왜냐하면 그렇게 행동함

10 이러한 수치들은 Robert Conquest, *The Great Terror, Stalins's Purge of the Thirties*(New York: Macmillan, 1968), 525ff., 그리고 러시아의 유명한 역사학자인 Roy Medvedev가 1989년에 편집한 자료(*New York Times*, February 4, 1989, 1)에서 인용한 것이다.

에 있어 민주적 국가들은 우리가 다음 장에서 살펴볼 민주정체의 시민들 간의 정치적 평등을 정당화해 주는 근본적인 도덕적 원칙을 위반하기 때문이다. 이런 모순에 대한 유일한 해결책은 전 세계적으로 효과적인 실행을 할 수 있는 보편적 인권법전(universal code of human rights)을 마련하는 일일 것이다. 그런데 이 문제와 그 해결책이 매우 중요하긴 하지만, 이러한 논의들은 이 조그만 책의 범위를 넘어선다.

민주적 관념과 실천에 더욱 직접적인 도전이 되는 것은 다음과 같은 문제이다. 즉 문제는 민중정부의 사법관할 내에 살면서 그 법을 준수해야만 하지만, 통치에 참여할 수 있는 권리를 박탈당한 사람들에게 민중정부에 의해 가해지는 해(害)이다. 이러한 국민들은 통치를 받고 있긴 하지만 통치를 하지 못한다. 다행스럽게도 이 문제에 대한 해결책은, 수행해 내는 것이 항상 쉬운 것은 아니지만, 아주 명백하다. 즉 민주적 권리들은 배제된 집단의 성원에게도 확대되어야만 하는 것이다. 이러한 해결책은 사실상 19세기와 20세기 초에 널리 채택되었다. 이 당시에 참정권에 대한 그 이전의 제한이 철폐되고 보편적인 성인참정권이 민주적 정부의 표준적 양상이 되었다.[11]

그렇긴 하지만 잠깐, 당신은 다음과 같이 말할 수 있을는지 모른다. 민주적 정부 또한 투표권을 소유하고 있긴 하지만 다수가 투표에 패배한 소수의 시민집단에 해악을 가할 수 있지 않을까? 이것이 바로 우리가 말하는 '다수의 폭정(tyranny of the majority)'이 아닌가?

---

11 중요한 예외는 미국이었는데, 미국에서는 흑인 시민들의 투표권 행사에 대한 사실상의 제한들이 1964~1965년 시민권리법(Civil Rights Acts)의 통과와 시행이 이루어지기까지 남부의 주들에서 부과되었다.

나는 해답이 아주 간단하기를 바란다. 아아, 그렇지만 이 해답은 당신이 생각하는 이상으로 매우 복잡한 문제이다. 문제의 복잡성은, 사실상 모든 법이나 공공정책이 민주적 다수, 과두제적 소수, 아니면 자비로운 독재자에 의해 채택되었든 간에, 일부의 사람들에게 어떠한 해악을 초래하기 마련이기 때문에 발생한다. 간단히 말하자면, 문제의 핵심은 정부가 어떤 시민의 이익에 손상을 가하지 않도록 모든 법을 고안할 수 있는지 여부에 있는 것이 아니다. 어떠한 정부, 심지어 민주적 정부라 할지라도 그러한 주장을 단언할 수는 없다. 핵심은 장기적 관점에서 볼 때 민주적 과정이 다른 비민주적 대안보다 시민의 기본권과 이익에 해악을 덜 초래할 가능성이 높다는 점이다. 만약에 민주적 정부가 권력남용적인 독재정치를 예방하기 때문이라면, 민주적 정부가 비민주적 정부보다 이러한 조건을 더 잘 충족시킬 것이다.

그렇지만 단순히 민주정체가 비민주적 정체보다 훨씬 덜 전제적이라는 이유로 민주적 시민들이 만족하기는 어려운 일이다. 우리들은 다른 사람들이 더 큰 범죄를 저지른다는 이유로 더 적은 범죄를 저지르는 것을 합당하게 정당화할 수는 없다. 심지어 민주적 국가가 민주적 절차를 준수하여 부정의를 초래할 때에도, 그 결과는 여전히…… 부정의인 것이다. 다수의 힘 그 자체가 다수를 옳게 만들 수는 없다.[12]

그렇긴 하지만, 민주주의가 비민주주의보다 정당하고 기본적인 인간적 이익을 보다 중시할 가능성이 높다고 믿게 하는 다른 이유들이 있다.

---

12 이 문제에 대한 보다 심도 있는 탐구를 위해서는, James S. Fishkin, *Tyranny and Legitimacy: A Critique of Political Theories*(Baltimore: Johns Hopkins University Press, 1979)를 참조하라.

2. 민주주의는 그 체제에 속한 시민들에게 비민주적 체제가 허용하지 않고 또 할 수 없는 일정의 기본권을 보장해 준다.

민주주의는 단순한 통치의 과정만은 아니다. 왜냐하면 권리란 것들은 민주적 정치제도에 있어 필수적 요소이기 때문에, 민주주의란 본질적으로 또한 권리의 체제라고 할 수 있다. 권리들이란 민주적 통치과정의 본질적인 건축용 석재인 셈이다.

잠시 동안, 앞 장에서 언급하였던 민주적 기준들을 생각해 보자. 이러한 기준들을 충족시키기 위하여 정치체제는 필수적으로 자신의 시민들에게 특정의 권리를 보장할 것은 자명하지 않은가? 효과적 참여(effective participation)를 들어보자. 이 기준을 충족시키기 위해서, 그 시민들은 반드시 정치적 문제들에 참여할 권리와 그리고 이러한 문제들에 대하여 자신의 견해를 표현하고, 다른 시민들이 말하는 것을 경청하고, 다른 시민들과 정치적 문제들을 토론할 수 있는 권리를 소유해야 하지 않을까? 또한 투표의 평등기준이 요하는 것을 고려해 보자. 시민들은 투표를 행사하고 자신의 투표가 공정히 계산될 수 있게끔 하는 권리를 가져야만 하는 것이다. 마찬가지로 다른 민주적 기준들을 살펴보자. 시민들이 대안들을 모색할 수 있는 권리, 의제설정의 방법과 내용의 결정에 참여할 수 있는 권리 등을 소유해야만 하는 것이다.

정의(definition)대로 말한다면, 비민주적 정부가 그 체제의 시민들에게 (또는 신민들에게) 이토록 광범위한 정치적 권리들을 허용하는 경우는 없다. 어떤 정치체제가 만약 이렇게 한다면, 그 정치체제는 정의대로 말한다면 민주주의일 것이다.

그렇지만 차이는 단순히 사소한 정의상의 문제는 아니다. 민주주의의 요건들을 충족시키기 위하여, 민주주의에 본질적인 권리들은 실질적으로 시민들에게 적용되어야만 한다. 서면이나 법, 심지어는 헌법적 서류로 민주적 권리를 약속하는 것만으로 충분하지 않다. 이 권리들이 효과적으로 시행되고 시민들에게 실천적 의미에서 효과적으로 적용되어야만 하는 것이다. 만약 그렇지 않다면, 그렇지 않은 한도 내에서, 그 정치체제는 그 지도자들이 주장하는 바가 무엇이든지 간에, 비민주적인 것이다. 그리고 '민주주의'의 치장들은 비민주적 지배를 감싸는 단순한 허울에 불과한 것이다.

민주적 관념들에 대한 호소 때문에, 20세기의 독재적 통치자들은 종종 '민주주의'와 '선거'라는 쇼를 통해 자신들의 통치를 위장하여 왔다. 그러나 그러한 국가에서 민주주의에 필수적인 모든 권리들이, 현실적으로 말해, 시민들에게 다소라도 적용되었는지 상상해 보라. 만약 그렇다면 그 국가는 민주주의로 이행하여 왔다고 할 수 있다 – 이러한 현상은 20세기의 후반기에 아주 빈번하게 나타났다.

이 시점에서 당신은 아마도 언론의 자유가, 말하자면, 단순히 민주주의의 정의(definition)의 한 부분에 불과하기 때문에 실제로 존재하지 않는다고 이의를 제기할 수도 있다. 정의들이란 도대체 무엇인가? 틀림없이 당신은 언론의 자유와 민주주의의 관계가 민주주의에 관한 정의 이상의 무엇이어야만 한다고 말할 것이다. 그리고 물론 당신의 그 주장은 옳다. 기본적인 민주적 권리와 기회들을 제공하고 보호해 주는 제도들은 민주주의에 필수적이다. 단순히 논리적인 필연적 조건으로서보다는 민주주의가 존속하기 위한 경험적인 필수적 조건으로서 말이다.

그렇다 하더라도 당신은 아마도 다음과 같이 물을 수 있다. 이것은 단순히 이론, 추상화, 이론가들, 철학자들, 그리고 기타 지식인들의 게임에 불과한 것이 아닌가? 확실히 당신이 몇몇 철학자들의 지지가 민주주의를 창안하고 유지하기에 충분하다고 생각하는 것은 아주 바보스러운 일이라고 덧붙일 수 있다. 그리고 물론 당신의 말이 맞을 수 있다. 제4부에서 민주주의가 유지될 수 있는 가능성들을 증진시킬 수 있는 일부의 조건들을 검토할 것이다. 이 중에는 민주주의에 필수적인 권리와 기회들에 대한 신념을 포함하여, 시민과 지도자 사이에 아주 골고루 퍼져 있는 민주적 신념의 존재가 있다.

다행스럽게도 이러한 권리와 기회에 대한 필요가 일상적인 시민과 이들의 정치지도자들이 이해할 수 없을 정도로 그렇게 모호하지는 않다. 예를 들어, 18세기 말의 아주 일상적인 미국인에게도, 그 필요는 매우 명백하여 표현의 자유가 없는 민주적 공화국은 성립할 수 없었던 것이다. 토머스 제퍼슨(Thomas Jefferson)이 1800년에 대통령직에 당선된 후 처음으로 취한 조치 중의 하나는 그의 전임자였던 존 애덤스(John Adams) 하에서 시행되었던 악명 높은 외국인 및 반란 법(Alien and Sedition Acts)을 철폐하는 것이었다. 이러한 법들은 정치적 표현을 억눌러 왔을 것이다. 이렇게 함으로써 제퍼슨은 자기 자신의 신념뿐만 아니라, 당시의 일상적인 미국 시민들이 널리 가지고 있던 견해에 부응하였던 것으로 여겨진다. 만약 또는 실제적으로 많은 시민들이 민주주의가 일정한 기본적 권리들을 필요로 한다는 점을 이해하지 못하거나, 또는 그러한 권리들을 보호해 주는 정치적, 행정적, 사법적 제도들을 지지하지 않게 되는 경우에는, 이들의 민주주의는 곧 위험에 처하게 된다.

다행스럽게도 이 위험은 민주적 체제의 세 번째 이점에 의해 다소간 축소될 수 있다.

3. 민주주의는 가능한 어떤 대안적 체제보다도 그 시민들에게 보다 광범위한 개인적 자유의 영역을 보장해 준다.

정부가 민주적이 되는 데 아주 필수적인 모든 권리, 자유, 그리고 기회들에 덧붙여, 민주체제의 시민들은 심지어 보다 확장된 종류의 자유들을 누릴 수 있는 것도 확실하다. 민주주의의 바람직함에 대한 신념은 다른 신념들과 독립하여 존재하는 것은 아니다. 대부분의 사람들에게는 이 믿음은 일군의 믿음들 중의 한 부분인 것이다. 이 믿음의 군집에서, 예를 들어 표현의 자유는 그 자체로서 바람직하다는 신념이 포함되어 있다. 가치 또는 선의 세계(universe of values or goods)에서, 민주주의는 중요한 위치를 점하고 있다. 그러나 그것이 유일한 가치는 아니다. 민주적 과정에 본질적인 여타의 권리들과 마찬가지로, 표현의 자유는 그 자체의 가치를 지니고 있다. 그 이유는 표현의 자유는 도덕적 자율, 도덕적 판단, 그리고 좋은 삶의 수단이 되기 때문이다.

더 말하고 싶은 것은, 민주주의는 그 시민들이 민주주의를 지탱시켜 주는 정치문화, 사실상 민주적 이상과 실천을 유지시켜 주는 일반 문화를 창출하고 유지시키지 못하는 한, 오래 지속될 수 없다는 점이다. 민주적 정부체제와 이를 지탱시켜 주는 민주적 문화, 이 양자의 관계는 복잡하다. 이 문제를 제12장에서 다시 다루고자 한다. 여기에서는 민주적 문화가 개인적 자유의 가치를 강조하여 추가적인 권리와 자유를 유지할 수 있도록 하여 준다는 것이 거의 확실하다는 점을 언급하는 것으로 충분한 것 같다. 그리스 정치가인 페리클레스(Pericles)가 기원전 431년에 아테네 민주주의에 관하여 말하였던 것은 현대 민주주의에도 똑같이 적용된다. "우리가 정치에서 향유하고 있는 자유는 또한 우리의 일상생활에까지 확장된다."[13]

확실히 민주적 국가가 다른 어떤 가능한 대안적 체제보다도 더 광범위한 영역의 자유를 제공해 준다는 주장은 국가가 완전히 폐지된다면 우리 모두는 보다 큰 자유를 획득할 수 있을 것이라고 믿는 사람에 의해 도전을 받을 수도 있다. 무정부주의자들의 대담한 주장이 바로 이것이다.[14] 그러나 당신이 만약 전혀 국가가 없는 세상, 즉 모든 사람이 다른 모든 사람의 기본적 권리들을 존중하고 집단적 결정을 요하는 모든 문제들을 만장일치로 평화적으로 해결하는 세상을 상상한다면, 당신은 대부분의 사람들과 마찬가지로 그것이 불가능하다는 결론을 반드시 내리게 될 것이다. 다른 사람들, 집단들, 또는 조직들이 일부의 사람들을 강제하게 되면, 다음과 같은 경우가 발생할 가능성이 높다. 예를 들면, 일부의 사람들, 집단들, 또는 조직들이 타인들의 노력의 결실을 강탈하고, 자신보다 약한 자들을 노예화하거나 지배하고, 자신의 규칙을 타자에게 부과하거나, 또는 사실상 자기 자신의 지배를 보장하기 위해 강제적 국가를 창출하려 할 가능성이 높다. 그러나 만약 국가의 폐기가 감당할 수 없는 폭력과 무질서 – 대중적 의미에서 '무정부'(anarchy) – 를 초래한다면, 좋은 국가는 무정부의 발꿈치를 뒤따르는 나쁜 국가보다는 우월할 것이다.

우리가 만약 무정부주의를 거부하고 국가의 필요성을 가정한다면, 민주적 통치의 국가는 다른 여타의 국가보다 광범위한 영역의 자유를 제공해

---

13 Thucydides, *The Peloponnesian* War(New York: Modern Library, 1951), 105.

14 무정부(anarchy)라는 단어는 지배자가 없다는 것을 의미하는 그리스어의 anarchos, 즉 an+archos, 지배자(ruler)로부터 유래한다. 무정부주의(anarchism)는 국가는 불필요하며 바람직하지 않다는 주장을 하는 정치이론에 근거한다.

줄 것이다.

4. 민주주의는 사람들에게 자기 자신의 근본적 이익을 보호할 수 있게 해 준다.

모든 사람, 혹은 거의 모든 사람은 특정한 무엇들을 원한다. 생존, 식량, 안식처, 건강, 사랑, 존경, 안전, 가족, 친구, 만족스러운 일, 여가 기타 등등. 당신의 소망들의 특정한 패턴은 다른 사람의 특정한 패턴과는 아마도 다를 것이다. 대부분의 사람들과 마찬가지로, 당신은 당신의 소망들을 충족시킬 수 있는지 여부 및 정도에 영향을 미치는 요인들에 대해 통제할 수 있기를 바랄 것이 확실하다. 선택의 자유(freedom of choice), 즉 당신 자신의 목표, 선호, 취향, 가치, 헌신, 신념들에 따라 당신의 인생을 형성할 수 있는 기회가 바로 이러한 요인이다. 민주주의는 여태까지 고안된 어떠한 대안적인 정치체제보다 더 낫게 이러한 자유와 기회를 보호해 준다. 존 스튜어트 밀(John Stuart Mill)보다 더 강력하게 이러한 주장을 한 사람은 없을 것이다.

그는 다음과 같이 서술하고 있다. "인간사에 관해 기술할 수 있는 어떠한 일반적 명제들에 뒤지지 않는 보편적 진리와 적용성을 지닌 원칙은 모든 사람들 또는 어떤 사람의 권리와 이익이, 해당 당사자가 이 권리와 이익을 직접 옹호할 수 있거나 또는 습관적으로 옹호하려는 경향이 있을 때, 결코 무시되어서는 안 된다는 것이다. 인간은 자기방어(self-protecting)의 능력을 갖추고 있고, 또 그러한 존재임에 비례하여 타인들에 의해 좌우되는 악으로부터 보호되어야 한다." 밀은 계속하여 다음과 같이 말한다. "정부의 행위결정에 당신이 완전하게 참여할 수 있는 경우에만, 정부와 그리고 정부에 영향을 주거나 통제할 수 있는 자들에 의한 권력남용으로부터 당신의 권리와 이익들을 보호할 수 있게 된다." 그는 다음과 같이 결론을 맺고 있다. 따라서 "국가의 통치권에 모든 사람들이 가담하도록 하는 것보다 궁극적으로 더 바람직한 것은 없을 것이다." 이것이 바로 민주적 정부이다.[15]

밀은 확실히 옳았다. 당신이 민주적 국가의 선거인단에 포함되어 있다 할지라도, 당신의 모든 이익들이 적절하게 보호되리라는 것을 확신할 수 없다는 것은 분명하다. 그러나 당신이 만약 제외되어 있다면, 당신의 이익들은 무시 또는 직접적인 손해를 통하여 매우 심각하게 손상되리라는 것은 더욱 분명한 것이다. 제외보다는 포함되는 것이 훨씬 나은 것이다.

민주주의는 아주 다른 방식으로 자유와 독특하게 결부되어 있다.

5. 민주적 정부만이 사람들로 하여금 자기 결정의 자유(the freedom of self-determination)를 행사할 수 있도록 하는-자기 자신이 선택한 법 하에서 살아가도록 하는-최대한의 기회를 제공해 줄 수 있다.

만약 인간이 정상적이라면 다른 사람들과의 교제 없이 만족스러운 인생을 영위할 수 없을 것이다. 그러나 다른 사람들과의 교제 하에 산다는 것은 그 대가를 지불해야 한다. 당신이 좋아하는 바를 그대로 언제나 할 수는 없다. 당신이 어린 시절을 보내고 나면, 인생의 아주 기본적인 현실을 배우게 된다. 당신이 하고자 하는 바는 언제나 다른 사람이 하고자 하는 바와 항상 충돌된다는 점이다. 당신은 또한 당신이 속하기를 바라는 집단 또는 집단들은 한 성원으로서 당신이 복종해야만 되는 특정의 규칙들이나 관례

15 John Stuart Mill, *Considerations on Representative* Government[1861](New York: Liberal Arts Press, 1958), 43, 55.

들을 따르고 있다는 사실을 배웠을 것이다. 결과적으로 당신이 만약 원하는 바를 단순히 힘으로 강행할 수 없다면, 그 간극들을 평화적으로 아마도 합의를 통해 해결할 수 있는 방안을 강구해야만 할 것이다.

그래서 이론과 실제 모두에 있어서 아주 곤란한 문제가 발생한다. 즉 당신이 소속해 있는 집단이 당신에게 복종을 요구하는 규칙들을 당신은 어떻게 선택할 수 있는가? 국가가 강제로 법을 시행할 수 있는 아주 예외적인 권능을 소유하고 있기 때문에, 문제의 핵심은 국가의 시민(또는 신민)으로서의 당신의 위치와 특별한 관련이 있다. 당신은 국가에 의해 강제적으로 시행될 법들을 선택함에 있어서는 자유롭지만, 일단 이 법들을 선택하고 나면 준수해야만 하기 때문에 자유롭지 않게 되는데, 당신은 어떻게 이처럼 동시에 자유롭고 자유롭지 않을 수 있겠는가?

당신과 당신의 동료 시민들이 언제나 동의한다면, 해결은 아주 쉬울 수 있다. 당신들 모두가 법에 대하여 만장일치로 합의만 하면 될 것이다. 사실상 이러한 상황이라면 법에 대한 필요를 전혀 느끼지 않을 수도 있다. 아마도 이러한 상황에서의 법의 기능이란 상기시키는 역할(reminder)만을 행하게 될 것이다. 규칙을 준수함에 있어 당신은 당신 자신에게 복종을 하게 되는 것이다. 결과적으로 문제는 사라지게 될 것이며, 당신과 동료 간의 완전한 화합은 무정부주의의 꿈을 실현시킬 수 있을 것이다. 아아! 아쉽게도 이러한 진짜의, 강요되지 않은, 지속적인 만장일치가 인간사에 있어서 아주 드물다는 것은 우리의 경험이 보여 준다. 지속적이고 완전한 합의는 달성될 수 없는 목표에 불과하다. 그래서 여전히 우리의 곤란한 문제는 남아 있게 된다.

우리가 만약 모든 동료 시민들과 함께 완전한 화합을 이루고 살 수 있다는 것을 이성적으로 기대할 수 없다면, 우리는 대신 특정하고 합당한 기준들을 충족시키는 규칙과 법들의 결정에 도달하는 과정을 고안하는 시도를 할 수 있을 것이다.

- 이 과정은 법이 시행되기 전에 당신과 당신의 동료 시민들이 자신의 견해들을 표현할 수 있는 기회를 갖는 것을 보장하게 될 것이다.
- 당신은 토론, 심의, 협상 및 타협의 기회를 보장받게 될 것이다. 이러한 기회들은 최적의 상황에서는 모든 사람들을 만족스럽게 하는 법을 배태시킬 수 있도록 할 수 있다.
- 만장일치가 이루어질 수 없는 경우가 좀 더 발생할 가능성이 높은데, 이 경우에는 최대의 지지자들을 확보하는 법안이 시행될 것이다.

이러한 기준들이 앞 장에서 기술된 이상적인 민주적 과정의 부분들이라는 것을 알게 될 것이다. 비록 이러한 과정 자체도 문자 그대로 모든 성원들이 자신이 선택한 법 하에서 살게 되리라는 것을 보장하여 주지는 못하지만, 이 과정은 자기 자신에 의한 결정을 최대한으로 가능한 정도까지 확장하여 준다. 심지어는 당신이 수적 열세의 성원들에 속해 있어 선호하는 대안이 동료 시민들의 다수에 의해 거부되는 경우에도, 그럼에도 불구하고 당신은 그 과정이 당신이 이성적으로 달성할 수 있기를 바라는 어떠한 대안보다 더 공정하다는 결정을 내릴 수 있을 것이다. 이러한 취지에서 당신은 비민주적 대안보다 민주적 헌법 하에 사는 것을 자유롭게 선택함으로써 자기 결정의 자유를 행사하게 되는 것이다.

6. 민주적 정부만이 도덕적 책임감을 행사할 수 있는 최대한의 기회를 제공해 줄 수 있다.

당신이 도덕적 책임감을 행사한다고 말하는 것은 무엇을 의미하는가? 생각건대, 그것은 당신이 도덕적 원칙을 채택하고 이러한 도덕적 원칙들에 관계된 결정을 내리는 것을 의미한다. 특히 도덕적 원칙의 채택과 그 결정이 여러 대안들과 그 결과들에 대한 숙고, 심의, 면밀한 검토 및 고려와 같은 사려 깊은 과정을 거친 후에 이루어질 때, 도덕적 책임감이 행사된다고 할 수 있다. 당신이 도덕적으로 책임이 있다는 것은 도덕적으로 관계된 선택의 영역에 있어서 스스로 통치하는 것(self-governing)을 의미한다.

이것은 대부분의 우리들이 대부분의 시간에 충족할 수 있기를 원하는 것 이상으로 훨씬 벅찬 일이다. 그렇지만 당신 스스로 선택한 법 하에서 살아갈 기회가 제한되어 있는 한도 만큼, 당신의 도덕적 책임에 대한 범위 또한 제한되어 있다. 당신이 통제할 수 없는 결정들에 대하여 어떻게 당신이 책임질 수 있겠는가? 만약 당신이 정부 관료들의 행위에 아무런 영향력을 행사할 수 없다면, 그들의 행동에 대해 당신이 어떻게 책임질 수 있겠는가? 만약 그러할 것이 확실하지만, 당신이 집단적 결정에 속해 있고, 그리고 민주적 과정이 당신 스스로 선택한 법 하에서 생활할 기회를 극대화시켜 준다면, 그러면 – 어떠한 비민주적인 대안이 성취할 수 없는 그 한도까지 – 이것은 당신으로 하여금 도덕적으로 책임 있는 인간으로 행동할 수 있게 만드는 것이다.

7. 민주주의는 다른 어떤 가능한 대안보다 인간의 발달을 보다 완전하게 할 수 있도록 해준다.

이것은 아주 대담한 주장인데, 다른 어떠한 주장들보다 상당한 논쟁을 불러 일으킬 수 있다. 당신이 알게 되겠지만, 이것은 경험적 주장, 즉 사실에 관한 주장이다. 원리상으로 이야기한다면, '인간발달(human development)'을 측정할 수 있는 적절한 방안을 고안하고 민주적 정체와 비민주적 정체에 살고 있는 사람들의 인간발달을 상호간 비교하여 이 주장을 테스트할 수 있어야만 할 것이다. 그러나 이러한 과제는 어마어마하게 어렵다. 결과적으로 이 명제를 지지하여 줄 증거가 설사 존재한다 할지라도, 우리들은 아마도 이 명제를, 아주 그럴 가능성이 높지만, 입증이 되지 않은 단순한 주장으로 간주해야만 할 것이다.

모든 사람들은 인간의 속성들(human qualities)에 대한 나름대로의 견해를 가지고 있다. 그런데 사람들은 이 속성들을 바람직하거나 또는 바람직하지 않은 것으로 생각한다. 만약 이 속성들이 바람직하다면 계발되어야 하고, 바람직하지 않다면 억제되어야 한다고 사람들은 생각한다. 대부분의 우리들이 계발되기를 바라는 바람직한 속성들 중에는 정직, 공정성, 용기, 사랑이 있다. 우리들 중 많은 사람들은 또한, 충분히 성숙된 성인들이 자신을 돌보고, 자신의 이익을 고려하여 행동하고, 단순히 남들이 그렇게 한다고 해서 좌우되지 않는 능력을 소유하고 있다고 믿는다. 우리들 중 많은 사람들은 성인들이 책임 있게 행동해야만 하고, 최대한으로 대안적 행동노선들을 신중히 검토해야만 하고, 그리고 그 결과들을 생각해 보아야만 하고, 자신뿐만 아니라 타인들의 권리와 의무들을 고려해야만 한다는 것이 바람직하다고 생각한다. 그리고 성인들은 자신들이 공동으로 직면하게 되는 문제들에 관하여 타인들과 자유로운 공개토론을 할 수 있는 능력을 소유해야만 하는 것이다.

태어날 때, 대부분의 인간들은 이러한 속성들을 계발할 수 있는 잠재력을 지니고 있다. 이들이 이 속성들을 실제로 계발할 수 있을지 여부와 얼마 만큼 계발할 수 있을지는 수많은 상황들에 좌우된다. 이 상황들 중에 한 인간의 삶의 배경이 되는 정치체제의 성격이 포함된다. 민주적 체제만이 내가 언급한 속성들이 충분히 계발될 수 있는 조건들을 제공해 준다. 모든 다른 정체들은 성인들이 자신의 이익을 보호하고, 타자의 이익을 배려하고, 중요한 결정에 대한 책임을 지고, 최선의 결정을 모색하기 위하여 다른 사람들과 자유롭게 교류를 할 수 있는 범위를 종종 아주 급격하게 축소시킨다. 민주적 정부는 사람들이 이러한 속성들을 계발할 수 있도록 보장하기에는 충분하지는 않지만, 그러나 아주 본질적으로 보장하고 있다.

8. 민주적 정부만이 상대적으로 높은 정도의 정치적 평등을 도모해 줄 수 있다.

민주적 정부를 선호하게 되는 가장 중요한 이유들 중의 하나가 바로 다른 가능한 대안적 정부보다 훨씬 더 많은 정도의 정치적 평등을 시민들에게 누릴 수 있도록 하여 준다는 점이다. 그러나 왜 우리가 정치적 평등에 가치를 부여해야만 하는가? 이에 대한 답변은 결코 자명한 것이 아니기 때문에, 다음에 따라오는 두 개의 장들에서 정치적 평등이 왜 중요한지를 밝히고자 한다. 즉 아마도 대부분의 우리들이 믿고 있는 몇몇 합당한 가정들을 받아들이게 되면, 정치적 평등이 필연적으로 뒤따르게 되는 이유를 알게 될 것이다. 나는 또한 우리가 만약 정치적 평등을 수용한다면, 표-2에서의 다섯 번째의 민주적 기준을 추가해야만 한다는 사실을 보여 주고자 한다.

민주주의의 이점들을 여태까지 논하였는데, 이것들은 과거 및 현재의 민주주의에 해당될 수 있다. 그러나 제2장에서 살펴보았듯이, 오늘날 우리에게 친숙한 민주적 체제의 정치제도의 일부는 근세기의 산물이다. 사실상, 이들 중의 하나인 보편적 성인투표권(universal adult suffrage)은 바로 20세기의 산물이다. 완전한 성인투표권을 채택하고 있는 이러한 현대적 대의체제는 두 가지의 추가적인 이점들을 지니고 있는 것으로 여겨진다. 이러한 이점들은 그 이전의 모든 민주정체와 공화정체에서는 필수적인 것으로 주장될 수 없는 것들이다.

9. 현대 대의제 민주정체들은 상호간 전쟁을 하지 않는다.

민주적 정부들의 이러한 예외적인 이점은 아주 예측되지도 않았으며 기대된 것도 아니었다. 그렇지만 20세기의 최종의 10년까지 그 증거는 압도적이다. 1945년에서 1989년 사이에 일어난 34개의 국제적인 전쟁에서 민주국가 상호간에 일어난 전쟁은 없었다. 더욱이 언급하고 싶은 것은, "민주적 정부들 간의 전쟁에 대한 예상이나 준비, 어느 것도 거의 없었다."[16]는 것이다. 이러한 관찰은 심지어 1945년 이전에도 타당성을 지닌다. 19세기로 돌아가 보면, 대의제 정부와 다른 민주적 제도를 지닌 국가들은 남성 인구의 상당수에게 선거권을 부여하였는데, 이들 국가들은 서로 전쟁을 하지 않았다.

---

16 이 중요한 발견은 Bruce Russet, *Controlling the Sword: The Democratic Governance of National Security*(Cambridge: Harvard University Press, 1990), chap. 5, 119~145쪽에서 입증되고 있다. 잇따른 논의에서 나는 자유로이 Russet의 토론을 인용하고 있다. 이러한 관찰은 또한 이전의 민주정체들과 공화정체들에도 사실성을 지니는 것으로 여겨진다. Spencer Weart, *Never at War: Why Democracies Will Never Fight One Another*(New Haven and London: Yale University Press, 1998)를 참조하라.

물론 현대의 민주정부들은 비민주적 국가들과 전쟁을 하였다. 바로 1차 세계대전과 2차 세계대전에서 이러한 전쟁이 수행되었다. 이들 민주국가들 역시 피정복 국민들에게 군사력에 의한 식민통치를 실시하였다. 이들은 종종 다른 국가의 정치적 생활에 개입하여 약한 정부를 더욱 약화시키거나 전복하는 데 도움을 주었다. 예를 들어 1980년대까지, 미국은 남미의 군사독재체제들을 지지해 주었던 많은 기록을 가지고 있다. 1954년에 새로이 선출된 과테말라 정부를 전복시켰던 군사 쿠데타에도 도움을 주었다.

그럼에도 불구하고, 놀라운 점은 현대 대의제 민주국가들은 상호간에 전쟁을 하지 않았다는 사실이다. 그 이유는 그렇게 명확하지 않다. 아마도 현대 민주주의 국가들 간의 고도의 국제무역 수준이 이들 국가들로 하여금 전쟁보다는 친선을 택하도록 하였을 수도 있다.[17] 그러나 민주적 시민과 지도자들이 타협의 기술을 습득하게 되는 것 또한 사실이다. 덧붙여, 이들은 다른 민주국가의 국민을 보다 덜 위협적이고, 자신들과 보다 유사하고, 보다 신뢰할 수 있는 존재로 간주하는 경향이 있다. 끝으로 평화적 협상, 조약, 동맹, 그리고 비민주적 적들에 대항하는 공동방위와 같은 것들의 실천과 역사는 전쟁보다는 평화를 추구하려는 경향을 강화하는 것이다.

그래서 세계는 보다 민주화된다면 또한 보다 평화스럽게 될 수 있을 것이다.

---

17 고도의 국제무역은 민주적이건 비민주적이건 간에, 국가들로 하여금 평화적 관계들을 지향하도록 하는 것 같다. John Oneal and Bruce Russet, "The Classical Liberals Were Right: Democracy, Interdependence, and Conflict, 1950~1985," *International Studies Quarterly* 41, 2(June 1997): 267~294.

10. 민주적 정부를 지닌 국가들은 비민주적 정부를 지닌 국가들보다 더 번영하는 경향이 있다.

약 2세기 전까지만 해도 정치철학자들 간의 공통된 가정은 민주주의는 검소한 국민에게 가장 적합하다는 것이었다. 풍요는 귀족제, 과두제, 그리고 군주제의 표상이었지 민주주의의 표상은 아니라고 생각되었다. 그러나 19세기와 20세기의 경험은 이와는 정반대를 입증하였다. 민주주의 국가들은 풍요로웠으나, 대조하여 비민주적 국가들은 전반적으로 가난을 면치 못하였다.

풍요와 민주주의의 관계는 특히 20세기의 후반에는 더욱 두드러지게 나타났다. 이에 대한 설명은 대의제 민주주의와 시장경제 간의 친화성에서 부분적으로 찾아볼 수 있을 것이다. 이러한 체제에서는 시장은 대부분 그렇게 고도로 통제되지 않고, 노동자들은 여기저기 직업을 찾아 자유로이 이동하고, 사유 회사들은 판매와 자원에 대한 경쟁을 하고, 소비자들은 경쟁을 하는 공급자들이 제공하는 상품과 서비스 중에서 선택할 수 있는 것이다. 20세기 말에 이르기까지, 시장경제체제를 지닌 모든 국가들이 민주적이진 않았지만, 민주적 정치체제를 지닌 모든 국가들은 시장경제체제를 채택하고 있었다.

지난 2세기 동안에 시장경제는 일반적으로 어떤 대안적 경제체제보다 훨씬 더 많은 풍요를 산출하였다. 따라서 고대의 지혜는 완전히 회전하여 뒤바뀌게 된 셈이다. 모든 현대의 민주적 국가들은 시장경제를 채택하고 있으며, 시장경제를 지닌 국가는 번영할 가능성이 높기 때문에, 현대의 민주적 국가 또한 부유한 국가가 될 가능성이 높은 것이다.

민주주의는 전형적으로 대부분의 비민주적 체제와 비교하여 다른 경제적

이점들을 지니고 있다. 하나의 예를 들면 민주적 국가들은 그들 국민에 대한 교육을 장려한다. 교육을 받은 노동력은 혁신과 경제적 성장에 아주 도움이 된다. 또한 법치(rule of law)는 통상 민주적 국가에서 훨씬 강력하게 유지된다. 법원들은 보다 독립적이며, 재산권은 보다 안전하게 보장되고 계약적 합의는 보다 효과적으로 시행되며, 정부와 정치인이 경제생활에 대한 자의적 간섭을 할 가능성이 훨씬 적다. 끝으로 현대 경제는 커뮤니케이션에 의존하고 있는데, 커뮤니케이션에 대한 방해의 정도는 민주적 국가에서 훨씬 덜 하다. 대부분의 비민주적 국가와 비교하여 정보를 찾고 교환하는 것이 훨씬 수월하고, 덜 위험스럽다.

요약한다면 양 체제의 주목할 만한 일부의 예외들에도 불구하고, 현대 민주적 국가들은 일반적으로 비민주적 정체의 정부들보다 시장경제의 이점들과 경제적 성장을 성취할 수 있는 보다 쾌적한 환경을 제공해 온 경향이 있다.

그러나 비록 현대 민주주의와 시장경제 간의 제휴가 양자에게 유리한 점들을 갖고 있다 하더라도, 시장경제가 민주주의에 부과하는 중요한 대가를 간과할 수는 없다. 시장경제는 경제적 불평등을 야기시키기 때문에, 이것은 또한 민주적 국가의 시민들 간의 완전한 정치적 평등의 달성에 대한 전망들을 감소시킬 수 있다. 제14장에서 이 문제를 다시 다룰 것이다.

요약: 민주주의의 이점들

민주적 정부를 포함하여 어떠한 정부에게도 너무 많은 것을 요구하는 것은 중대한 오류가 될 수 있다. 민주주의는 그 시민에게 행복, 번영, 건강,

지혜, 평화, 또는 정의를 완벽하게 보장해 줄 수는 없다. 이러한 목표들을 달성한다는 것은 민주적 정부를 포함한 어떠한 정부일지라도 그 능력의 범위를 벗어나는 일이다. 더욱이 실제로 민주주의는 항상 자신의 이상에 훨씬 못 미쳐 왔다. 더 나은 민주적 정부를 달성하기 위한 이전의 모든 시도와 마찬가지로, 현대 민주주의 또한 수많은 결함 때문에 고초를 겪고 있다.

그렇지만 그 결점에도 불구하고, 어떤 가능한 대안보다도 민주주의를 보다 바람직한 것으로 만들어 주는 이점들을 결코 외면해서는 안 될 것이다.

1. 민주주의는 잔인하고 악덕한 독재자들에 의한 통치를 예방할 수 있도록 하여 준다.
2. 민주주의는 비민주적 체제가 허용하지 않고 또 허용할 수 없는 일련의 기본권들을 그 시민에게 보장하여 준다.
3. 민주주의는 가능한 어떤 대안적 체제보다도 더 광범위한 개인적 자유의 영역을 그 시민에게 확보하여 준다.
4. 민주주의는 국민에게 자신의 근본적 이익들을 보호할 수 있도록 한다.
5. 민주적 정부만이 사람들에게 자기 결정의 자유를 행사할 수 있게 하는 최대한의 기회를 제공해 줄 수 있다. 즉 자신이 선택한 법 하에서 살아가는 것이 바로 자기 결정의 자유이다.
6. 민주적 정부만이 도덕적 책임감을 행사할 수 있게 하는 최대한의 기회를 제공해 줄 수 있다.
7. 민주주의는 다른 어떠한 대안적 체제보다도 인간의 발달을 보다 완전하게 촉진시켜 준다.

8. 민주적 정부만이 상대적으로 보다 높은 정도의 정치적 평등을 누릴 수 있도록 한다.
9. 현대 대의제 민주주의 국가들은 서로 전쟁을 하지 않는다.
10. 민주적 정부를 지닌 국가들은 비민주적 정부를 지닌 국가들보다 더 번영하는 경향이 있다.

이 모든 이점들을 고려한다면, 민주주의는 대부분의 우리들에게 다른 어떤 가능한 대안보다도 훨씬 더 나은 도박이 될 수 있는 것이다.

제6장

왜 정치적 평등인가 I

-본질적 평등

많은 사람들이 앞 장에서 논의되었던 민주주의의 이점들이 민주적 정부가 다른 어떠한 현실 가능한 대안들보다도 우월하다는 자신들의 믿음을 정당화하는 데 충분하다–아마도 충분한 것 이상이다–고 결론을 맺게 될 것이다. 그리고 민주주의에 대한 신념이 가정하듯이, 시민들이 통치에 참여할 때, 정치적으로 평등한 존재(political equals)로 간주되어야만 한다고 가정하는 것이 합당한지 여부에 대하여 아직도 의아해할지도 모른다. 왜 민주적 통치과정에 필요한 권리들이 시민들에게 평등하게 확장되어야만 하는가?

이에 대한 답변은, 민주주의에 대한 신념에 결정적으로 중요하긴 하지만, 그렇게 자명한 것은 아니다.

평등은 자명한 것인가?

세계적으로 유명해진 말들 가운데, 1776년에 미국독립선언서(American Declaration of Independence)의 입안자들이 공표하였던 다음과 같은 구절이 있다. "우리는 다음과 같은 진실들을 자명한 것으로 생각한다. 모든 사람은 평등하게 태어났다. 이들은 자신들의 창조주로부터 일정한 천부불가량의 권리들을 부여받았다. 이 권리들 중에는 생명, 자유, 그리고 행복추구의 권리가 있다." 만약에 평등이 자명한 것이라면 이에 대한 더 이상의 정당화가 필요하지 않다. 이러한 정당화에 대한 시도는 독립선언서에서는 찾아볼 수 없다. 그렇지만 대부분의 우리들에게는 모든 사람들-그리고 여성들-이 평등하게 태어났다고 하는 명제가 그렇게 자명하지가 않다. 만약에 이 명제가 자명한 진리가 아니라면, 우리들은 이것을 채택하는 것을 합당하게 정당화할 수 있을까? 그리고 만약 우리가 정당화할 수 없다면, 그것이 진리인 것처럼 가정되고 행해지는 통치과정을 옹호할 수 있을까?

비판자들은 종종 독립선언서에서와 같은 평등에 대한 주장들이 공허한 수사에 불과하다고 간단히 일축하여 왔다. 만약 그와 같은 주장이 인간에 관한 사실을 기술하는 것이라고 생각한다면, 그것은 명백한 오류라고 이들은 주장한다.

오류라는 비난에 덧붙여, 비판자들은 종종 위선이라고까지 주장한다. 한 예로서 이들은 독립선언서의 입안자들이 다음과 같은 불편한 사실을 무시하고 있다고 지적한다. 이들이 독립을 선언하고 있는 새로운 주들에서, 압도적인 대다수의 사람들이 다름 아닌 자신들의 창조주가 자신들에게 부여하였다고 생각하는 천부불가량의 권리들을 향유하고 있지 못하였던 것이다.

그 당시뿐만 아니라 그 이후에도 아주 오랫동안 여성, 노예, 자유로운 흑인, 그리고 토착인 들은 정치적 권리뿐만 아니라, 생명, 자유, 행복의 추구에 본질적인 다른 많은 '천부불가량의 권리들(inalienable rights)'을 박탈당했던 것이다. 사실상 재산 또한 '천부불가량의' 권리였으며, 노예들은 이들 소유주의 재산이었다. 토머스 제퍼슨은 독립선언서의 주요 입안자였는데, 그 자신도 노예들을 소유하고 있었다. 중요한 점에서는 여성 역시 남편의 재산이었다. 그리고 상당수의 자유로운 남성들 - 어떤 추정에 의하면 약 40% - 도 투표권이 거부되었다. 모든 새로운 미국의 주들에서는 투표권은 19세기에 이르기까지 재산소유자들에게만 한정되었다.

그 당시나 그 이후에도 불평등은 미합중국에서만 있던 특이한 현상은 아니었다. 오히려 정반대였다. 1830년대에 프랑스 저자 토크빌(Alexis de Tocqueville)은 유럽과 비교하여 미합중국의 독특한 특징 중의 하나로서 미합중국 국민들 간의 사회적 평등의 정도가 대단히 높다는 결론을 내렸다.

수많은 불평등이 1776년 이래 축소되긴 하였지만, 아직도 많은 불평등이 여전히 남아 있다. 우리들은 도처의 불평등을 살펴보기 위해 우리 주변을 살펴볼 필요가 있을 뿐이다. 평등이 아니라 바로 불평등이 인간의 자연스러운 조건인 것 같다.

토머스 제퍼슨은 인간사에 너무 경험이 많아서 다음과 같은 자명한 사실을 미처 깨닫지 못한 것 같다. 즉 수많은 중요한 점에서 인간능력, 장점, 기회 들은 출생할 때 평등하게 배분되지 않았으며 영양공급, 상황, 운이 이러한 태생적 불평등을 더욱 복잡하게 만든 이후에는 말할 필요도 없는 것이다. 독립선언서에 서명한 55인 - 실무경험자, 변호사, 상인, 대농장 주인들 - 이들은 결코 인간에 대한 이해에 있어서 그렇게 순진한 것은 아니었다.

만약 우리가 이들이 현실을 몰랐던 것도 아니고 또한 단순히 위선적인 것도 아니었다는 사실을 인정한다면, 이들이 모든 인간은 평등하게 태어났다고 하는 이 대담한 주장을 통해 이들은 무엇을 의미하고자 했던 것일까?

상반된 수많은 증거에도 불구하고, 인간이 근본적으로 평등하다는 생각은 토머스 제퍼슨에게는 상당한 의미를 지니는 것이었다. 이것은 또한 제퍼슨 이전의 영국의 철학자들 토머스 홉스(Thomas Hobbes)와 존 로크(John Locke)에게도 마찬가지였다.[18] 제퍼슨의 시대 이래 전 세계적으로 훨씬 더 많은 사람들이 어떤 형태로든 인간평등의 사상을 수용하여 왔다. 많은 사람들에게는 평등이란 단순한 사실로서 받아들여진다. 그래서 토크빌은 1835년에 미국뿐만 아니라 유럽 지역에서 자신이 관찰한 '조건들의 평등(equality of conditions)'의 증가가 현저함으로 이것은 '신의 섭리에 의한 진실이며, 이것은 신의 명령이 갖는 모든 특징을 함유하고 있는 것'으로 생각하였다. "이것은 보편적이며, 이것은 지속성이 있으며, 이것은 언제나 인간의 모든 간섭을 벗어나며, 그리고 모든 인간뿐만 아니라 모든 사건들은 이것의 진보에 기여하도록 되어 있는 것이다."[19]

본질적 평등: 도덕적 판단

평등과 불평등은 거의 무한적인 다양한 형태로 나타날 수 있다. 예를 들면 마라톤 경기나 철자법 시합에서 승리할 수 있는 능력상의 불평등도

---

18 이 문제에 관한 더 상세한 논의로, Garry Wills, Inventing *America: Jeffer- son's Declaration of Independence*(Garden City, N. Y.: Doubleday, 1978), 167~228쪽을 참조하라.

19 Alexis de Tocqueville, *Democracy in America*, vol. 1(New York: Schocken Books, 1961), lxxi.

한 형태이다. 그러나 통치문제에 있어서 투표하고, 말하고, 그리고 다른 방법으로 참여할 수 있는 기회의 불평등 문제는 아주 다른 문제이다.

우리가 민주국가의 시민들 상호간의 정치적 평등을 지지하는 것이 왜 합당한지를 이해하기 위해서, 우리들이 종종 평등에 관하여 이야기할 때, 그것이 단순한 사실적 판단을 표현하는 것이 아니라는 것을 인정할 필요가 있다. 우리는 진실이거나 진실일 것이라고 믿는 바를 묘사하려고 하는 것이 아니다. 이것은 우리가 마라톤 경주나 철자법 시합에서의 승자에 관한 언급을 할 때 하는 사실적 묘사와는 다르다. 대신 우리는 인간에 관한 하나의 도덕적 판단을 표현하려고 하는 것이다. 이것은 우리가 마땅히(ought) 그러해야만 한다고 믿는 것에 관하여 무언가를 말하려 하는 것을 의미한다. 그러한 도덕적 판단의 하나가 다음과 같이 표현될 수 있다. “우리들은 모든 인간의 가치는 본질적으로(intrinsically) 다른 사람들의 가치와 동등한 것으로 간주해야만 한다.” 독립선언서의 표현들을 차용하여 말한다면, 우리들은 한 인간의 생명, 자유, 행복은 다른 사람의 생명, 자유, 행복에 본질적으로 우월하거나 열등하지 않다는 것을 도덕적 판단(moral judgment)으로 주장하게 된다. 결과적으로 우리는 모든 사람들이 마치 생명, 자유, 행복, 그리고 여타의 근본적 가치와 이익들을 주장하는 데 있어 평등한 권리를 소유하고 있는 것처럼 간주해야만 하는 것이다. 나는 이러한 도덕적 판단을 본질적 평등의 원칙(the principle of intrinsic equality)으로 부르고자 한다.

이 원칙은 그렇게 많은 것을 요구하지는 않는다. 이 원칙을 국가의 통치에 적용하기 위하여, 다음과 같은 것을 의미하는 보충적인 원칙 하나를 추가하는 것이 유용하다. “결정에 도달함에 있어, 정부는 이 결정에 구속을 받게 되는 모든 사람들의 가치와 이익들에 대하여 평등한 배려(equal consideration)

를 해야만 한다." 그러나 왜 우리는 국가의 통치에 본질적 평등의 원칙을 적용하고, 거기에다 모든 사람들의 이익에 대한 평등한 배려를 하도록 해야만 하는가? 독립선언서의 입안자들과는 달리, 본질적 평등의 진리성이 자명하다는 주장은 나에게는 물론, 그리고 의심할 여지없이 많은 다른 사람들에게도 아주 받아들이기 어려운 것으로 여겨진다. 그렇지만 본질적 평등은 인간의 가치에 관한 아주 근본적인 하나의 입장을 구체화하는 것이기 때문에, 이것은 더 이상의 합리적 정당화를 하는 데 있어 한계에 근접하게 된다. 이러한 한계들은 사실적 판단에서 나타나는 것과 마찬가지로, 역시 도덕적 판단에서도 직면하게 된다. 당신이 만약 어떤 단순한 주장을 끝가지 추구하여 그 근본까지 가다 보면, 당신은 마침내 합당한 주장을 더 이상 할 수 없게끔 하는 한계들에 도달하게 된다. 1521년의 마르틴 루터(Martin Luther)의 말들 중에는 다음과 같은 것이 있다. "양심에 반하여 어떤 일을 하는 것은 안전하지도 현명하지도 않다. 여기에 내가 위치해 있다 – 나는 달리 어떻게 할 수 없다. 신이여 굽어 살피소서. 아멘."

비록 본질적 평등의 원칙이 이러한 궁극적 한계들에 근접해 있다고 할지라도, 우리들이 아주 그러한 상황에 이미 도달한 것은 아니다. 여러 가지 이유로, 본질적 평등은 국가의 통치가 기초해야 할 합당한 원칙이라고 나는 생각한다.

우리들은 왜 본질적 평등의 원칙을 채택해야만 하는가

윤리적 및 종교적 근거들(ethical and religious grounds)

첫째, 전 세계의 수많은 사람들에게도 이 원칙은 이들의 가장 근본적인 윤리적 신념 및 원칙과 부합하는 것이다. 우리 모두가 평등하게 신의 자식이라는 것은 유대교, 기독교 정신, 그리고 이슬람의 교의이다. 불교 역시 다소간 유사한 입장을 수용하고 있다(세상의 주요 종교 중에서, 힌두교는 예외일 수 있다). 대부분의 도덕적 추론, 대부분의 윤리체계들은 명시적 또는 묵시적으로 그와 같은 원칙들을 가정하고 있다.

대안적 원칙의 취약성(the weakness of an alternative principle)

둘째로, 다른 협회들의 경우에는 어떠할지는 모르겠지만, 국가를 운영하는 데 있어 본질적 평등을 대신하는 모든 일반적 대안들은 받아들이기 어렵고 수긍하기 어렵다는 것을 대부분의 우리들은 발견하게 된다. 시민 존스(Citizen Jones)가 국가를 운영하는 원칙으로서 다음과 같은 대안을 제안하였다고 가정하여 보자. "결정을 내림에 있어 정부는 언제나 나의 가치와 나의 이익을 그 밖의 다른 모든 사람들의 가치와 이익보다 우월한 것으로 간주해야만 한다." 본질적 평등의 원칙을 묵시적으로 거부하면서, 존스는 본질적 우월성의 원칙(a principle of intrinsic superiority) – 적어도 존스의 본질적 우월성 – 이라 부를 수 있는 것을 주장하고 있다. 본질적 우월성의 주장은 물론 보다 집단적으로 이루어질 수 있는데, 그것은 보통 다음과 같은 형태로 표현될 수 있다. "나의 집단(존스의 가족, 계급, 카스트, 인종 등)의 가치와 이익은 다른 집단의 것보다 우월하다."

이 시점에서 우리 인간이 우리가 생각하는 이상의 이기주의의 발자취를 남겨 왔다는 점을 인정한다는 것은 그렇게 심각한 충격이 아닐 것이다. 정도는 다르겠지만, 우리들은 타자의 이익보다 자기 자신의 이익에 더 많은 관심을 기울이는 경향이 있다. 결과적으로 우리들 중 많은 사람들은 이러한 주장을 우리 자신들뿐만 아니라 우리가 가장 가까이하고 있는 사람들에게도 해당되는 것으로 생각하는 경향이 강하다. 그러나 우리 자신들이 국가의 통치를 통제할 수 있다는 확신을 가지지 못한다면, 우리가 근본적인 정치적 원칙으로서 일부 다른 사람들의 본질적 우월성을 받아들여야 할 이유가 있을까?

확실히, 막강한 권력을 지닌 한 개인이나 집단이 당신의 반대에 대하여 – 문자 그대로 당신의 죽은 육체에 대하여서도 – 그들의 본질적 우월성의 주장을 강행할 수 있다. 인류 역사를 통하여 수많은 개인과 집단이 그러한 방식으로 자신의 권력을 행사 – 오히려 남용 – 하여 왔다. 그러나 적나라한 폭력은 그 한계가 있기 때문에, 본질적 우월성을 타자에 부과하려 했던 자들은 위장하지 않으면 분명 취약하게 보일 수 있는 자신들의 주장들을 신화, 신비, 종교, 전통, 이념, 허식과 상황 등의 다양한 모습으로 위장했던 것이다.

그렇지만 만약 당신이 특권집단의 성원이 아니면서 이들의 본질적 우월성의 주장을 안전하게 거부할 수 있으려면, 그러한 앞뒤가 맞지 않는 원칙에 자유롭게 의식적으로 동조할 수 있겠는가? 나는 그러리라고 생각지 않는다.

실천적 지혜(prudence)

국가운영의 기초로서 본질적 평등의 원칙을 채택하게끔 하는 앞에서의 두 가지 이유들은 그 세 번째의 이유를 시사해 준다. 실천적 지혜가 세 번째 이유이다. 국가의 통치는 상당한 이익을 부여해 줄 뿐만 아니라 상당한 해악도 초래할 수 있기 때문에, 실천적 지혜는 국가의 막강한 능력들이 행사되는 방법에 관한 신중한 관심을 기울이게 한다. 다른 사람들의 가치와 이익에 우선하여 당신의 가치와 이익에 확정적으로 동시에 영구적으로 특권을 부여하는 통치과정은, 당신이 만약 당신 또는 당신의 집단이 언제나 우세하리라는 확신이 있을 때에는, 아주 매력이 있을 것이다. 그러나 많은 사람들에게는 그러한 결과는 일어날 성싶지 않거나, 아니면 아주 불확실하다. 그래서 다른 사람들의 것들과 마찬가지로 당신의 이익에 동등한 배려를 하도록 하는 것이 보다 안전한 것이다.

수용성(acceptability)

어떤 원칙을 채택하는 것이 실천적 이익이 된다고 당신이 생각하면, 많은 다른 사람들도 마찬가지로 그렇게 생각할 것이다. 그래서 모든 사람들에 대해 평등한 배려를 보장하는 과정이 바로 당신이 당신의 목표를 달성하는데 협력이 필요한 모든 다른 사람들의 동의를 보장해 낼 가능성이 훨씬 높아질 것이라는 결론을 합당하게 내릴 수 있을 것이다.

이러한 관점에서 보게 되면, 본질적 평등의 원칙은 아주 중대한 설득력을 지니게 된다.

그렇지만 독립선언서에 나타난 모든 인간의 평등이 자명하다는 주장에도 불구하고, 왜 우리가 국가통치에 있어서 본질적 평등의 원칙을 고수하고 모든 사람들의 이익에 대해 평등한 배려를 해야만 하는지에 대한 이유는 사실상 결코 자명한 것은 아니다.

그러나 만약 우리가 본질적 평등을 도덕, 실천적 지혜, 그리고 수용성의 근거에 입각하여 정당화되는 통치의 원칙으로 해석한다면, 다른 어떠한 대안보다도 더 설득력이 있는 것으로 여겨진다.

제7장

왜 정치적 평등인가 II

-시민적 능력

설사 본질적 평등과 모든 이익에 대한 평등한 배려를 건전한 도덕적 판단으로 수용한다 할지라도, 우리가 민주주의를 국가통치의 최선의 과정으로 필연적으로 지지하게 되는 것은 아니라는 점을 알게 된다는 것은 아주 불유쾌한 놀라움으로 다가올 수 있다.

수호자통치의 반대 주장

이것이 왜 그런가 하는 이유를 살펴보기 위해, 동료 시민들로 이루어진 조그만 집단의 한 성원이 당신과 다른 사람들에게 다음과 같이 말하는 경우를 상상하여 보자: "당신과 마찬가지로 우리 역시 본질적 평등을 굳게 믿고 있다. 그러나 우리는 공동선(the common good)에 대하여 깊은 신뢰를 할 뿐만 아니라, 우리는 또한 이 공동선을 달성할 수 있는 방법을 아주 잘 알고 있다. 이러한 결과로, 우리들은 대다수의 사람들이 통치하는 것보다 훨씬 더 잘 할 수 있다. 그래서 당신이 만약 통치에 대한 배타적 권위를 우리에게 허용하기만 한다면, 우리들은 우리의 지혜와 노력을 헌신적으로 투여할 것이며, 그렇게 함에 있어 우리들은 모든 사람들의 가치와 이익에 대하여 평등한 배려를 할 것이다."

일반선(the general good)에 대한 깊은 신뢰를 하고 있고 이 일반선을 달성할 수 있는 지식에 있어 다른 사람들보다 우월한 전문가들-플라톤은 이들을 수호자들(Guardians)이라 불렀다-에게 통치를 맡겨야 한다는 주장은 언제나 민주적 이상에 대한 주요 도전이 되어 왔다. 수호자통치를 주창하는 자들은 민주주의의 외견상 취약하게 보이는 점들을 공격한다. 이들은 일상적인 사람들이 스스로 통치할 능력이 있다는 명제를 단순히 부인한다. 이들은 우리가 앞에서 밝혔던 의미에서 인간은 본질적으로 평등하다는 주장을 반드시 부인하는 것은 아니다. 플라톤의 이상국가(Plato's ideal Republic)에서처럼, 수호자들은 모든 사람들의 선의 추구에 종사하고, 적어도 함의상으로는 이들 수호자통치하에 있는 모든 사람들은 이들의 가치나 이익에 있어서 본질적으로 평등하다고 주장할 수 있다. 플라톤의 의미에서 수호자통치의 주창자들은 수호자들로 선정된 사람들의 이익이 그렇지 않은 사람들의 이익에 비해 본질적으로 우월하다는 주장은 하지 않는다. 이들은 통치에 있어 전문가인 수호자들이 일반선과 이 일반선을 달성할 수 있는 최선의 수단에 관한 지식(knowledge)에 있어 우월하다고 주장한다.

정치적 수호자통치(political guardianship)를 옹호하는 주장은 아주 설득적인 비유를 드는데, 특히 전문지식과 능력을 포함하는 비유를 들고 있다. 예를 들면 병과 건강의 문제에 관한 의사의 우수한 지식, 또는 목적지까지 안전하게 우리를 인도할 수 있는 항해사의 우수한 능력을 들고 있다. 그렇다면 왜 우수한 능력을 지닌 자들로 하여금 국가의 건강에 관한 중요한 결정을 내리도록 하는 것을 허용해서는 안 된다는 말인가? 국가의 적절한 목적지, 즉 공공선(the public good)을 지향하도록 통치를 운행하여야 하지 않을까? 모든 사람들이 반드시 자기 자신의 이익에 관해서는 최선의 판단자라고 가정할 수 없는 것은 확실하다. 어린아이들이 그렇지 않은 것은 명백하며, 다른 사람들 특히 통상 부모들이 어린이들이 자신들의 문제에 대한 판단능력이 생길 때까지 이들의 수호자로서의 역할을 담당해야만 하는 것이다. 성인들 또한 자신의 이익들과 또 자신들의 목표들을 달성할 수 있는 최선의 수단에 관하여 오류를 범할 수 있다는 것은 상식적 경험으로 증명이 된다. 대부분의 우리들은 일부 우리의 과거 결정들에 대하여 후회를 하게 된다. 우리가 실수하였다는 사실을 인정하는 것이다. 더욱이 거의 모든 우리들은 우리의 안녕, 행복, 건강, 장래, 심지어 우리의 생존에 심대하고 직접적인 영향을 미치게 되는 중요한 결정을 내림에 있어 전문가들에 의존한다. 이러한 전문가들은 단순히 내과의사, 외과의사, 항해사들뿐만 아니라, 매우 복잡해지고 있는 사회의 수많은 다른 사람들로 이루어진다. 그래서 만약 우리가 전문가들로 하여금 이와 같은 중요한 문제들에 관한 결정을 내리도록 한다면, 왜 우리는 통치(government)를 전문가들에 맡기지 말아야 한다는 말인가?

비록 때때로 매우 매력적으로 여겨진다 할지라도, 민주주의 대신 수호자통치를 옹호하는 주장은 비유에 있어 몇 가지 중대한 결함들을 충분히 설명하지 못하고 있다.

특정한 부수적인 결정들을 전문가들에 위임하는 것은 주요 결정에 대한 최종적인 통제를 양도하는 것을 의미하는 것은 아니다. 오래된 속담처럼, 전문가들이란 언제나 준비되어 있어야 하는 것이지, 군림해서는 안 된다. 전문가들은 일부 중요한 문제에 있어서 당신보다 우수한 지식을 갖출 수 있다. 훌륭한 의사는 당신의 병을 진단하고, 그 병이 어떠한 경과로 진행될지, 얼마나 심각할지, 어떻게 치료하는 것이 가장 좋을지, 그리고 사실상 치료 가능한 것인지에 대하여 당신보다 훨씬 더 잘 알 수 있다. 당신은 의사의 권고를 따르는 것을 합당하게 선택할 수 있다. 그러나 그러한 선택은 당신이 의사가 권고하는 치료 과정을 따라야만 하는지 여부에 대한 결정권을 당신의 의사에게 양도해야만 하는 것을 의미하지는 않는다. 마찬가지로, 정부의 관리들이 전문가들의 도움을 구하는 문제와 정치 엘리트가 당신이 복종해야만 하는 법과 정책에 관한 결정권한을 갖는다는 문제는 아주 별개의 문제이다.

개인들에 의해 이루어지는 개인적 결정들은 국가의 정부에 의해 이루어지고 시행되는 결정들과 같은 것이 아니다. 수호자통치 대 민주주의에 관한 논쟁에서 근본적으로 쟁점이 되는 것은 개인들로서 우리들이 종종 전문가들에 대하여 신뢰를 하여야만 할지에 관한 문제가 아니다. 쟁점은 누가 또는 어떤 집단이 국가의 정부에 의해 이루어지는 결정들에 있어 최종의 발언권을 가져야만 하는가 하는 문제이다. 당신은 아마도 이성적으로 생각하여 특정한 개인적 결정들을 당신보다 그러한 문제들에 대하여 더 전문가인 누군가, 예를 들면 의사, 회계사, 변호사, 비행기 조종사, 기타 등등의 누군가에 넘겨 버리고 싶은 생각도 들 것이다. 그러나 국가통치의 주요 결정들, 즉 필요하다면 강제, 투옥, 아마도 심지어는 사형을 통해서 시행될 수도 있는 결정들을 통제할 수 있는 권위를 정치 엘리트에게 넘겨준다는 것이 이성적이라는 사실이 자동적으로 따라 나오는 것은 아니다.

국가를 잘 통치하는 것은 엄격한 과학적 지식 그 이상을 요구한다. 통치란 물리 또는 화학, 심지어 어떤 점에서, 의술이 과학이라고 하는 의미의 과학은 아니다. 이것은 여러 가지 이유로 맞는 말이다. 한 예를 든다면, 사실상 정책에 관한 모든 중요한 결정들, 그것이 개인적이건 정부차원이건 간에, 윤리적 판단을 필요로 한다. 정부정책이 달성하고자 하는 목표들(정의, 형평, 공정성, 행복, 건강, 생존, 안보, 복리, 평등 등)에 관한 결정을 내린다는 것은 사실상 윤리적 판단을 내리는 것이다. 윤리적 판단은 통상적 의미에서의 '과학적' 판단은 아니다.[20]

그런데, 훌륭한 목표들은 종종 상호간 갈등적이며, 자원은 제한되어 있다. 결과적으로 정책에 관한 결정들은, 개인적 또는 정부 차원이든 간에, 거의 언제나 상이한 목표들을 형량 비교하는 교환관계(trade-offs)에 관한 결정을 요구한다. 예를 들면 경제적 평등을 달성하자면 경제적 유발동기를 손상할 수가 있다. 연장자들에게 혜택을 주게 되면 그 비용이 젊은이들에게 부과될 수 있다. 현재 살고 있는 세대를 위한 비용지출은 다가올 미래세대에 비용을 전가할 수 있다. 황무지를 그대로 보존하는 것은 광부와 목재노동자들의 직업기회를 박탈하는 대가로 이루어질 수 있다. 상이한 목적들 간의 교환관계에 관한 판단은 '과학적'이라고 할 수 없다. 경험적 증거란 것은 중요하고 필요하다. 그러나 그것은 결코 충분한 것은 아니다. 다른 목표의

---

20 윤리적 진술들의 철학적 위치와 이 윤리적 진술들이 물리, 화학 등과 같은 경험과학의 진술들과 어떻게 다른가 하는 문제는 아주 광범위한 토론의 쟁점이 되어 왔다. 나는 여기에서 그러한 쟁점들을 평가할 수 있기를 바라지 않는다. 그렇지만 공적 결정에 있어서 도덕적 판단의 중요성을 논한 훌륭한 글로서, *Amy Gutmann and Dennis Thompson, Democracy and Disagreement*(Cambridge: Belknap Press of Harvard University Press, 1996)를 참조하라.

일정 정도를 얻기 위해 하나의 목표, 가치, 목적을 얼마 만큼 희생해야만 하는가를 결정함에 있어, 우리는 필연적으로 엄격한 과학적 지식이 제공할 수 있는 이상을 필요로 할 수밖에 없다.

정책에 관한 결정들이 엄격하게 '과학적'이 아닌 판단을 요하는 또 다른 이유가 있다. 가령 정책결정의 목표들에 관한 합의가 일반적인 방법으로 이루어진다 하더라도, 거의 언제나 그 수단에 관한 상당한 불확실성과 갈등이 존재한다. 그 목표가 달성될 수 있는 최선의 방법, 바람직함, 달성가능성, 수용성, 그리고 대안적 수단들의 파생결과들에 관한 불확실성이 존재한다. 가난한 자, 실업자, 노숙자들을 배려해 줄 수 있는 최선의 수단은 무엇인가? 어떻게 하면 어린이들의 이익을 최선으로 보호하고 증진할 수 있을까? 얼마만한 예산이 국방에 필요하고, 그리고 그 구체적 항목들은 무엇인가? 이러한 문제들에 대하여 명확한 해답을 제시해 줄 수 있는 '과학적' 또는 '전문' 지식들을 소유하고 있는 집단이라는 것이 도대체 존재하거나, 아니면 그러한 집단이 창출될 수 있다는 것을 증명한다는 것은 불가능하다고 생각한다. 차라리 우리의 차를 수선하기 위해 이론적 지식을 갖춘 물리학자에게 맡길 것인가, 아니면 훌륭한 자동차 수리공에 맡길 것인가?

국가를 잘 통치한다는 것은 지식 이상을 필요로 한다. 국가의 통치는 또한 청렴성, 권력에 대한 모든 무한한 유혹들에 대한 확고한 저항, 자신이나 한 집단의 이익보다는 공공선에 대한 지속적이고 흔들리지 않는 헌신을 요구한다.

전문가들이 당신의 대행자로서의 역할을 할 수 있는 자격이 있다고 해서, 이들이 당신의 통치자로서의 역할을 담당할 수 있는 자격이 있는 것은 아니다. 수호자통치의 옹호자들은 하나의 주장을 하는 것이 아니라 두 개의 주장을 하고 있다. 통치 엘리트는 창출될 수 있는데, 이들은 좋은 정부가 추구해야만 하는 목표들과 이 목표들을 달성할 수 있는 최선의 수단들에 관한 지식에 있어서 아주 단정적으로 우월하다고 수호자통치의 옹호자들은 주장한다. 그리고 동시에 이들 지배 엘리트들은 국가를 통치하는 통치권위를 안전하게 맡길 수 있는 공공선 추구에 아주 헌신적일 것이라는 것이다.

우리가 방금 살펴본 바와 마찬가지로 첫 번째 주장은 아주 모호하다. 그러나 설사 이 첫 번째 주장이 정당화될 수 있는 것처럼 여겨질지라도, 이 첫 번째 주장 그 자체가 두 번째 주장을 입증해 줄 수는 없다. 지식(knowledge)과 권력(power)은 별개의 문제이다. 권력을 행사하는 사람들에게 권력이 가져올 수 있는 영향력은 1887년의 영국의 남작이었던 액턴 경(Lord Acton)의 유명한 말에서 아주 간명하게 요약되고 있다: "권력은 부패하는 경향이 있으며, 절대 권력은 절대적으로 부패한다." 이보다 1세기 전에 정치생활에 대한 광범위한 경험을 하였던 영국의 정치인 윌리엄 피트(William Pitt) 역시 유사한 관찰을 한 바 있다. "무한정한 권력은 이를 소유한 자들의 마음을 부패시키는 경향이 있다."라고 의회 연설에서 말하였다.

이것은 또한 이러한 문제에 대하여 전혀 경험이 부족하지 않았던, 1787년의 미국헌법제정회의의 참가자들에게서도 찾아볼 수 있는 일반적 견해였다. "선생님, 인간사에 아주 강력한 영향을 미치는 두 가지 열정이 있습니다."라고 최고령의 대표자였던 벤자민 프랭클린(Benjamin Franklin)이 말했다. "이 두 개의 열정은 바로 욕망과 탐욕입니다. 즉 권력의 욕심과 돈의 욕심입니다." 최연소의 대표자들 중의 한 사람이었던 알렉산더 해밀턴(Alexander Hamilton)이 맞장구를 쳤다: "인간은 권력을 사랑한다." 그리고 가장 경륜이 있고 영향력이 있었던 대표자 중의 한 사람인 조지 메이슨(George Mason)

또한 동조를 하였다: "인간의 본성으로 볼 때, 권력을 수중에 넣은 자들은…… 언제나, 그리고 할 수만 있다면, …… 권력을 증대시킬 것이라는 것은 확실하다."[21]

국가를 통치할 권력을 부여받은 통치 엘리트들이 처음 권력을 가질 때 아무리 현명하고 훌륭하다 할지라도, 몇 년이 지나거나 몇 세대가 지나게 되면 이들이 권력을 남용할 가능성이 있는 것이다. 인간의 역사가 어떤 교훈들을 제공해 줄 수 있다면, 하나 분명한 것은 부패, 편중인사, 개인 및 집단 이익의 증진, 국가의 강제적 권력의 독점을 남용하여 비판을 억압하고, 신민들로부터 부를 착취하고, 강제에 의한 복종을 확보하는 것을 통하여, 국가의 수호자들은 독재자로 변모할 가능성이 높다는 점이다.

끝으로 유토피아를 고안하는 것과 이것을 실현시키는 것은 아주 별개의 문제이다. 수호자통치의 옹호자들은 일군의 만만찮은 실천적 문제들에 직면하게 될 것이다. 어떻게 수호자통치를 개막시킬 것인가? 말하자면 누가 헌법을 기초할 것이며, 누가 이를 실행에 옮길 것인가? 최초의 수호자들은 어떻게 선정될 것인가? 만약에 수호자들이 어떠한 형태이든지 간에 피통치자들의 동의에 의존해야 하고 직접적 강제에 의존하지 말아야 한다면, 그 동의는 어떻게 획득될 수 있을까? 어떠한 방법에 의해서든 수호자들이 처음 선출되었다면, 그렇다면 어떤 클럽의 회원들처럼 이들이 자신들의 후계자를 지정할 것인가? 만약 그렇게 된다면, 그러한 체제는 재능의 귀족정치(an aristocracy of talent)에서 출생의 과두제(oligarchy of birth)로 타락할 위

---

21 헌법제정회의에서 행해진 이러한 말들에 관하여, Max Farrand, ed., *The Records of the Federal Convention of* 1787, 4 vols.(New Haven: Yale Uni- versity Press, 1966), 1: 82, 284, 578쪽을 참조하라.

험을 안고 있는 것은 아닌가? 그렇지만 만약 기존의 수호자들이 자신의 후계자들을 선정하지 않는다면, 누가 할 것인가? 권력을 남용하고 착취적인 수호자들을 어떻게 해임시킬 것인가? 등등.

시민들의 통치능력

수호자통치의 옹호자들이 만약 내가 방금 언급하였던 그들의 처방에 나타난 문제점들에 대한 설득력 있는 해결책들을 제시해 주지 못한다면, 나의 판단으로는 우리의 실천적 지혜와 이성은 그들의 입장을 거부할 것을 요구할 것이다. 수호자통치에 대한 옹호를 거부함에 있어 사실상 우리는 다음과 같은 결론을 내리게 된다. 성인들 가운데 국가의 통치에 대한 완전하고 최종적인 권위를 맡겨야만 할 정도로 통치에 있어 다른 사람들보다 아주 단정적으로 더 뛰어난 자격을 지녔다고 할 수 있는 사람은 없다.

그러나 만약 우리가 수호자들에 의한 통치를 거부하여야만 한다면, 누구에 의한 통치를 받아들여야 하는가? 그것은 바로 우리 자신들에 의한 통치이다.

대부분의 문제들에 대하여, 우리들은 아주 설득력 있는 경우가 정반대로 될 수 있지 않다면, 모든 성인들은 무엇이 자기 자신의 이익에 최선인가를 스스로 판단할 수 있도록 허용해야만 한다고 믿는 경향이 있다. 그렇지만 우리는 개인적 자율성을 옹호하는 이 추정을 성인들에게만 적용하고, 어린이들에게는 적용하지 않으려 한다. 경험에 비추어 볼 때, 우리들은 부모들이 대신 자기 자식들의 이익을 보호하기 위하여 수호자로서의 역할을 해야만 한다고 생각한다. 만약에 부모가 이를 하지 못한다면, 타인들, 아마도,

정부가 개입할 필요가 있을 수 있다.

자주 우리는 또한 자신을 돌볼 수 있는 정상적인 능력을 결여한 성인 연령의 어른들에게도 위의 개인적 자율성에 입각한 추정을 거부한다. 어린이들과 마찬가지로, 이들 역시 수호자들을 필요로 할 수 있다. 그렇지만 그러한 추정이 법과 관습에 의해 원천적으로 무효화되고 있는 어린이들의 경우와는 달리, 성인들에게는 그러한 추정이 가볍게 무시될 수는 없다. 남용의 가능성은 너무도 명백하다. 결과적으로 우리들은 독립적인 발견 절차, 즉 일종의 사법적 과정을 필요로 한다.

만약 우리가 아무 예외도 없이 성인들에게 무엇이 자신의 최선의 이익인지에 대한 개인적 결정을 내릴 수 있는 권한을 부여해야 하는 것을 가정한다면, 이러한 입장을 국가의 통치에서 거부해야 할 이유가 있는가? 여기에서 결정적인 질문은 성인들이 매일매일 직면하게 되는 개인적 결정을 내릴 수 있는 능력을 일반적으로 갖추고 있는지의 여부 문제는 결코 아니다. 지금의 이 질문은 대부분의 성인들이 국가를 통치하는 데 참가할 수 있는 능력을 충분하게 갖추고 있는지의 여부에 관한 문제이다. 이들은 그러한 능력이 있는가?

답변에 도달하기 위해, 다시 한 번 이전의 몇 개의 장들에서 내렸던 몇몇 결론들을 살펴보자.

민주주의는 많은 이점들을 그 시민에게 부여한다. 시민들은 독재적 통치자들을 방지할 수 있는 아주 강력한 보호를 받게 된다. 시민들은 근본적인 정치적 권리들을 소유하고 있다. 추가적으로 이 시민들은 또한 보다 광범위한 영역의 자유를 누릴 수 있다. 그리고 시민들은 자신의 가장 중요한 개인적 이익들을 보호하고 증진할 수 있는 수단을 획득할 수 있다. 이들은 또한 자신들이 준수하면서 살아야 될 법을 결정하는 데 참여할 수 있다. 이들은 광범위한 도덕적 자율을 행사할 수 있으며, 이들은 개인적 발전을 도모할 수 있는 보통수준 이상의 기회들을 누릴 수 있다.

우리가 만약 민주주의가 비민주적 통치체제들보다 이러한 이점들을 제공해 준다는 결론을 내린다면, 몇 가지 근본적 질문들이 발생한다. 민주주의의 이점들이 일부의 사람들에게는 국한되면서 다른 사람들에게는 해당되지 말아야 할 이유가 있는가? 이러한 이점들이 모든 성인들에게 적용되지 않아야만 할 이유가 있는가?

만약에 어떤 정부가 각자의 선(the good)에 평등한 배려를 하여야 한다면, 모든 성인들이 추구하는 목표를 최선으로 달성할 수 있는 법과 정책이 무엇인지를 결정하는 데 참여할 권리를 이들 모두가 가져야만 하지 않을까? 설사 이들의 목표들이 협소하게는 자기 자신의 선이든지, 아니면 모든 사람의 선을 포함하든지 간에, 이들 목표를 최선으로 달성할 수 있는 법과 정책의 결정에 참여할 권리를 가져야만 하지 않을까?

만약에 국가의 통치에 대한 완전하고도 최종적인 권위를 담당해야만 할 정도로 통치에 대한 자격이 단정적으로 남보다 뛰어난 사람이 없다면, 그렇다면 법을 준수해야 하는 모든 성인들보다 더 참여자격이 뛰어난 사람은 누구란 말인가?

이러한 질문들이 시사하는 결론으로부터, 내가 다음과 같이 표현하고 싶은 또 다른 명제가 뒤따른다. 희귀한 상황에서 반증되는 아주 강력한 예증의 경우를 제외하고, 국가의 법에 예속되는 모든 성인들은 국가통치의 민주적 과정에 참여할 충분한 자격이 있는 것으로 간주되어야만 한다는 것이 법에 의해 보호되어야 한다.

다섯 번째의 민주적 기준: 성인의 수용(Inclusion)

이제 이 장에서의 주장이 내리고자 하는 결론은, 당신이 만약 국가의 통치에 있어 동등한 발언권을 박탈당한다면, 당신의 이익이 발언권을 가지고 있는 사람들의 이익만큼 동등한 배려를 받지 못할 가능성은 아주 높아진다는 점이다. 당신이 만약 발언권이 없다면, 누가 당신을 위해 목소리를 드높이겠는가? 만약 당신이 당신의 이익을 보호하지 못한다면, 누가 대신하겠는가? 그리고 이러한 문제는 한 개인으로서 당신의 이익에만 국한된 문제는 아니다. 당신이 만약 참여가 배제된 하나의 완전한 집단의 성원이라면, 이 집단의 근본적 이익은 어떻게 보호될 수 있을까?

이에 대한 해답은 명백하다. 통치에 참여할 기회를 박탈당한 성인들의 근본적 이익은 통치를 담당하는 자들에 의해 적절히 보호, 증진되지 않을 것이다. 이 문제에 관한 역사적 증거는 무수히 많다. 민주주의의 진화과정에 관한 간략한 조사에서 살펴보았듯이, 영국의 귀족과 공민은 자신들의 동의 없이 군주들이 이들에게 부과한 부담에 불만을 품고, 통치에 참가할 권리를 요구하여 획득하였다. 수세기 후에, 이번에는 중산계급이 자신들의 근본적 이익이 무시되고 있다고 생각하여, 통치에 대한 참여권을 요구하여 획득하였다. 이곳저곳에서 여성, 노예, 가난한 자, 그리고 육체노동자에 대한 법적 배제 또는 사실적 배제는 이러한 집단의 사람들을 착취와 학대로부터 적절한 보호를 받을 수 없게 방치하였다. 심지어는 이러한 착취와 학대는 이런 문제를 제외하고는 아주 민주적인 정부였던 영국과 미국과 같은 국가에서도 발생하였다.

1861년에 존 스튜어트 밀(John Stuart Mill)은 노동계급에게 투표권이 부여되지 않았기 때문에, 정부에서 아무도 이들의 이익을 변호하지 않았다고 주장하였다. 비록 그는 믿지는 않았지만, 통치에 참여한 자들이 고의적으로 자신들의 이익을 위해 노동계급의 이익을 희생하려고 하였다고 말한 바 있다. 그는 다음과 같이 묻는다: "의회, 아니면 의회를 구성하고 있는 그 누구라도 노동자의 눈으로 어떤 사안에 대해 한순간이라도 들여다본 적이 있는가? 노동자의 이해관계가 있는 그러한 주제가 제기될 때에도, 노동자의 고용인의 입장에 불과한 어떤 관점에서 그 문제가 간주되지 않았는가?"[22] 똑같은 질문이 고대와 현대 공화국의 노예들, 20세기에 이르는 전 역사를 통한 여성들, 명목상으로는 자유롭지만 실질적으로 민주적 권리들을 박탈당하였던 1960년대까지의 미국 남부의 흑인들과 1990년대까지의 남아프리카의 흑인들, 그 외의 지역에서 민주적 권리들을 박탈당하였던 사람들에 관하여서도 제기될 수 있다.

개인과 집단들이 종종 자기 자신의 선(the good) 문제에 관하여 오류를 범할 수 있다는 것도 맞는 말이다. 이들이 자기 자신에 최선의 이익이 되는 것이 무엇인지를 종종 잘못 인식할 수 있는 것은 확실하다. 그러나 인간경험의 지배적인 비중은 성인들의 어떠한 집단도 자신들을 통치할 권한을 다른 사람들에게 안전하게 허용할 수 없다는 사실을 알려 준다. 이것이 바로 아주 중요한 결론으로 우리를 유도한다.

기억할지 모르지만, 내가 제4장에서 민주주의에 대한 기준을 논의할 때, 다섯 번째의 기준을 논하는 것을 연기한 바 있다. 바로 성인들의 수용

22 John Stuart Mill, Considerations on *Representative Government*[1861](New York: Liberal Arts Press, 1958), 44.

기준이다(표-2 참조). 내가 생각하기에, 이 장과 마지막 장이 국가의 통치가 민주주의가 되기 위하여 이 마지막 기준을 충족해야만 한다는 결론을 내릴 수 있게 하는 충분한 이유들을 제시해 줄 것이다. 다음과 같이 표현해 보자: 완전한 수용(full inclusion). 민주적으로 통치되는 국가의 시민집단은, 일시적 체류자와 자기 자신을 돌볼 수 있는 능력이 없는 것으로 판명된 사람을 제외하고, 그 국가의 법에 예속되는 모든 사람들을 수용하여야만 한다.

미해결의 문제들

수호자통치를 옹호하는 주장을 거부하고 정치적 평등을 이상으로 채택하는 것은 여전히 몇 가지 곤란한 문제들을 남겨 놓고 있다.

시민들과 정부관리들은 전문가들로부터의 도움을 필요로 하지 않는가? 정말로 필요하다. 민주적 정부를 잘 운영하기 위해서는 전문가들과 전문지식의 중요성을 부인할 수 없다.

공공정책은 종종 매우 복잡하여서(그리고 끊임없이 더 복잡해져 갈 수 있다) 어떠한 정부라도 고도의 지식을 갖춘 전문가들의 도움 없이는 만족스러운 결정을 내릴 수 없다. 마치 우리들이 우리의 개인적 결정을 내림에 있어 지침을 구하기 위해 전문가들에 자주 의존하고 중요한 결정들을 이들에게 위임해야만 하는 것처럼, 역시 마찬가지로 민주적 정부를 포함하여 정부들도 그렇게 한다. 민주적 기준을 충족시키고, 만족스러운 정도의 정치적 평등을 유지하면서, 그렇지만 공적 결정에 있어 전문가와 전문지식에 의존할 수 있는 최선의 방법을 모색하는 것은 민주적 통치의 옹호자들이 무시해서는 안 될 심각한 문제를 제기한다. 그러나 나는 여기에서 이 문제를 논하지 않으려 한다.

만약에 시민들이 능력을 지니고 있다면, 이들은 자신들이 그렇게 될 수 있도록 하는 정치·사회적 제도들이 필요하지 않을까? 의심할 여지없이 그렇다. 공적 문제에 대한 계몽적 이해를 할 수 있도록 하는 기회들은 단순히 민주주의에 대한 정의(definition of democracy)의 부분이 아니다. 이 기회들이란 민주주의를 존립할 수 있도록 하는 필수조건이다.

내가 말한 어떠한 것도 대다수의 시민들이 오류를 범하지 않는다는 것을 의미하는 것은 아니다. 이들은 오류를 범할 수 있고 또 실제로 범한다. 간단히 말해 이러한 이유 때문에 민주주의의 옹호자들이 언제나 교육에 높은 가치를 부여해 왔던 것이다. 그리고 시민교육은 공식적 학교교육뿐만 아니라 공공토론, 심의, 토의, 논쟁, 신뢰할 만한 정보의 수용자세, 그리고 자유사회의 기타 다른 제도들을 필요로 한다.

그러나 시민의 능력을 육성하기 위한 제도들은 취약하고 많은 시민들이 자신의 근본적 가치와 이익을 보호할 수 있을 정도로 충분히 알고 있지 못한다고 가정하여 보자. 그렇다면 우리는 무엇을 해야만 하는가? 그 해답을 찾기 위하여, 이 지점에 이르게 하였던 결론들을 검토해 보는 것이 유용할 것이다.

우리들은 본질적 평등의 원칙을 채택하였다. 우리들은 모든 인간의 선을 본질적으로 다른 사람의 선과 동등한 것으로 간주해야만 한다. 우리는 이 원칙을 국가의 통치에 적용하였다. 결정을 내림에 있어, 정부는 이러한 결정에 구속을 받는 모든 사람들의 선과 가치에 평등한 배려를 하여야만 한다.

우리들은 수호자통치가 이 원칙을 적용할 수 있는 만족스러운 방법이 아니라고 거부하였다. 성인들 중에서 국가의 통치에 대한 완전하고 최종적인 권위를 부여해야만 할 정도로 단정적으로 다른 사람들보다 통치를 잘 할 수 있는 자질을 지니고 있는 사람은 아무도 없다.

대신에 우리는 완전한 수용조건을 채택하였다. 민주적으로 통치되는 국가의 시민집단은, 일시적 체류자와 자기 자신을 돌볼 능력이 없는 것으로 판명된 사람들을 제외하고, 국가의 법에 예속되는 모든 사람들을 수용하여야만 한다.

따라서 만약에 시민교육을 위한 제도가 취약하다면, 단 하나의 해결책이 남게 된다. 이러한 교육제도들을 강화하는 길뿐이다. 민주적 목표들을 신뢰하고 있는 우리는 시민이 필요로 하는 능력을 획득할 수 있는 방안들을 강구할 의무가 있다.

아마도 19세기와 20세기 기간 중에 민주적 국가들에서 개발되었던 시민교육을 위한 제도들은 더 이상 적절하지 않을지 모른다. 만약 그렇다면, 민주적 국가들은 이 옛 제도들을 보충할 수 있는 새로운 제도들을 강구할 필요가 있다.

결론적 논평과 예비설명

우리들은 표-1에서 제시된 영역의 약 절반을 이제까지 탐구하여 왔다. 그렇지만 우리들은 다른 쪽 반을 거의 살펴보지 못했다. 민주주의의 목표를 추진하는 데 필요한 기본적 제도들, 사회·경제적 조건들, 그리고 이러한 민주적 제도들의 발전과 유지에 도움이 되는 다른 조건들이 나머지 절반이다. 다음에 따라오는 장들에서는 이러한 문제들을 다룰 것이다.

그러면, 이상적인 목표들로부터 현실적인 것들로 옮겨가 보자.

제3부

현실의 민주주의

제8장

대규모 민주주의는 어떠한 정치제도를 필요로 하는가

한 나라가 민주적으로 통치된다는 것은 무엇을 뜻하는 것인가? 이 장에서 우리는 대규모 민주주의 정치제도들, 즉 민주주의 국가(*democratic country*)에 필수적인 정치제도들에 초점을 맞출 것이다. 그래서 우리는 위원회와 같은 아주 작은 집단에서 민주주의가 필요로 하는 것에 대해서는 여기서는 관심을 기울이지 않을 것이다. 우리는 또한 권위 있는 경고를 염두에 둘 필요가 있다. 즉 모든 현실의 민주주의는 제2부에서 기술되었고, 표-2에 나타나 있는 민주주의 기준에는 항상 미치지 못한다는 것이다. 마지막으로 우리는 다른 장에서와 마찬가지로 이 장에서도 통상 용어로 우리가 사용하는 민주주의라는 용어를 목표나 이상을 지칭할 뿐만 아니라 목표를 다만 부분적으로 성취한 것뿐인 현실성을 지칭하는 것으로도 사용한다는 것을 상기하고자 한다. 그래서 나는 당분간 민주주의, 민주적으로, 민주주의적 정부, 민주주의 국가 등과 같은 단어를 사용할 때 독자들이 적절히 구별해 줄 것을 기대한다.

한 나라가 민주적으로 통치되기 위해서는 무엇이 필요한 것인가? 최소한 그것은 이상적인 민주주의 기준을 충족시키기 위한 방향으로 내내 나아가는 것이 아니더라도 지속적으로 나아갈 어떤 정치적 합의, 관행 혹은 정치적 제도들을 가지고 있는 것이 필요하다.

용어해설

정치적 합의(arrangements)는 다소 잠정적인 것으로 생각되지만, 비민주적인 통치로부터 방금 이행한 나라에도 충분히 존재할 수 있는 것이다. 우리는 관행(practices)을 좀 더 습관적인 것으로, 그러기에 좀 더 영속성이 있는 것으로 간주하려는 경향이 있다. 보통 제도(institutions)라는 것을 한 세대에서 다음 세대로 전해지며 오랫동안에 정착된 것으로 인식한다. 한 국가가 비민주주의체제에서 민주주의체제로 이행되면, 초기의 민주주의적 합의(arrangements)는 점차적으로 관행(practices)이 되며, 이는 적절한 시기에 제도(institutions)로서 정착된다. 이들을 구별하는 것이 도움이 되긴 하겠지만 우리의 목적에 비추어 보아 그러한 구별은 제쳐두고 제도로 보는 것이 훨씬 편리할 것이다.

우리는 어떻게 알 수 있는가?

대규모 민주정치를 위해 어떤 정치적 제도들이 필요한지를 어떻게 합리적으로 결정할 수 있을까? 우리는 정부나 정치생활에 보다 광범위한 대중이 포함될 것과 효과적인 참여를 요구하는 것에 적어도 부분적으로나마 반응하면서 자국의 정치제도를 변화시켜 온 국가들의 역사를 조사해 볼 수 있다. 비록 초기에는 포용과 참여를 추구한 사람들이 반드시 민주주의적 이상에 의해 고무되지는 않았지만 약 18세기부터 그들은 자신들이 요구하는 바를 민주주의적 또는 공화주의적 사상에 호소하면서 정당화시키려는 경향을 띠었다. 그들은 어떠한 정치적 제도를 추구하였으며, 어떠한 제도들이 실제로 이러한 국가에서 채택되었는가?

우리는 대신에 정치체제가 그 국가의 대부분의 국민들, 다른 국가의 많은 사람들, 학자, 언론인 등이 민주적이라 언급하는 국가들을 조사해 볼 수도 있다. 달리 말해 일상적인 담화에서나 학문적인 토론에서나 민주주의 체제로 불리는 국가들을 말이다.

세 번째로, 우리는 민주주의적 목표를 상당한 정도로 성취하기 위하여 어떠한 정치제도들이 필요한 것인지를 가능한 한 현실적으로 추론하기 위해서 특정 국가나 국가군, 혹 심지어는 가상적인 국가에 대하여 고찰해 볼 수도 있다. 말하자면 우리가 인간 경험, 경향, 가능성, 그리고 한계점 등을 조심스럽게 고찰하고, 대규모 민주주의가 존재하기 위해서 필요한 그러나 인간 능력의 한계 안에서 가능하고 획득 가능한 일련의 정치제도들을 고안해 내는 지적 실험을 해볼 수도 있다.

다행스럽게도 세 가지 방법 모두 같은 종류의 민주주의적 정치제도들로 수렴하고 있다. 그래서 이러한 것들은 민주주의 국가가 되기 위한 최소한의 요건들이 된다(표-4).

표-4 대규모 민주주의체제는 어떠한 정치제도들을 필요로 하는가

대규모 민주주의체제는 다음과 같은 것을 필요로 한다.

1. 선출직 공직자들
2. 자유롭고 공정하며 빈번한 선거
3. 표현의 자유
4. 선택의 여지가 있는 정보원(情報源)
5. 결사의 자율성
6. 융합적 시민권

현대 대의 민주주의 정치제도

간략히 보아 현대 대의 민주주의 정치제도들은 다음과 같다.

1. 선출직 공직자

정부의 정책결정에 대한 통제권은 시민에 의해 선출된 공직자에게 주어져 있다. 그렇기 때문에 현대의 대규모 민주주의체제는 대의적이다.

2. 자유롭고 공정하며 빈번한 선거

선출직 공직자들은 억압이 비교적 보기 드문 빈번하며 공정하게 시행되는 선거에서 선출된 사람들이다.

3. 표현의 자유

시민들은 공직자, 정부, 정권, 사회경제적 질서, 그리고 지배 이데올로기에 대한 비판을 포함하여 광범위하게 정의되는 정치적 문제에 대하여 엄중한 처벌의 위험 없이 자신들의 의사를 표현할 권리를 갖는다.

4. 선택의 여지가 있는 정보원(情報源)에의 접근

시민들은 다른 시민이나 전문가, 신문, 잡지, 서적, 원거리 통신매체 등으로부터 선택의 여지가 있고 독자적인 정보원을 추구할 수 있는 권리를 갖는다. 더욱이 대중의 정치적 신념과 태도에 영향을 미치려 하는 정부나 혹은 어느 특정의 정치적 집단의 통제 하에 놓여 있지 않고 선택이 가능한 정보원이 실제적으로 존재하며 이러한 정보원은 법에 의해 효과적으로 보호된다.

5. 결사의 자율성

민주주의적 정치제도가 효과적으로 작동하는 데 필수적으로 요구되는 것들을 포함하여 자신들의 다양한 권리를 성취할 수 있도록 시민들은 또한 정당이나 이익집단을 포함하는 상대적으로 독자적인 결사나 조직을 만들 수 있는 권리를 갖는다.

6. 융합적 시민권

그 국가에 영구 거주하며 그 국가의 법 적용을 받는 성인 어느 누구에게도, 다른 사람에게 부여되며 방금 열거한 다섯 가지 정치제도에 필수적인 권리들이 부여되는 것이 부인되지 않는다. 이것들은 자유스럽고 공정한 선거에서 공직자를 투표할 권리, 선출직 공직에 출마할 수 있는 권리, 자유로운 표현을 할 수 있는 권리, 독자적인 정치조직을 조직하고 참여할 수 있는 권리, 독자적인 정보원에 접근할 수 있는 권리, 그리고 대규모 정치제도가 효과적으로 작동하는 데 필요한 다른 자유들과 기회들에 관한 권리를 포함한다.

정치제도에 대한 조망

보통 이러한 제도들은 한 국가에 즉시 도입되지는 않는다. 우리가 민주주의의 역사에 대한 개관에서 보았듯이(제2장) 마지막 두 개의 제도는 명백히 나중에 도입된 것이다. 20세기에 이르기까지 보통선거권은 민주주의적 정부나 공화주의적 정부에 대한 이론으로서나 관행으로서 인정받지 못했다. 보통선거권은 어떠한 다른 특징보다도 더 현대의 대의 민주주의를 초기의 모든 민주주의 형태와 구분짓게 한다.

제도들이 도입된 시기와 순서는 매우 다양하다. 모든 종류의 민주제도들이 일찍 도입되고 현재까지 지속되어 온 나라, 즉 '더 오래된' 민주주의 국가에서는 공통된 패턴을 갖는 제반의 요소들이 생겨났다. 입법기관에 대한 선거는 영국에서는 13세기에 도입되었고 미국에서는 식민지 기간인 17, 18세기에 도입되었다. 고위 입법 공직자를 선거하는 관행은 정치적 문제에 대하여 자신의 견해를 표현하고, 그리고 정보를 추구하고 교환하는 시민의 권리가 점진적으로 팽창함에 따라 이루어졌다. 명백한 정치적 목표를 갖고 있는 결사체(associations)를 조직하는 권리는 더 늦게 이루어지는 경향이 있었다. 정치적 '파벌'과 당파 조직은 일반적으로 정치적 질서와 안정을 해치는 위험하고 분열적이고 파괴적이며 공공이익에 위해로운 것으로 비쳐졌다. 그러나 점점 많은, 그리고 영향력 있는 수의 시민들이 참을 수 없는 수준이라고 간주하는 정도의 강압을 동원하지 않고는 정치 결사체들을 억압할 수 없었기 때문에 정치적 결사체들은 그늘에서 양지로 부상할 때까지 다소 은밀한 결사체로 종종 존재할 수 있었다. 입법기관에서는 한 때 '파벌'이었던 것이 정당이 되었다. 당시의 정부에서 일했던 '여당(ins)'은 '야당(outs)'이나 혹은 영국에서와 같이 폐하의 충성스러운 야당의 저항을 받았다. 18세기의 영국에서는 군주를 지지하는 당파와 '지방' 귀족(the gentry) 다수의 지지를 받았던 반대당파는 점차적으로 토리나 휘그당으로 변모되었다. 같은 세기에 스웨덴에서는 의회에서의 당파적 적대

자들은 다소 익살맞게 스스로들을 'Hats'와 'Caps'라고 불렀다.[23]

18세기 마지막 몇 년 동안 새롭게 형성된 공화국인 미국에서는 부통령인 토머스 제퍼슨과 하원의 지도자인 제임스 매디슨이 의회 내의 지지자들을 조직하여 연방주의자 대통령인 존 애덤스와 그의 재무장관인 알렉산더 해밀턴의 정책에 반대했다. 그들은 자신들의 계획을 성공시키기 위해서 의회와 내각에 있는 연방주의자에 반대하는 것 이상을 해야 한다는 것을 깨달았다. 즉 그들은 반대자들을 그 공직으로부터 제거할 필요가 있었다. 이를 위해 그들은 연방선거에서 이겨야 했고, 이기기 위해서는 그들의 추종자들을 전국에 걸쳐 조직할 필요가 있었다. 그리고 10년이 채 안 되어 제퍼슨과 매디슨, 그리고 그들의 의견에 동조하는 인사들은 선거캠페인 기간과 그 사이에 그들 추종자들의 충성심을 강화해 줄 수 있고 그들이 투표하러 온 것을 확인할 수 있는 조직인 정당을 가장 작은 규모의 선거구에 이르기까지 조직하였다. 그들의 공화당(곧바로 민주공화당으로, 그리고 한 세대 후에는 민주당이라고 개명된)은 세계에서 처음으로 대중적 기반을 둔 선거정당이 되었다. 결과적으로 현대 민주정치의 가장 근본적이고 두드러진 정치제도 중 하나인 정당은 시민 자신들을 조직하고 연방선거에서 정당 지지자들을 동원하기 위하여 의회와 입법부의 테두리를 넘어 나타나게 되었다.

프랑스의 젊은 귀족인 알렉시스 드 토크빌이 1830년대에 미국을 방문한 시기에 위에 기술한 처음 다섯 가지 민주주의 정치제도들은 미국에 이미 도입되어 있었다. 그 제도들은 아주 깊이 뿌리를 내리고 널리 퍼져 있는

23 "Hats는 당시의 삼각모를 쓴 용감한 동료들처럼 되기 위해 그들의 이름을 취했다. …… Caps는 그들이 나이트캡을 쓴 소심한 노부인과 비슷하다는 이유로 이름붙여진 것이다." Franklin D. Scott, Sweden: *The Nation's History*(Minneapolis: University of Minnesota Press, 1977), 243.

것같이 보였기 때문에 그는 미국을 민주주의 국가라 언급하는 데 주저하지 않았다.[24] 그는 그 나라에서는 국민들이 주권자이며, "사회는 그 자신을 위하여 스스로를 통치하며, 다수파의 권력은 제한되지 않는다."라고 말했다. 그는 미국인들이 다양한 종류의 목적을 달성하기 위하여 자신들을 조직한 것으로 보이는 결사체의 다중성(multiplicity of associations)에 놀랐다. 그리고 두 개의 정당이 이 결사체들 사이에 우뚝 솟아 있는 것이었다. 미국에서는 민주주의제도가 우리가 그렇게 될 것이라고 상상할 수 있을 만큼 민주주의가 거의 완벽한 것으로 토크빌에게는 보였다.

이어진 세기 동안 토크빌이 미국방문 중 관찰한 다섯 가지의 기본적인 민주주의제도 모두는 다른 12개국 이상의 국가에서 공고히 되었다. 유럽과 미국을 관찰한 많은 사람들은 문명화되고 진보되기를 원하는 나라는 필수적으로 민주주의 정치형태를 채택해야 한다고 결론지었다.

그러나 어느 곳에서도 여섯 번째의 기본적 제도 – 즉 융합적 시민권(inclusive citizenship) – 는 존재하지 않았다. 비록 토크빌이 "일반 대중에 의해 설립된 메릴랜드주가 보통선거권을 공포한 최초의 주였다."고 말하고는 있으나, 그가 살던 시대의 다른 남성들(그리고 다수의 여성들)처럼 그는 암암리에 이 '보통'이라는 것이 여성을 포함하지 않는 것으로 간주하고 있었다.[25] 실제 몇몇 인사들은 그러하였다. 메릴랜드주의 '보통선거권'(universal suffrage) 역시 대다수의 아프리카계 미국인을 배제시키는 일이 있었다. 다소 민주적인 다른 국가에서도 미국에서와 마찬가지로 성인 인구의 절반이 단지

24 Alexis de Tocqueville, *Democracy in America*, vol. 1(New York: Schocken Books, 1961), 51.

25 Tocqueville, *Democracy in America*, 50.

여성이라는 이유만으로 국가적 정치생활에서 완전히 배제되었다. 게다가 다수의 남성들도 자신들을 민주주의 또는 공화주의적 정부의 옹호자라고 주장하는 많은 사람들에 의해서 지지를 받았던 배제의 요건, 즉 읽고 쓸 수 있는 능력이나 재산소유의 요건을 충분히 갖추고 있지 못하다는 이유로 선거권을 부여받지 못했다. 비록 뉴질랜드에서는 1893년에 전국 규모의 선거에서 여성의 선거권이 확대되었고, 오스트레일리아에서는 1902년에 확대되었음에도 불구하고, 다른 민주주의 국가들에서는 1920년경까지 여성이 전국적 선거에서 선거권을 획득하지 못했다. 벨기에, 프랑스, 스위스와 같이 대다수의 사람들이 높은 수준의 민주주의체제라고 일컬었던 국가에서도 여성은 2차 세계대전 후까지 선거에 참여하지 못했다.

오늘날 많은 사람들은 우리 선조들에게 '민주주의'가 무엇을 의미했는지를 이해하기 어렵기 때문에 나는 다시 그 차이점을 강조하고자 한다. 25세기에 걸쳐서 모든 민주주의체제와 공화주의체제에서 정치 생활에 전반적으로 참여할 수 있었던 권리는 소수의 성인들에게 제한되어 있었다. '민주적' 정치는 오직 남성들만에 의한 정치였으며, 그리고 그것도 모든 남성들의 정치도 아니었다. 민주주의체제가 이론적인 면에서나 실제적인 면에서 정치적 생활에 전반적으로 참여할 수 있는 권리가, 예외가 있더라도 극히 소수의 예외만을 제외하고는, 한 국가에 영구히 거주하고 있는 성인 인구 전체로 확대되어야 함을 필수적으로 요구하게 된 것은 20세기에 들어와서였다.

그들을 전체적으로 볼 때 이 여섯 가지의 정치제도들은 새로운 형태의 정치체계를 구성하는 요소일 뿐만 아니라 새로운 형태의 대중정치, 즉 아테네의 '민주정'과 로마의 '공화정'이 시작된 이래 25세기에 걸친 경험에는 존재하지 않았던 새로운 종류의 '민주주의 정치체제'를 구성하는 요소이다.

현대의 대의 민주주의 정치제도는 전체적으로 볼 때 역사적으로 독특한 것이기 때문에 새로운 명칭을 부과하는 것이 편리하다. 이 현대적 형태의 대규모 민주주의 정치는 때때로 다두 민주주의체제라 불린다.

용어해설

다두제(polyarchy)란 '다수'(many)와 '통치'(rule)라는 의미를 갖는 그리스어에서 파생된 것으로서 1인에 의한 통치나 군주정, 그리고 과두정이나 귀족정과 같은 소수에 의한 통치와는 구별되는 '다수에 의한 통치'(rule by many)를 말한다. 이 용어는 거의 사용된 적이 없었지만 동료 한 분과 나는 보통선거권을 채택하고 있는 현대 대의 민주주의체제를 지칭하는 편의의 하나로 이 용어를 1953년에 소개하였다. 이후부터는 그 용어를 그런 의미로 쓰도록 하겠다. 좀 더 정확히 말해 다두 민주주의체제(polyarchal democracy)는 위에서 열거한 여섯 가지 민주제도들을 갖고 있는 정치체제이다. 이러한 의미에서 다두 민주주의 정치체제는 19세기에서와 같이 제한된 선거권을 채택하고 있는 대의 민주주의정체와는 다르다. 이것은 또한 제한된 선거권뿐만 아니라 정당, 현존하는 정부에 대항하거나 영향을 끼치기 위한 정치조직을 형성할 수 있는 권리, 조직화된 이익단체 등과 같은 다두 민주주의정체의 다른 중요한 특징들이 결여된 구 민주주의체제나 공화적 정치체제와도 다르다. 이것은 또한 단위가 작아서 구성원들이 직접 회합하여 정책과 법을 만드는(또는 권고하는) 민주주의적 실제와도 다르다(이 차이점에 대하여 곧 논의하겠다).

다른 요인들이 가끔 작용하기는 하였지만 다두 민주주의정체의 여섯 가지 정치제도들은 적어도 부분적으로는 정치생활에 융합되고 참여하고자 하는 요구에 부응하여 생겨났다. 오늘날 민주주의 정치체제로 널리 언급되는 국가들에는 여섯 가지 정치제도 모두가 존재한다. 그러나 우리는 의문을 제기할 수도 있다. 이 제도들 중 몇 가지는 역사적 투쟁의 과거 산물이 아닌가? 그 제도들은 민주주의정체에는 더 이상 필요하지 않은 것이 아닌가? 그리고 만약 그 제도들이 오늘날에도 여전히 필요하다면 왜 그러한가?

규모의 요인

이 질문들에 답하기 전에 중요한 조건에 주의를 환기시킬 필요가 있다. 이 장의 시작 부분에 언급했듯이 우리는 민주주의 '국가'의 정부에 필수적인 제도들을 고려하고 있다. 왜 '국가'인가? 이는 민주적 국가에 필수적인 모든 제도들이 국가보다 작은 단위에서도 항상 필요한 것은 아니기 때문이다. 민주적으로 통치되는 위원회나 동아리, 혹은 작은 마을을 연상해 보라. 비록 선거에서의 평등이 필수적으로 보이더라도 이처럼 작은 단위체들은 많은 선출직 공직자들이 없이도 유지가 가능할 수 있다. 아마도 회의를 주재할 중재자, 기록과 회계를 볼 서기만 필요하다. 참여자 자신들은 회의가 진행되는 동안 세세한 것들은 회계서기에게 맡기고 모든 문제에 대해 직접 결정을 내릴 수 있을 것이다. 작은 조직의 정부는 시민들이 법률과 정책을 입안하는 대표자를 뽑는 어엿한 대의정부일 필요는 없다. 그러나 이러한 정부도 민주주의적, 그것도 고도로 민주주의적일 수 있다. 마찬가지로 정당이나 다른 독립적인 정치적 결사체를 갖추지 못하였더라도 그 정부는 고도로 민주주의적일 수 있다.

사실 작은 결사체에서는 조직된 '파벌'들이 불필요할 뿐 아니라 해로울 수도 있다는 고전적 민주주의나 공화주의적 견해에 동조할 수도 있다. 파벌주의, 간부회의, 정당 등에 의해서 악화된 갈등 대신에 토론과 상호 존중을 통하여 이루어진 화합, 의견의 일치, 동의 등을 더 선호할 수도 있다.

민주주의 정부에 강력하게 요구되는 정치제도들은 단위의 규모에 달려 있다. 위에 열거된 여섯 가지 제도들은 보다 작은 단위를 통치하는 데 필요한 것이 아니라 '국가'를 통치하는 데 필요한 것이기 때문에 발전된 것이다. 다두

표-5 왜 제도들이 필요한가

	국가와 같은 큰 단위에서 이러한 다두 민주주의의 정치제도들은	다음과 같은 민주주의의 기준을 충족시키기 위하여 필요하다.
1	선출된 대표자	효과적 참여 의제(agenda)에 대한 통제
2	자유롭고 공정하며 빈번한 선거	투표의 평등성 의제에 대한 통제
3	표현의 자유	효과적 참여 개명된 이해력 의제에 대한 통제
4	선택의 여지가 있는 정보	효과적 참여 개명된 이해력 의제에 대한 통제
5	결사의 자율성	효과적 참여 개명된 이해력 의제에 대한 통제
6	융합적 시민권	전면적 융합

민주주의체제는 민족국가 또는 국가와 같은 대규모 민주주의 정치체제이다.

우리의 의문점으로 되돌아가자. 다두 민주주의체제의 정치제도들은 정말 민족국가나 국가 등과 같은 대규모 민주주의 정치에 필수적인가? 그렇다면 그 이유는 무엇인가? 그 질문에 답하기 위해 민주주의 과정이 요구하는 바가 무엇인지를 상기해 보자(표-5).

민주주의 정치체제는 왜(그리고 언제) 선출직 대표자를 필요로 하는가?

민주주의정체에 대한 초점이 국가 같은 큰 규모의 단위로 이행됨에 따라 몇 가지 의문이 생겨났다. 시민들이 한 장소에 다 모여 법률을 입안하는 데 용이하게 참여하지 못할 정도로 시민의 규모가 커지고 지리적으로도 광범위하게 분포되어 있을 때 시민들은 어떻게 효과적으로 참여할 수 있는가? 그리고 시민들은 자신들이 가장 관심을 기울이는 제반의 문제에 대하여 공직자들이 적절히 고려하고 있는지를 어떻게 확인할 수 있는가? 즉 정부가 내리는 결정에 대한 의제를 시민들이 어떻게 통제할 수 있는가?

국가와 같이 큰 정치단위에서 이러한 민주주의 요건을 최대로 충족시키는 것은 물론 대단히 어려운 일이며 실제는 어느 정도는 성취 불가능한 일이다. 그러나 고도로 요구되는 다른 민주주의의 기준들과 마찬가지로 이것 역시 대안의 가능성과 해결책을 평가하는 기준이 될 수 있다. 명백한 것은 만일 고위 공직자들이 시민들의 바람과는 관계없이 독자적으로 의제를 설정하고 정책을 채택할 수 있다면 그 요건들은 충족될 수 없었을 것이다. 유일하게 가능한 해결책은 비록 아주 불완전한 것일지라도 시민들이 그들의 최고 공직자를 선출하게 하고 선거를 통하여, 즉 차기 선거에서 책임을 물어 해임할 수 있게 하는 것이다.

그러한 해결책은 우리들에게는 명백한 것으로 보인다. 그러나 우리에게는 명백한 것으로 보이는 것이 우리의 선조들에게도 명백했던 것은 전혀 아니었다.

제2장에서 보았듯이 시민들이 선거라는 수단을 통해 법률을 입안할 수 있는 권한을 가진 대표자를 선택하고 제거할 수 있다는 가능성은 최근까지도 민주주의의 이론에 있어서나 실제에 있어서나 낯선 것이었다. 아는 바와 같이 대표자에 대한 선거 역시 군주들이 세금을 부과하기 위해서, 병사를 모집하기 위해서, 그리고 법률을 만들기 위해서는 귀족, 고위 성직자, 그리고 큰 도회지나 도시의 비범한 소수의 평민들의 동의를 획득할 필요가 있었던 중세에 주로 발전하였다.

그리고 18세기까지는 민주주의 정치나 공화 정치라는 것은 인민에 의한 통치를 의미하는 것이었으며, 인민이 통치하기 위해서는 인민들이 한 장소에 모여서 법령, 법률 또는 정책에 대하여 투표를 해야만 한다는 것이 권위 있는 견해였다. 민주주의는 주민회합 민주주의(town meeting democracy)이어야만 했다. 대의 민주주의는 용어상 모순된 것이었다. 명시적이든 묵시적인 의미에서든 공화국이나 민주주의 정치체제는 마을이나 도시와 같은 작은 단위에서만 실제로 존재할 수 있는 것이었다. 몽테스키외나 장자크 루소와 같이 이러한 견해를 갖고 있는 저술가들은 작은 국가들, 특히 훨씬 큰 국가들의 군사적 월등함에 직면해 있고, 그렇기 때문에 진정한 민주주의의 미래 전망에 대하여 비관적인 작은 국가들이 갖고 있는 불이익에 대하여 완벽하게 알고 있었다.

그러나 이러한 권위 있는 견해는 국민국가의 돌진하는 힘에 의해 순식간에 압도되었고 또 일소되었다. 루소 자신은 (그가 헌법을 제안하였던) 폴란드와 같은 거대한 국가의 정치체제에는 대의제도가 필요하다는 것을 분명히 이해하고 있었다. 그리고 그 이후 즉시 그러한 권위 있는 견해는 미국에 민주주의가 도래하면서 역사의 무대에서 밀려났다.

지속적으로 인구가 증가하고 있는 거대한 국가에 적합한 헌법을 고안해 내기 위한 제헌의회가 필라델피아에서 소집된 1787년이 되어서야 대표자들은 그 역사적 전통을 예민하게 인지하였다. 대표자들이 예견하였던 웅대한 규모를 언급하지는 않더라도 미국이 이미 이루었던 거대한 규모의 공화국체제가 존재하는 것이 가능하겠는가?[26] 그러나 미국에서 공화국이 존

26 소수의 대표자들은 미국이 궁극적으로 1억 명의 거주자를 갖게 될 것이라고 대담하게 예견한 바

재하기 위해서는 대의적 공화체제(*a representative republic*)를 가져야 한다는 점에 아무도 의문을 제기하지 않았다. 식민지 의회와 주 의회, 그리고 대륙회의에 대의제도를 가지고 있었던 오랜 경험 때문에 대의정부의 실행 가능성은 실질적으로 논의의 대상이 되지 않았다.

19세기 중반에 이르러서는 전통적인 견해는 무시되고 잊혀졌으며, 또한 기억 속에 남아 있더라도 적절치 못한 것으로 취급되었다. 1861년 존 스튜어트 밀은 "다음과 같은 것은 명백한 것이다."라고 기술한 바 있다.

"사회의 온갖 긴급사태를 완벽하게 만족시켜 줄 수 있는 유일한 정부는 모든 인민이 참여하는 정부라는 것, 가장 작은 공적 기능을 수행하는 것일지라도 어떠한 참여도 유용하다는 것, 공동체가 일반적으로 발전하는 데 허용되는 만큼의 광범위한 참여가 모든 곳에서 이루어져야 한다는 것, 그리고 그 어느 것도 모든 사람들에게 국가의 주권을 공유하는 것을 허용하는 것보다 궁극적으로 더 바람직한 것은 없다는 것, 그러나 하나의 조그만 마을을 넘어서는 공동체에 속해 있는 모든 사람들이 공적 업무의 몇몇 작은 부분에 참여하는 것을 제외하고는 모든 공적 업무에 몸소 참여할 수 없기 때문에 완벽한 정부의 이상적인 형태는 대의적 정부일 수밖에 없다는 것이 당연하다는 것이다."[27]

있다. 이 수치는 1915년에 달성되었다.

27 John Stuart Mill, *Consideration on Representative Government*[1861](New York: Liberal Arts Press, 1958), 55.

민주주의 정치체제는 왜 자유롭고, 공정하며, 빈번한 선거를 필요로 하는가?

우리가 본 바와 같이 정치적 평등이 바람직한 것이라는 점을 받아들인다면, 모든 시민은 반드시 투표할 수 있는 동등하고 유효한 기회를 가져야 하며, 모든 투표는 동등한 것으로 간주되어야 한다. 투표에 있어서의 평등이 시행되기 위해서는 분명히 선거는 자유롭고 공정한 것이라야만 한다. 자유롭다는 것은 시민들이 보복의 위협을 받지 않고 투표소에 갈 수 있다는 것을 의미한다. 그리고 선거가 공정하기 위해서는 모든 투표가 동등한 것으로 간주되어야 한다. 그러나 자유롭고 공정한 선거만으로는 충분하지 않다. 이를테면 20년 임기의 대표자를 선출하는 경우를 상상해 보라. 시민들이 의제에 대한 최종 통제권을 갖기 위해서는 선거는 또한 빈번히 이루어져야만 한다.

자유롭고 공정한 선거를 잘 시행할 수 있는 방법은 명료하지 않다. 19세기 말에 비밀투표가 공개적으로 거수하는 투표방법을 대체하기 시작하였다. 아직도 공개투표를 지지하는 사람들이 있기는 하지만 비밀주의가 일반적인 기준으로 자리잡아 왔다. 이것이 광범위하게 침해되고 있는 국가는 자유롭고 공정한 선거가 결여된 국가라고 평가받을 것이다. 그러나 공정성의 기준을 가장 잘 충족시키는 투표제도의 종류에 대한 논의는 계속되고 있다. 대부분의 민주주의 국가에서 채택되어 있는 것과 같은 비례대표제(PR)가 영국이나 미국에서 쓰이고 있는 단순다수대표제(First-Past-the-Post)보다 더 공정한 것인가? 우리가 제10장에서 이 문제로 다시 돌아갈 때 보게 되듯이 양 제도에 대한 합리적 논변이 이루어질 것이다. 그러나 상이한 투표제도에 관한 논의를 함에 있어서는 공정한 제도가 필요하다는 것을 가정한다. 어떻게 공정성과 다른 합리적 목표들을 잘 성취할 수 있는가 하는 것은 단지 기술적인 문제에 지나지 않는다.

선거는 얼마나 자주 행해져야 하는가? 민주주의 국가들에 있었던 20세기의 관행에 비추어 판단하건대 입법대표를 뽑는 선거를 매년 하는 것은 너무 자주 하는 것이고 약 5년 이상에 한 번 하는 것은 너무 가끔 하는 것이라고 대략 답할 수 있다. 그러나 분명히 민주주의자들은 특정한 시간적 간격을 두는 것과 그러한 간격이 상이한 공직과 상이한 전통적 관행에 따라 얼마나 다양해야 하는가에 대해서는 정당하게 다른 의견을 가질 수 있다. 요는 자주 행해지는 선거 없이는 시민들은 선출된 공직자들에 대한 실질적인 통제권을 상실하게 된다는 것이다.

왜 민주주의 정치체제는 표현의 자유를 필요로 하는가?

우선 표현의 자유는 시민들이 정치생활에 효과적으로 참여하기 위해 요구된다. 시민들이 정부의 행위에 따른 문제들에 대해 자유로이 의사표현을 할 수 없다면 그들이 어떻게 자신들의 견해를 알리고 자신의 동료들과 대표자들이 그 견해를 받아들일 수 있도록 설득할 수 있겠는가? 그리고 그들이 다른 사람들의 견해를 받아들이고자 한다면 그들은 다른 사람들이 이야기하고자 하는 것을 들을 수 있어야 한다. 표현의 자유는 단지 당신이 말할 수 있는 권리만을 뜻하진 않는다. 이것은 또한 당신이 다른 사람들이 이야기하고자 하는 것을 들을 수 있는 권리도 의미하는 것이다.

정부의 있을 법한 행동과 정책에 대한 개명된 이해력(*enlightened*

understanding)을 갖기 위해서도 역시 표현의 자유가 필요하다. 시민적 적성의 획득을 위해서도 시민들은 자신들의 견해를 피력할 기회를 갖는 것, 다른 사람으로부터 배우는 기회를 갖는 것, 토론에 참여하여 숙고할 기회를 갖는 것, 읽고, 듣고, 전문가들이나 정치 후보자들, 그리고 자신의 판단들을 신뢰하는 사람에게 질문할 수 있는 기회를 갖는 것, 그리고 표현의 자유에 따라 다른 방법들을 배울 수 있는 기회를 갖는 것이 필요하다.

마지막으로 표현의 자유가 없다면 시민들은 정부가 내리는 결정들의 의제에 영향을 미칠 수 있는 능력을 곧 상실하게 될 것이다. 침묵을 지키는 시민은 권위주의적 통치자의 완벽한 신민이라고 할 수 있다. 그들은 민주주의에 큰 재앙이 될 것이다.

왜 민주주의 정치체제는 선택 가능하고 독자적인 정보원을 용이하게 접할 수 있는 것을 필요로 하는가?

몇 가지의 기본적 민주주의의 기준에서 볼 때 표현의 자유와 마찬가지로 선택의 여지가 있고 상대적으로 독자적인 정보원이 요구된다. 개명된 이해력이 필요하다는 점을 생각해 보라. 정부가 정보의 모든 중요한 원천들을 통제한다면 쟁점들을 이해하기 위해 필요한 정보를 시민이 어떻게 취득할 수 있을 것인가? 혹은 그 문제에 관해서 만약 단일의 단체가 정보의 공급을 독점한다면? 그래서 시민은 정부의 통제 하에 놓여 있거나 여타 집단이나 여타 관점에 의해 지배되지 않은 선택의 여지가 있는 정보의 원천에 접근할 수 있어야 한다.

아니면 효과적 참여(*effective participation*)와 공공의 의제(*public agenda*)

에 영향을 미치는 것에 대하여 생각해 보라. 만약 시민이 얻는 모든 정보가 단일의 원천, 예컨대 정부나 혹은 그 문제에 관하여 단일의 정당, 정파, 이해관계에 의해 제공된다면 시민이 어떻게 정치생활에 효과적으로 참여할 수 있겠는가?

민주주의 정치체제는 왜 자주적인 결사체를 필요로 하는가?

우리가 일찍이 보았듯이 정치적 결사체들-즉 이익집단, 로비조직, 정당-의 필요성을 받아들이려 생각하는 쪽으로 급진적인 방향선회가 있었다. 그렇다고 하더라도 만약 거대한 공화국에서 대표자를 선출하는 것이 필요하다면 선거에서 어떠한 경쟁이 이루어질 수 있겠는가? 정당 같은 조직을 만드는 것은 하나의 집단을 분명히 선거에서 유리하게 한다. 그리고 한 집단이 그 유리한 것을 얻고자 한다면 그 정책에 반대하는 다른 집단들도 그렇게 하지 않겠는가? 그리고 왜 정치적 활동이 선거가 없는 기간에 멈추겠는가? 입법가들은 영향을 받게 된다. 즉 여러 가지 이유들이 개진되고, 정책들이 촉구되며, 지위들이 추구된다. 그래서 작은 도시나 마을과는 다르게 한 국가 내의 대규모 민주주의에서는 정치적 결사체를 필수적이고 바람직한 것으로 만든다. 어떤 경우든 통치함에 있어 시민들의 효과적인 참여라는 기본적 권리를 약화시키지 않고는 어떻게 그것들의 활동을 방해할 수 있겠는가? 따라서 거대한 공화국에서는 그것들은 필수적인 것이며 바람직한 것일 뿐만 아니라 불가피한 것이다. 독자적인 결사체는 또한 시민을 교육하고 계몽시키는 원천(*a source of civic education and enlightenment*)이다. 그것들은 시민들에게 정보를 제공할 뿐만 아니라 토론, 숙고, 그리고 정치적 기술을 획득할 수 있는 기회도 제공한다.

민주주의 정치체제는 왜 융합적 시민권을 필요로 하는가?

그 답은 물론 마지막 장의 결론을 끌어낸 이유들에서 찾아질 수 있다. 그것들을 여기서 다시 반복할 필요는 없다.

우리는 이 장에서 기술되고 표-4에 요약되어 있는 정치제도들을 여러 가지 관점에서 볼 수 있다. 그 제도들 가운데 한 가지 혹은 그 이상이 결핍되어 있어 그만큼 아직 민주화되지 않은 국가를 위하여서는 기본적인 정치제도들에 대한 지식을 갖는 것이 대의 민주주의로 완전히 이행하게 하는 전략을 고안하는 데 도움을 줄 수 있다. 대의 민주주의체제로의 이행이 갓 이루어진 국가를 위해서 그러한 지식은 우리에게 강화되고, 심화되며 공고화되어야 할 필수적 제도들에 관한 정보를 제공해 줄 수 있다. 그러한 제도들은 현대 대의 민주주의(다두 민주주의체제)에 필수적인 것이기 때문에, 그러한 제도들의 존재는 최소 수준의 민주화(*minimum level for democritization*)를 이루는 것으로 볼 수 있다.

민주주의체제로의 이행이 몇 세대 전에 일어났고 표 4에 열거한 정치제도들이 이제는 확고히 자리잡은 좀 더 오래된 민주주의 국가에서 살고 있는 우리와 같은 사람들은 종류가 다르나 똑같은 정도로 어려운 도전에 직면하고 있다. 민주화에 필수적인 것이라 하더라도 그 제도들은 제4장에서 기술했고, 표 4에서 열거한 민주주의의 기준을 완전히 성취하는 데 충분한 것은 확실히 아니다. 그렇다면 우리는 이러한 기준들에 비추어 우리의 민주적 제도들을 평가해야 할 자유와, 그리고 실제로 의무가 있는 것은 아닌가?

민주주의의 기준에 비추어 판단해 보건대 우리가 갖고 있는 현행 정치제도들이 많은 문제점들을 보이고 있다는 것은 다른 많은 사람들에게와 마찬가지로 나에게도 분명한 것 같다.

결과적으로 비민주주의 국가에서는 민주주의 정치체제로의 이행을 가져오는, 그리고 새로이 민주화된 국가에서는 민주적 제도들을 공고화시키는 전략이 필요한 것같이, 좀 더 오래된 민주주의 국가에서도 과연 어떻게 현재의 민주주의 수준을 넘어설 수 있는지 생각해 볼 필요가 있다.

이 문제를 이렇게 다뤄 보자. 많은 국가에서의 과제는 민주주의를 다두 민주주의(polyarchal democracy)의 수준으로 끌어올리는 민주화를 달성시키는 것이다. 그러나 좀 더 오래된 민주주의 국가의 시민이 도전해야 하는 것은 그들이 다두 민주주의를 뛰어넘는 수준의 민주주의를 어떻게 달성할 수 있는가 하는 것을 발견하는 일이다.

제9장

다양한 형태들 I
-상이한 규모의 민주주의

상이하고 다양한 민주주의체제는 존재하는가? 그렇다면 그것들은 어떠한 것인가? '민주주의'와 '민주적'이라는 단어는 차별 없이 말해지고 있기 때문에, 『거울을 통하여(*Through the Looking Glass*)』에 나오는 험티 덤티(Humpty Dumpty)의 견해를 소개하고자 한다.

> 험티 덤티는 약간 냉소적인 어조로 말했다.
>
> "내가 하나의 단어를 사용할 때, 그것은 내가 뜻하고자 하는 바를 의미하는 거야. 더도 덜도 아니고."
>
> 앨리스(Alice)가 말했다.
>
> "문제는 네가 단어들을 아주 다른 여러 가지 것들을 의미하게끔 할 수 있느냐 하는 거야."
>
> 험티 덤티가 말했다.

"문제는 어떤 것이 그 중 정통한 것이 될 것이냐지. 그게 다야."

그러나 용어는 중요하다

우리가 앨리스의 견해를 받아들인다면 모든 사람은 어떠한 정부-심지어는 독재 정부조차-도 민주주의라고 자유롭게 부를 수 있게 된다. 그러한 일은 여러분이 상상하는 것보다 더 자주 일어난다. 권위주의적 지도자들은 가끔 그들의 체제가 진정 다른 부류의 체제보다도 월등한 특정 형태의 '민주주의'라고 주장한다. 예를 들어 레닌(V. I. Lenin)은 한때 다음과 같이 주장한 바 있다. "프롤레타리아 민주주의체제는 어떤 부르주아 민주주의체제보다도 100만 배 이상 더 민주적이다. 소비에트 정부는 가장 민주적인 부르주아 민주주의체제보다 100만 배 이상 더 민주적이다."[28] 이 말은 소비에트를 60년 이상 통치해 온 전체주의 정권의 기반을 세우는 데 있어 가장 중요한 설계자 역할을 한 사람에게서 나온 것이다.

이와 같은 허구적인 이야기들은 2차 세계대전 동안과 그 후에 소련 지배하에 떨어진 중부 유럽과 동부 유럽에 세워진 고도로 권위주의적인 '인민민주주의체제'(people's democracies)의 지도자들과 선동가들에 의해 또한 만들어졌다.

하지만 우리는 왜 자신들이야말로 진정한 민주주의자라고 하는 독재자들의 주장을 비겁하게 받아들여야 하겠는가? 그 주인이 우긴다고 해서

---

28 Lenin, *The Proletarian Revolution and the Renegade Kautsky*(November 1918); Jens A. Christophersen의 *The Meaning of "Democracy" as Used in European Ideologies from the French to the Russian Revolution*(Oslo: Universitetsvorlaget, 1966) 중 260쪽에서 인용.

코브라가 비둘기가 되진 않는다. 한 국가의 지도자들이나 선동가들이 뭐라 한다 해도 그 국가가 민주주의체제에 필수적인 정치제도를 모두 갖고 있을 경우에 한해서만 우리는 그 국가를 민주주의적인 국가라고 판단할 자격이 있다.

그러면 이는 민주주의의 기준은 앞 장에서 기술한 다두 민주주의체제(polyarchal democracy)의 정치제도들을 모두 갖출 경우에 한해서만 충족된다는 것을 의미하는가? 반드시 그런 것은 아니다.

- 다두 민주주의의 제도들은 대규모 체제, 특히 국가의 정부를 민주화시키는 데 필수적이다. 그러나 그 제도들은 좀 더 작은 규모(혹은 좀 더 큰 규모) 단위의 민주주의체제나 혹은 국가로부터 독립적이어서 시민사회의 형성에 기여하는 좀 더 작은 결사체에는 전혀 부적합하거나 불필요할 수 있다(이 점에 대하여 곧 좀 더 논의할 것이다).
- 다두 민주주의체제의 제도들은 앞 장에서 일반적인 용어로 기술되었다. 그러나 민주주의 국가들은 그 국가들이 갖고 있는 특정 정치제도, 즉 선거제도, 정당체제 등에서 상당히 그리고 중요한 점에서 다양함을 보일 수 있지 않겠는가? 우리는 다음 두 장에서 이 변형들을 고려하겠다.
- 다두 민주주의체제의 제도들이 필수적이기 때문이라는 것이 그 제도들이 민주주의를 위해 충분하다는 것을 뜻하지는 않는다. 그렇지만 이 제도들은 제4장에서 기술된 민주주의의 기준을 어느 정도 만족스럽게 충족시킬 것이다. 그러나 아마 추가적인 다른 제도들이 한 국가가 하나 혹은 그 이상의 이러한 기준들을 더욱 완벽하게 성취

하는 데 도움을 줄 수 있는 것이 가능하지 않을까?

민주주의: 그리스 대 현대

만약 민주주의체제에 필요한 정치제도들에 선출직 대표자를 포함시켜야 한다면 도시국가의 정부에 민주주의라는 용어를 처음 적용한 그리스인에 대해서 무슨 이야기를 할 수 있을까? 만약 우리가 레닌이나 무솔리니, 그리고 20세기에 볼 수 있었던 여타의 반민주주의자와 마찬가지로 그리스인들이 그 용어를 단순히 잘못 사용했다고 결론짓는다면, 우리들이 갖고 있는 현재의 시각을 시대착오적인 어리석은 것으로 밀어내 버리는 것이 되지 않겠는가? 요컨대 민주주의(*democracy*)라는 용어를 처음 만들어 내어 사용한 사람들은 그들이지 우리가 아니다. 아테네가 민주주의체제였다는 것을 부정하는 것은 초창기의 비행기가 오늘날의 것과 닮지 않았다고 해서 라이트 형제(the Wright brothers)가 발명한 것이 비행기가 아니라고 하는 것과 같을 것이다.

과거의 용법에 적당한 관심을 기울이면서 계속 나아가면 아마도 우리는 용어를 제공했을 뿐만 아니라 그 용어가 무엇을 의미했는가에 대한 구체적 실례들을 제공한 사람들로부터 민주주의에 대해 무언가를 배울 수 있을 것이다. 가장 잘 알려진 예인 그리스의 민주주의체제, 즉 아테네 민주주의체제를 조사해 보면 우리가 갖고 있는 현재 형태와는 다른 두 가지 중요한 차이점을 곧 발견하게 된다. 우리가 논의한 바와 같이 오늘날 대부분의 민주주의자들은 하나의 체제가 버젓한 민주주의체제라면 그리스인들에게는 용인되지 않았던 민주주의 기준의 하나, 즉 융합(inclusion)이라는 기준을 충족시켜야만 된다고 주장할 것이다. 우리는 또한 민주주의체제를 위해서 그리스인들이 불필요할 뿐만 아니라 전혀 바람직하지 않다고 본 정치적 제도, 즉 법률을 입안할 수 있는 권한을 갖는 대표자들의 선거를 추가시켜 왔다. 그들이 만든 정치체제는 원시적 민주주의(primary democracy), 집회 민주주의(assembly democracy), 혹은 주민회합 민주주의(town meeting democracy)라고 말할 수 있다. 그러나 분명히 그들은 오늘날 우리가 이해하는 것으로서의 대의 민주주의체제(representative democracy)를 만들지는 않았다.[29]

집회 민주주의 대 대의 민주주의

우리는 대의제 민주주의(representative democracy)의 정당성을 받아들임에 익숙해져 있기 때문에, 왜 그리스인들이 그토록 집회 민주주의(assembly democracy)에 열성적이었는가를 이해하기 어렵다. 그러나 최근까지도 『사회계약론(*On the Social Contract*)』이 출간된 1767년의 장 자크 루소에 이르기까지 많은 다른 민주주의 옹호자들은 자신들은 이해하고 있는 것으로 생각했다. 아니면 그 밖에도 연방정부(*federal government*)하에서는 자신들이 스스로를 통치할 수 없다고 믿었기 때문에 새로운 미국 헌법을 반대했던 반연방주의자, 스위스 캔톤의 시민들과 오늘날에 이르기까지 주민회합을 빈틈없이 지켜 온 버몬트(Vermont)주 마을의 시민들, '참여 민주주의'

29 제2장에서 내가 언급했듯이, 그리스인들은 공동방어를 위한 몇몇 도시들로 구성된 원시적인 대의정부를 '민주적'이라 보지 않았다. 그것은 그 어떤 경우도 훗날 대의정부의 발전과는 무관한 것이었다.

(participatory democracy)가 대의제를 대체해야 함을 격렬히 요구했던 1960년대와 1970년대의 미국 학생들, 그리고 시민집회에 의한 민주적 통치의 덕목들을 계속적으로 강조하는 여타의 많은 사람들에 이르기까지 말이다.

자신들의 역사를 알고 있는 집회 민주주의의 옹호자들은 민주주의 장치로서의 대의제도가 어두운 과거를 가지고 있다는 것을 인지하고 있다. 제2장에서 보았듯이 그것은 민주주의적 관행으로서가 아니라 비민주주의 정부-주로 군주국-들이 특히 전쟁 수행을 위해 원했던 비싼 재원이나 여타 자원에 손을 댈 수 있도록 한 하나의 장치로서 유래된 것이다. 기원상 대의제도는 비민주주의적이다. 그것은 후에 민주주의 이론과 실제에 이식된 비민주주의적 제도이다.

민주주의로서의 자격을 결하고 있는 이 제도에 대하여 그들이 갖고 있는 충분한 근거가 있는 의심에 더하여 대의제도를 비판하는 사람들은 좀 더 근본적인 논점을 갖고 있다. 마을과 같은 작은 정치적 단위에서는 회합 민주주의가, 대규모 단위의 대의 정치체제는 마련해 줄 수 없는, 스스로를 통치하는 과정에 참가할 수 있는 바람직한 기회를 시민들에게 허용해 준다.

제4장에서 기술한 민주주의체제의 이상적 기준의 하나인 결정에 효과적으로 참여하는 기회를 생각해 보라. 대중집회에 모인 시민에 의해서 통치되는 작은 단위에서는 참가자들이 중요하다고 생각하는 문제들을 논의하고 논쟁을 벌일 수 있고, 찬성과 반대 의견을 들은 다음에 결심할 수 있으며, 자신들 앞에 놓인 문제들에 대하여 직접 표결할 수 있고, 그래서 결과적으로 선거구 주민의 목표나 이익보다는 자신들의 목표나 이익에 더욱 영향을 받을 수 있는 대표자들에게 중대한 결정을 위임할 필요가 없게 된다.

이러한 명백한 이점들이 주어진다면 왜 태생적으로 비민주적인 정치제도를 수용하기 위해 민주주의에 대한 오랜 이해를 재구성해야 하는가?

이미 존재했던 대의제도

보통 역사는 부분적인 대답을 제공한다. 대표자를 선출하는 관행이 이미 존재했던 국가에서 민주적 개혁가들은 눈부신 기회를 보았다. 그들은 대의제도가 그 기원이 의심스러우며 편협되고 배타적인 선거권에 기초하고 있었음에도 불구하고 폐기할 필요가 없음을 알았다. 그들은 선거기반을 확대함으로써 입법부나 의회가 민주주의를 목적에 봉사하는 진정한 대의체로 전환시킬 수 있다고 믿었다. 그들 중 몇몇은 민주주의체제 장래에서 심도 있고 눈부신 변화는 대의제도 안에 있음을 보았다. 전임자인 몽테스키외에 대한 비판으로 토머스 제퍼슨에게 큰 영향을 미친 18세기의 프랑스 사상가인 트라시(Destutt de Tracy)는 의기양양하게 말했다. "대의제도, 혹은 대의정부는 몽테스키외 시대에는 알려지지 않았던 새로운 발명품으로 간주될 수 있다. 대의제 민주주의는 오랫동안 그리고 광범위한 영토에 걸쳐서 적용될 수 있다."[30]

1820년에 존 스튜어트 밀은 '대의제도'를 '현대의 거대한 발견'이라고 묘사하였다.[31] 새로운 발명품, 거대한 발견—이 용어들은 전통적인 민주주의 사상 속에 있는 현혹시키는 것들을 던져 버리고, 민주주의라는 고목에

---

30 Destutt de Tracy, *A Commentary and Review of Montesquieu's Spirit of Laws*(Philadelphia: William Duane, 1811), 19; Adrienne Koch의 *The Philosophy of Thomas Jefferson*(Chicago, 1964) 중 152, 157쪽에서 인용.

31 George H. Sabine의 *A History of Political Theory, 3d ed.*(New York: Holt, Rinehart and Winston, 1961) 중 695쪽에서 인용.

대의제라는 중세의 관행을 접목시킴으로써 새로운 종류의 민주주의를 탄생시킬 수 있음을 보았을 때 민주적 개혁가들이 느꼈던 다소의 흥분을 되찾게 하는 데 도움을 준다.

그들은 옳았다. 본질적으로 확장시키는 과정은 결국에 융합적인 대중(inclusive demos)에 기반을 둔 대의정부로 이어졌으며, 그리하여 현대적 의미의 민주주의를 이루는 데 도움을 주었다.

그런데 대의제가 갖고 있는 상대적인 불이익이 있음에도 왜 민주적 개혁가들은 그것을 전부 거부하고, 대신에 예컨대 그리스형 인민집회 형태의 직접 민주주의를 선택하지 않았을까? 이러할 가능성을 옹호하는 몇몇이 있었지만, 대부분의 민주주의체제 옹호자들은 미국헌법의 틀을 세운 사람들과 같이 자신들이 민주화시키기를 원하는 정치단위가 집회 민주주의를 하기에는 지나치게 방대했다고 결론짓고 있다.

재논의: 규모와 민주주의에 대하여

규모는 중요하다. 정치단위에 속해 있는 사람의 수와 영토의 크기는 모두 민주주의의 형태를 결정짓는 데 있어 중요하다. 잠시 당신을 민주화시키고자 하는 비민주적 정부를 갖고 있는 국가의 민주적 개혁가라고 상상해보라. 비록 그것들 각각이 충분히 작아서 시민들이 집회에서 자신들의 주권을 행사하기 위해 자주 모일 수 있을지라도 당신은 당신의 국가를 수십 개나 수백 개의 소국가로 분할하는 것을 원하지는 않을 것이다. 집회를 갖기에는 당신의 국가 시민의 수가 너무나 많고, 또 그에 더하여 그들이 영토상에 아주 널리 퍼져 있어서 어려움 없이는 모두가 만날 수 없다(고 상상해 보라). 당신은 무엇을 할 수 있겠는가?

아마도 오늘날에는, 그리고 미래에는 점점 더 거대한 지역으로 널리 퍼져 있는 시민들을 '만나게' 하여 쟁점들을 토의하게 하고 표결할 수 있게 만드는 전자통신 수단을 채택함으로써 영토로 인해 발생하는 문제들을 해결할 수도 있을 것이다. 그러나 시민들을 전자로 '만나게' 하는 것과 거대한 수의 시민이 부과하는 문제를 해결하는 것은 별개의 것이다. 다소의 제한을 뛰어넘어 비록 전자적인 것일지라도 그들 모두를 만나게 하여 결실이 풍부한 토론에 종사하도록 주선하는 시도는 어리석은 짓이 될 것이다.

어느 정도 큰 것이 집회 민주주의를 하기에 곤란할 정도로 지나치게 큰 것인가? 어느 정도 작아야 충분하게 작은 것인가? 최근의 학술적 산정에 의하면 그리스 도시국가의 성인 남자 시민의 수는 전형적으로 2,000명에서 1만 명 사이였다 - 이는 몇몇 그리스 정치 이론가의 견해에서 볼 때 훌륭한 도시국가(polis) 또는 자치 도시국가에 적절한 수였다. 그러나 아테네에서는 시민집단이 그것보다 훨씬 컸다 - 아마 기원전 450년경 아테네 민주주의가 최고조에 달했을 때 약 6만 명 정도였다. "그 결과는 아테네가 하나의 도시국가로서 적절히 기능하기에는 솔직히 시민을 너무 많이 가지고 있었다는 것이었다."고 한 저술가는 기록하고 있다. 한 세기 후에 이민, 전쟁과 질병으로 인한 사망, 그리고 시민권을 추가적으로 제한한 결과로 그 수가 반으로 줄어들 수 있었으나 집회에 그 작은 일부분보다 많은 아테네 남성을 수용하기에는 이 수도 여전히 많은 것이었다.[32]

---

32 인용문과 아테네 시민들에 대한 수치는 J. A. Crook가 번역한 *The Athenian Democracy in the Age of Demosthenes: Structure, Principles, and Ideology*(Oxford: Blackwell, 1991) 중 53~54쪽에서 따온 것이다. 나머지 도시들에 대한 수치는 John V. Fine의 *The Ancient Greeks: A Critical History*

약간의 계산만 해봐도 시간과 수로 인한 냉혹한 결과가 드러나게 된다. 예를 들어 보건대 딱 열 명의 위원만이 있는 아주 작은 단위인 위원회에서 시작한다고 가정해 보라. 각각에게 현안 문제에 대하여 토론하는 데 적어도 10분을 주는 것이 적절하다고 생각하자. 그러면 회합을 갖는 데 한 시간 40분이 필요할 것인데, 이는 위원회 위원들이 회합을 위해 소비하기에 그리 부당할 정도의 시간은 아니다. 그러나 그 주제가 너무나 복잡한 것이어서 위원회 위원들이 각기 30분 정도 필요하다고 가정해 보라. 그러면 다섯 시간짜리 회합, 또는 아마 두 번의 회합을 계획하는 것이 필요할 것인데—이것도 여전히 받아들일 수 있는 양의 시간이다.

그러나 대단히 큰 위원회일지라도 소규모의 시민집회밖에 안 될 수 있다. 예를 들어 전체 인구가 200명이며, 모두가 집회의 회합에 참석하는 성인의 인구가 100명인 인구를 가진 마을을 고려해 보라. 각자에게 총 10분이 주어진다고 가정해 보라. 그것에 알맞는 시간으로 여덟 시간짜리 이틀이 필요하게 되는데, 이는 불가능한 것은 아니나 해내기는 분명히 쉽지 않을 것이다. 각각의 시민들이 참여하는 데 딱 10분 준다는 가정에 잠시 머물러 보자. 수가 커질수록 사태는 더욱더 우스꽝스럽게 될 것이다. 1만 명의 완전한 시민들이 있는 '이상적인 도시국가'에서 필요한 시간은 참을 수 있는 한도를 훨씬 넘어서게 된다. 시민 각자에게 10분을 할당하면 여덟 시간짜리 200일 이상의 회합일이 필요하게 된다. 30분씩 시간을 할당하면 거의 2년간의 지속적인 회합이 필요하게 된다(표-6).

주민회합에 거의 익숙지 않은 그 어느 누구도 알듯이 모든 시민이 발

(Cambridge: Belknap Press of Harvard University Press, 1983)로부터 따온 것이다.

표-6 참여 민주주의의 값비싼 대가

인원수	각자가 다음의 시간을 갖는 경우 필요한 총 시간					
	10분			30분		
	분	시간	8시간짜리 날짜 수	분	시간	8시간짜리 날짜 수
10	100	2		300	5	
20	200	3		600	10	1
50	500	8	1	1,500	25	3
500	5,000	83	10	15,000	250	31
1,000	10,000	167	21	30,000	500	63
5,000	50,000	833	104	150,000	2,500	313
10,000	100,000	1,667	208	300,000	5,000	625

언하기를 원한다고 가정하는 것은 물론 어리석은 일이다. 전형적으로 소수의 사람들이 거의 모든 발언을 한다. 나머지 사람들은 여러 가지 이유 중의 어느 하나 때문에 삼간다. 그들이 발언하고자 하는 것이 이미 적절히 다루어졌기 때문에, 혹은 그들이 이미 결심했기 때문에, 또는 무대 공포증, 적당치 않다는 생각, 당면한 주제에 대한 절박한 이해의 결핍, 불완전한 지식 등으로 삼간다. 소수의 사람들이 토의를 이끌어 나갈 때 나머지 사람들은 경청하며(또는 경청하지 않거나), 그리고 표결할 시간이 되면 그들은 표결을 한다(또는 하지 않거나).

게다가 많은 토론과 조사는 다른 곳에서 이루어지기도 한다. 표-6에서 필요로 하는 많은 시간들은 여러 가지 형태의 비공식 자리에서 공공문제를 논의하는 데 실제로 사용된다. 그렇기 때문에 표-6을 지나치게 단순한 생각으로 하나의 방법으로만 읽어서는 안 된다. 그렇지만 모든 합당한 조건을 갖추고 있음에도 불구하고, 집회 민주주의는 몇 개의 심각한 문제점이 있다.

- 참여의 기회는 시민집단의 규모에 따라 급격히 감소한다.
- 발언자를 경청함으로써 좀 더 많은 사람들이 참여할 수 있더라도 단 하나의 회합에서 자신의 의견을 연설로 표현할 수 있을 것으로 생각되는 참여자의 최대 인원수는 대단히 적다. 아마도 100명보다 훨씬 적을 것이다.
- 이러한 완전한 참여자는 표결의 경우만 예외로 사실상 다른 사람들의 대표자가 되는 것이다(그러나 이 예외는 중요한 것이며, 이 논의로 곧 되돌아오겠다).
- 그렇기 때문에 집회 민주주의에 의해 통치되는 단위에서도 사실상의 대의제도가 존재하기 쉽다.
- 그렇지만 전적으로 참여하는 자들이, 참여하지 않는 나머지의 대표자라고 확신시켜 주는 것은 아무것도 없다.
- 대표자를 선택하는 만족할 만한 제도를 마련하기 위하여 시민들은 그들의 대표자들을 자유롭고 공정한 선거를 통하여 선출하는 것을 합리적으로 선호한다.

대의제 정부의 민주주의적 한계

대의제도는 장점들을 가지고 있는 것처럼 보인다. 아니면 가지고 있는 것일까? 시간과 수를 결합시키는 데서 오는 아이러니는 그것이 양자에게 균등하게 득이 되지 않는다는 것이다. 즉 그것이 대의 정치체제가 갖고 있는 중대한 민주적 결함을 순식간에 나타내 보인다. 표-6과 연산으로 돌아가서 우리가 지금 각각의 시민들이 자신들의 대표자를 간단히 만나는 데 필요한 시간을 계산한다고 가정해 보라. 표-6은 대의정부에서의 참여 가능성에 대한 아찔한 예를 제공한다. 선출된 대표가 대표자의 선거구에 있는 각각의 성인 시민과 문제를 토론하는 데 10분 정도를 소비한다고 상상해 보자. 우리는 여행시간과 기타의 업무수행 등은 무시하기로 한다. 선거구에 표-6이 보여 주는 가장 큰 수인 1만 명의 성인 시민이 있다고 가정해 보자. 증명되어야 할 것이지만, 대표자는 선거구 주민과의 회합에만 1년의 반 이상을 써야만 할 것이다. 미국에서는 미국의회 하원의원은 평균 40만 이상의 성인 인구가 있는 선거구에서 선출된다. 선거구의 주민 각자에게 단 10분씩 바치는 미국의 하원의원은 다른 것을 위해서 쓸 시간을 전혀 가질 수 없게 된다. 만약 그들이 1년에 매일 하루 여덟 시간을 직무에 쓴다면 20년 이상, 혹은 대부분의 의원이 의회에 이제껏 재임하던 기간보다 더 오랜 기간인 열 번의 임기가 필요하게 된다.

집회 민주주의, 혹은 대의 민주주의? 소규모 민주주의, 혹은 대규모 민주주의? 어떤 것이 더 나을까? 어떤 것이 더 민주적일까? 각각의 것들을 열정적으로 옹호하는 사람들이 있다. 방금 본 것처럼 각각의 장점을 보여 주는 강력한 사례들을 들 수 있다. 그러나 다소 인위적이고 우스꽝스러운 계산을 통하여 시민의 참여에는 양자 모두에게 별 차이 없이 적용될 수 있는 냉혹한 한계가 있음을 보았다. 어느 것도 참여하는 행위에 필요한 시간과 참여할 수 있는 자격이 있는 시민들의 인원수 간의 상호작용으로 설정된 통과 불가능한 경계를 빠져 나갈 수 없다.

시간과 수의 법칙(the law of time and numbers)

민주적 단위에 시민들이 많이 있으면 있을수록 정부결정에 직접적으로 참여할 수 있는 시민은 점점 줄어들고 점점 더 그들은 다른 사람들에게 권위를 위임해야 할 것이다.

민주주의의 근본적인 딜레마

배후에 숨겨져 있는 것은 민주주의의 근본적인 딜레마이다. 만약 우리의 목표가 시민들이 정치적 결정에 참여할 수 있는 최대한의 기회를 제공하려는 민주주의 정치체제를 수립하는 것이라면, 소규모 정치체제의 집회 민주주의가 분명히 유리하다. 그러나 우리의 목표가 시민에게 아주 크게 관련된 문제를 효과적으로 다루기 위한 최대한의 범위를 제공하려는 민주주의 정치 체계를 수립하는 것이라면 대의제도가 필수적인 대단히 큰 규모의 단위가 유리하다. 이것이 시민참여와 체제의 효율성 사이에 나타나는 딜레마이다.

민주적 단위가 작으면 작을수록 시민참여의 잠재적 가능성은 점점 증가할 것이고, 시민이 정부결정을 대표에게 위임해야 할 필요는 점점 줄어들 것이다. 단위가 크면 클수록 시민에게 중요한 문제를 다루는 능력은 점점 증대될 것이고, 시민이 대표에게 결정을 위임할 필요도 점점 증대된다.

나는 이 딜레마에서 우리가 어떻게 빠져 나와야 하는지 알지 못한다. 그러나 우리는 빠져 나올 수는 없다고 할지라도 그 딜레마와 맞설 수는 있다.

작은 것이 아름답다, 때로는

모든 다른 인류의 행위에서와 마찬가지로, 정치체제는 그 자신의 가능성을 반드시 실현시키지는 못한다. 『작은 것이 아름답다』(*Small Is Beautiful*)

라는 하나의 책제목이 시각의 핵심을 끄집어내고 있다.[33] 물어 볼 것도 없이 이론상 작은 정치체제는 큰 체제가 경쟁할 수 없는 높은 수준의 시민참여를 달성할 가능성이 있다. 그러나 그것들은 종종, 아마도 대개는, 그것들이 갖고 있는 잠재력을 이루어 내지 못한다.

뉴잉글랜드주의 작은 마을 몇 군데의 주민회합은 한계와 가능성의 좋은 예를 제공해 준다. 대부분의 뉴잉글랜드 주에서는 전통적인 주민회합이 선출된 대표로 구성된 입법기관으로 대부분 혹은 전부 대체되었으나, 주로 농업이 주업인 버몬트주에서는 주민회합은 여전히 존재하고 있으며 잘 활성화되고 있다.

버몬트 주 주민회합을 연구하였던 한 호의적인 관찰자인 동시에 참여자는 1970년과 1994년 사이에 1,215회의 주민회합이 주민 4,500명 이하인 210개의 버몬트주의 마을에서 개최되었음을 발견하였다. 1,129개의 이러한 주민회합에 대한 기록에 근거하여 그는 다음과 같은 결론을 내렸다.

> "각 회합에서 가장 많이 참석했을 때 참석한 사람들의 수의 평균은 139명이었다. 이들 중 평균 45명이 적어도 한 번은 참석하였다. 마을 유권자의 평균 19%가 주민회합에 참석할 것이며 마을 유권자의 7%(참석자의 37%)가 적어도 한 번 발언할 것이다. 발언한 사람들의 대다수는 한 번 이상 발언할 것이다. 평균적으로 회합은 거의 네 시간의 토의시간이 걸린다. 그것은 참가자 각자에게 2분 14초의 시간을

---

33 E. F. Schumacher, Small Is Beautiful: *A Study of Economics as If People Mattered*(London: Blond and Briggs, 1973).

줄 만큼의 시간이다. 물론 참석한 것보다는 훨씬 적은 수의 사람들이 발언하기 때문에 각각의 발언자가 쓸 수 있는 시간은 거의 정확히 평균 5분이다. 반대로 참석자보다 4배 정도의 더 많은 참여가 있다면 평균적 주민회합은 각자의 참여 행위에 1분 20초를 주게 된다."[34]

주민회합이 참여 민주주의의 정확한 본보기는 아닌 것으로 보인다. 그러나 그게 전부는 아니다. 시민들은 다루어야 할 이슈가 사소하거나 논쟁적이 아닌 것임을 알 때에는 집에 머무를 것이다. 왜 안 그렇겠는가? 그러나 논쟁적인 이슈는 그들을 밖으로 끌어낸다. 코네티컷 주에 있는 나의 마을은 전통적인 주민회합을 대부분 그만두었지만, 나는 시민들이 첨예하게 나누어져 고등학교의 강당이 넘칠 정도의 많은 수—즉 첫 번째 회합에 참석할 수 없어서 두 번째 회합에 참석하도록 되어 있었던 사람들의 수가 첫 번째 회합에 참석한 사람의 수와 거의 같았던 정도의 수—가 나타났었던 문제들을 기억해 낼 수 있다. 버몬트 주에서처럼 주민회합에서의 토론은 교육받고 부유한 사람들에 의해 지배되지 않는다. 자신이 발언권을 갖고 있다는 것에 대한 강한 신념과 결단은 결코 단일의 사회경제적 집단에 의해 독점되지 않는다. 그것이 갖고 있는 모든 한계점에도 불구하고 집회 민주주의는 논의되어야 할 것이 많다.

---

34 Frank M. Bryan, "Direct Democracy and Civic Competence," *Good Society* 5, 1(Fall 1995): 36~44.

그러나 큰 것이 더 낫다, 때로는

제2장에서 본 바와 같이 그리스인들은 그 딜레마에서 빠져 나오지 못했다. 우리가 아는 바와 같이 작은 국가의 약점은 대국과 직면하게 될 때 갖게 되는 군사적 약세이다. 자신들의 독립을 지키는 데 아테네인이 영리하고 용감했음에도 불구하고 그들은 기원전 322년 마케도니아의 필립의 우세한 힘에 의해 패배당한 것과 그에 따라 몇 세기 동안 외세 지배하에 떨어졌던 것을 막을 수 없었다. 일단 중앙집권화된 국가가 부상하기 시작하면 남아 있는 도시국가들은 멸망하게 되어 있다. 최후의 거대한 도시국가 공화국인 베니스는 저항도 해보지 못하고 1797년에 나폴레옹 보나파르트의 지배하에 떨어졌고 후에 전혀 독립하지 못했다.

최근의 세기들, 특히 20세기에 들어 집회 민주주의를 하기에 충분할 정도로 작은 자치단위들은 군사적인 문제에서뿐만 아니라, 경제적 문제, 교통, 운송, 커뮤니케이션, 사람과 상품의 이동, 건강, 가족계획, 농업, 식량, 범죄, 교육, 시민권, 정치적 권리, 인권과 많은 다른 관심을 기울이는 문제들을 다루는 데 있어서 능력이 제한되어 있음이 계속 나타났다.

급격히 그리고 영구적으로 세계의 인구를 줄이고 선진기술의 파괴를 가져오는 세계적인 대변혁이 없는 상태에서, 모든 대규모 정치 단위가 소멸되어, 시민들 스스로가 전적으로 집회 민주주의라는 형태의 체제 아래 그들 자신을 스스로 통치할 수 있고 또 스스로를 통치하도록 선택할 수 있을 정도로 적은 인구를 가진(예컨대 기껏해야 5,000명 이하의) 완전히 독립적인 정치단위들로 모두 대체되는 세계를 기대하는 것은 불가능한 일이다. 문제를 더 어렵게 만드는 것은 작고 완전히 독립된 단위로 구성된 세계는 확실히 불안정적이 될 것이라는 점인데, 이는 그러한 세계는 서로 연합하고 군사적 공세에 참가하며 작은 단위를 차례로 솎아 내어 결국 집회정치를 하기에는 너무 큰 체제를 창출할 소수의 단위들로 구성될 것이기 때문이다. 이 새롭고 큰 단위를 민주화하기 위해서 민주적 개혁가들(또는 혁명가들)은 대의제 민주주의를 다시 고안해 내야 될 것이다.

어두운 면: 엘리트들 간의 거래

모든 이점에도 불구하고 대의 정치제제는 어두운 면을 갖고 있다. 대부분의 민주주의 국가의 시민들은 그것을 인지하고 있다. 왜냐하면 그것을 대의제도의 대가로 받아들이기 때문이다.

어두운 면이란 이것이다. 대의 정치체제하에서 시민들은 종종 특별히 중요한 결정사항에 대해 막대한 재량권을 위임한다. 그들은 선출된 대표뿐 아니라, 훨씬 보다 간접적이고 우회적인 방법으로 행정가, 관료, 공직자, 판사, 넓게는 국제적 조직에까지 그들의 권위를 위임한다. 정치 엘리트와 관료 엘리트 사이의 거래(*bargaining among political and bureaucratic elite*)라는 비민주적 과정이 시민들이 정부의 결정과 행동에 영향을 미치는 데 도움을 주는 다두 민주주의체제의 제도와 밀착되어 있다.

원칙적으로 엘리트 간의 거래는 민주적 제도와 과정을 통해서 만들어진 한계 안에서 일어난다. 그러나 이 한계들은 종종 광범위하고, 대중의 참여와 통제가 언제나 건실한 것만은 아니며, 정치 엘리트와 관료 엘리트는 큰 재량권을 가지고 있다. 대중적 통제에 한계가 있음에도 불구하고 민주적 국가의 정치 엘리트들은 독재자가 아니며, 따라서 통제 밖에 있는 것은 아니다. 그것과는 거리가 멀다. 주기적 선거는 그들로 하여금 여론에 당장 응할 수 있는 시야를 갖게 한다. 게다가 그들이 결정을 내릴 때 그들은 서로에게 영향을 주고 견제를 하게 된다. 엘리트들 간의 거래는 상호견제와 균형의 체제를 가지고 있다. 선출된 대표자가 거래의 과정에 참여하는 만큼 그것들은 정부결정에 포함할 대중의 요구나 목표, 가치가 정부의 결정으로 들어가게 되는 통로가 된다. 민주주의 국가에서의 정치 엘리트와 관료 엘리트는 권한이 막강하며, 일반시민보다 훨씬 막강하다. 그러나 그들은 독재자는 아니다.

국제조직은 민주적일 수 있는가?

지금까지 우리는 국가나 민족국가보다 작은 단위에 있어서의 민주주의 체제의 가능성에 대해서 알아보았다. 그러나 큰 규모의 단위, 또는 적어도 매우 다른 규모를 갖는 국제조직(international organization)은 어떨까?

지난 20세기 동안 민주국가들은 점점 더 경제적, 문화적, 사회적, 정치적, 관료적, 군사적 부분에서의 국제화의 영향에 대해 느꼈다. 민주주의를 위해 미래에는 어떤 것을 보유하게 될까? 만약 독립국가의 정부들이 많은 권력을 어떤 종류의 국제정부에 넘겨주게 된다면 민주주의 과정이 국제적 수준으로 끌어올려지지 않을까? 만약 그렇다면 현재 출현하는 국제정부가 민주화될 때 민주적 가치는 약화되지 않을 것이며 심지어 더 강화될 수도 있다.

역사에서 유추해 볼 수 있다. 제2장에서 본 바와 같이 민주주의의 이상과 실천에 대한 근원지는 도시국가였다. 그러나 도시국가는 민족국가의 증대되는 힘을 견디지 못했다. 도시국가는 인지될 수 있는 실체로 존재하지 않거나, 혹은 아테네와 베니스의 경우처럼 국가정부에 종속적인 지역정부가 되었다. 그러면 21세기에는 국가정부가 좀 더 민주적인 국제정부에 종속적인 지역정부처럼 되지 않을까?

요컨대 더 작은 지역적 정부들이 국가정부로 종속되는 것이 민주주의의 끝은 아니었다고 말할 수 있다. 반대로, 국가정부의 민주화는 민주주의의 영역을 거대하게 확장했을 뿐만 아니라 마을, 도시, 캔톤(canton), 주(state), 주(province), 지역(region) 등과 같은 하위단위에서의 민주적 과정들을 위한 중요한 장소가 되도록 하였다. 그래서 이러한 견지에서 도전은 국제화의 과정을 정지시키는 것이 아니며, 이는 불가능한 일이다. 도전은 국제조직들을 민주화하는 것이다.

이러한 예상이 민주주의에 높은 가치를 두는 사람들에게 호소력이 있는 것일지라도 유감스럽게도 나는 그것이 지나치게 낙관적이라는 결론을 내릴 수밖에 없다. 민주적 제도와 관행이 오랫동안 존재해 왔고 잘 정비된 국가에서조차 시민이 대외문제에 관한 많은 주요한 결정들을 효과적으로 통제하는 것은 극도로 어려운 일이다. 더욱이 그들이 국제조직에서 그렇게 하는 것은 훨씬 더 어렵다.

유럽연합이 이에 대한 생생한 증거를 보여 주고 있다. 유럽연합에는 보통선거와 의회와 같은 민주적 제도가 공식적으로 자리잡고 있다. 그러나 모든 관찰자들은 실상 거대한 '민주적 결함'이 있다는 것에 동의한다. 중대한 결정은 주로 정치 엘리트와 관료 엘리트 사이의 거래를 통해 이루어진다. 제약은 민주적 절차에 의해서 이루어지는 것이 아니라 주로 협상가들이 다른 협상가들의 동의를 얻게 만드는 것에 의해, 그리고 국내시장과 국제시장에 미칠 결과 등의 고려하에 이루어진다. 흥정, 위계질서, 그리고 시장이 결과를 결정한다. 결과에 대한 승인을 제외하고 민주적 과정은 거의 역할을 하지 못한다.

만약 민주적 제도가 유럽연합을 통치하는 데 있어 대체로 비효과적이라면 다른 국제체제의 민주화에 대한 전망은 훨씬 더 어려워 보인다. 민주주의 국가 내에 이미 존재하는 수준과 비슷한 대중통제의 수준에 도달하고자 한다면 국제조직은 현재 민주주의 국가 내에서 다루어지고 있는 것뿐 아니라 몇몇의 다른 문제들도 해결해야만 할 것이다. 정치 지도자들은 민주적 국가 내에 이미 존재하고 있는 것들과 대략 같은 정도의 효과성이 있는 정치참여, 영향력, 그리고 통제 등의 기회를 제공하는 정치적인 제도들을 만들어야만 한다. 이 기회들을 이용하려면 시민들은 현재 자신들의 국가에서 정부의 결정에 대하여 관심을 기울이고 정보를 갖는 만큼 국제조직의 정책결정에 대해서도 관심을 기울이고 정보를 제공받을 수 있어야 한다. 시민들이 정보를 제공받기 위해서는 정치 엘리트와 커뮤니케이션 엘리트가 공적 논쟁과 대중의 주의와 정서를 끌 수 있는 방법으로 대안에 대한 토론에 참가할 필요가 있다. 공적 논쟁을 보장하기 위해서는 국가 수준에서 공직을 추구하는 정당이나 개인들의 정치적 경쟁에 상응하는 국제적 수준에서의 정치적 경쟁을 창출할 필요가 있다. 선출된 대표자들 또는 그들의 기능을 수행하는 자들은(그들이 누구이든지 간에) 민주주의 국가에서 입법부와 행정부가 현재 하는 것과 마찬가지로 중요한 국제적 관료들을 통제할 필요가 있다.

가상적인 국제시민단체의 대표자들을 각기 다른 국가의 국민 사이에서 어떻게 배분하여야 할 것인가도 문제가 된다. 인구의 크기에 있어 국가들

간에 큰 차이가 있는 점을 고려해 보면, 어떠한 대의제도도 각각의 시민에게 동등한 비중을 두는 투표권을 줄 수 없고, 대국이 꾸준히 투표에서 소국을 이기는 것을 막을 수 없을 것이다. 마찬가지로 소국이 수락할 만한 모든 해결책들은 인구가 많은 국가들의 구성원들에 대하여 정치적 평등을 보장하지 못하게 될 것이다. 미국이나 다른 연방체제와 같은 받아들여질 만한 해결책들은 유럽연합의 경우가 말해 주듯이 이럭저럭 마련될 수도 있을 것이다. 그러나 어떠한 타협에 도달한다고 하더라도 이는 쉽게 국제적 긴장의 원천이 될 수 있는데, 이는 공동의 일체감이 결여된 상태에서 두드러질 것이다.

긴장은 발생하기 쉬운데 이는, 내가 언급한 바와 같이, 국가적 민주주의 정치체제에서 내리는 대부분의 결정이 일부 사람의 이익에는 유해한 것으로 보일 수밖에 없는 것처럼 국제조직에서도 이러한 현상은 발생하기 때문이다. 어떤 결정을 내리는 것에서 오는 가장 무거운 부담은 특정의 집단, 지역, 혹은 국가가 짊어지게 될 것이다. 이러한 긴장을 극복하는 데 있어 특정의 제도를 지탱해 주는 정치문화가 도움이 될 것이며, 이는 실제 필요한 것이다. 그러나 정치문화를 발전시키는 데에는 시간이 걸리며, 아마도 여러 세대가 소요될 것이다. 게다가 만약 정책결정들이 패배자들에게도 널리 수용되고 시행되도록 하려면 일부 민주주의 국가 내에 존재하는 것에 상응하는 공동의 일체감(common identity)이 발전되어야 할 것이다.

나는 국제조직을 민주화시키는 데 필요한 이러한 중요한 조건들이 모두 충족될 것이라고는 보지 않는다. 만약 조건들이 충족되지 않는다면 어떤 과정을 통해 국제적 결정이 이루어질 것인가? 그것들은 내 생각에 주로 행정수반, 장관, 외교관, 정부나 비정부 관료조직의 구성원, 경영지도자 등과 같은 정치 엘리트와 관료 엘리트 사이의 거래에 의해 만들어질 것으로 보인다. 민주적 과정이 엘리트들 간에 거래가 이루어지는 외적인 제약을 설정함에도 불구하고 국제체계에서의 정치적 행위를 '민주적'인 것으로 부르기 위해서는 그 용어들에서 모든 의미들을 없애야 할 것이다.

민주주의 국가 안에서의 건전한 다원주의 사회

민주주의가 국제적인 수준까지 끌어올려질 것 같지는 않지만, 모든 민주주의 국가는 작은 단위를 필요로 함을 명심하는 것은 중요하다. 현대 국가에서 이것들은 매우 다양하다. 가장 작은 민주국가조차 자치정부를 필요로 한다. 더 큰 규모의 국가에서는 구역(district), 카운티(county), 주(state), 주(province), 지역(region) 등과 같은 다른 것들을 가지게 된다. 세계적 규모로 보아 한 나라가 아무리 작더라도 일련의 많은 독자적인 결사체와 조직, 즉 다원적인 시민사회를 필요로 한다.

국가와 사회의 작은 결사체들—노동조합, 경제기업체, 전문화된 이익단체, 교육조직 등을 어떻게 지배하는 것이 최선인가에 대해서는 하나의 답이 없다. 민주적 통치는 어떤 결사체에서는 정당화되지 않을 수도 있다. 능력에서 두드러진 차이를 보인다면 민주주의 기준이 충족되어야 할 정도에 대하여 타당한 제한을 부여할 수도 있다. 그리고 심지어 민주주의가 정당화된 곳에서도 단 한 가지 형태만이 필연적으로 최선의 것이 되는 것은 아니다.

그러나 그것이 다원적 시민사회의 국가이든, 그 하부단위이든, 혹은 독립된 결사체이든, 어떠한 통치조직도 그것의 비민주적 측면에 대하여 도전받지 않고 지나쳐서는 안 된다. 민주주의 원칙은 우리가 어떤 결사체의 정부에 대해서도 물을 만한 질문들을 제공해 준다.

- 결정에 도달함에 있어 그 결사체의 정부는 이들 결정에 의해 영향받는 모든 사람들의 선과 이익을 동등하게 고려했음을 보증하는가?
- 결사체에 소속되어 있는 어느 누구보다도 통치를 하는 데 분명히 더 좋은 자격을 갖추고 있어서 결사체를 통치하는 완전하고 최종적인 권위를 위임받아야 할 사람이 있는가? 만약 없다면 결사체를 통치하는 데에 있어 단체의 구성원을 정치적으로 동등하게 간주해서는 안 될까?
- 구성원이 정치적으로 동등하다면 결사체의 정부는 민주주의 기준을 만족시키는 것이 아닌가? 만약 그렇다면 결사체는 효과적 참여, 투표의 평등, 판단력 있는 이해의 획득, 그리고 의제에 대한 최종적 통제를 행사할 수 있는 기회를 어느 범위까지 구성원에게 제공해야 하는가?

거의 모든, 아마도 모든 조직에는 민주주의를 위한 얼마간의 여지가 있다. 그리고 대부분의 모든 민주주의 국가에도 좀 더 나은 민주주의를 위한 상당한 여지가 있다.

제10장

다양한 형태들 II
-헌법

민주주의에 다양한 스타일과 형태가 있는 것처럼 민주적 헌법도 다양한 유형과 형태들이 있다. 그러나 여러분은 민주국가에서의 헌법의 차이가 그렇게 중요한 문제냐고 물을지도 모른다. 대답은 예, 아니오, 그리고 아마도인 것으로 보인다. 이유를 설명하기 위해서 나는 좀 더 오래된 민주주의 국가들, 즉 기본적 민주주의제도들이 1950년경 이래 계속 존재해 왔던 총 22개국(오스트레일리아, 오스트리아, 벨기에, 캐나다, 코스타리카, 덴마크, 핀란드, 프랑스, 독일, 아이슬란드, 아일랜드, 이스라엘, 이탈리아, 일본, 룩셈부르크, 네덜란드, 뉴질랜드, 노르웨이, 스웨덴, 스위스, 영국, 미국)의 헌법적 경험을 끌어내는 데에서 시작하고자 한다.[35]

---

35 Arend Lijphart의 *Democracies: Patterns of Majoritarian and Consensus Government in Twenty-One Countries*(New Heaven and London: Yale University Press, 1984)에서 38쪽의 표 3-1을 보라. 나는 그 목록에 코스타리카를 추가하였다.

그것들에 나타나는 변형은 가능성의 범위에 대한 아이디어를 제공하는 데 충분하다. 그러나 새로이 민주화된 국가의 헌법제도가 중요하지 않은 것이 아니다. 실제로 그 국가들의 헌법제도는 민주주의가 성공하기 위한 결정적인 요인이 될 수 있기 때문에 훨씬 중요하다.

헌법(constitutions)과 헌법 제도(constitutional arrangements)에 대하여 서술함에 있어 나는 이 용어들을 선거제도나 정당제도처럼 헌법에 명시되어 있지 않은 중요한 관행들을 포함할 수 있는 넓은 의미로 사용하고자 한다. 그렇게 하고자 하는 까닭은 다음 장에서 분명해질 것이다. 그러면 민주적 헌법에서의 중요한 변형들은 무엇이며, 또 그것들은 얼마나 중요한 것인가?

헌법적 변형

성문화(written)되어 있는가, 불문화(unwritten)되어 있는가?

불문헌법이란 것은 용어 자체가 모순인 듯 보이지만 몇 개의 국가에서는 비록 그것이 국가의 헌법으로서 채택된 단일문서로 규정되어 있지 않음에도 불구하고 잘 형성된 제도와 관행이 헌법체계를 구성하는 것으로 이해되고 있다. 오래된 민주주의 국가(그리고 확실히 새로 형성된 민주주의 국가)에 있어 불문헌법은 영국, 이스라엘,[36] 뉴질랜드의 세 가지 예외적인 경우에서와 같이 매우 드문 역사적 상황의 결과이다. 그러나 성문헌법의 채택은

36 헌법기관인 의회에 의해 이루어지는 일련의 법률제정을 통하여 이스라엘은 헌법제도를 성문법으로 바꾸고 있었다.

표준적 관행이 되어 왔다.

권리장전(bill of rights)은?

헌법은 명시적인 권리장전을 포함하고 있나? 다시 말해 명시적인 헌법적 권리장전은 오래된 민주주의 국가에서 보편적인 것이 아님에도 불구하고 현재 표준적인 관행이 되고 있다. 역사적인 여러 이유와 성문법이 부재했던 까닭에 영국은 특별한 예외가 되었다(그러나 그 아이디어에 대하여 상당한 지지는 존재한다).

사회·경제적 권리(social and economic rights)는?

미국헌법과 오래된 민주주의 국가에서 19세기 이래로 살아남은 헌법들은 사회·경제적 권리들[37]에 대해 명시적으로 언급하지 않는 것이 일반적임에도 불구하고, 2차 세계대전 이후 채택된 헌법들은 대개 사회·경제적 권리들을 포함하고 있다. 하지만 (때로는 매우 길게) 규정되어 있는 사회·경제적 권리들은 상징적인 것에 지나지 않는다.

연방제(federal)인가, 단일제(unitary)인가?

연방제(federal system)에서 특정의 작은 영토적 단위들－주(state), 주(province), 지역(region)－은 영속성과 상당한 정도의 권위가 보장된다. 단일제(unitary systems)에서는 그것들의 존재와 권위는 국가정부의 결정에

37 몇몇 사회·경제적 권리는 노예제를 폐지하는 13번째 수정헌법과 같이 미국헌법에 직접적으로 추가되었거나 수정헌법의 입법적, 그리고 사법적 해석을 통하여 추가되었다.

달려 있다. 22개의 오래된 민주주의 국가들 중 단 6개국만이 엄격한 연방제이다(호주, 오스트리아, 캐나다, 독일, 스위스, 미국). 이 6개국 모두에서 연방주의는 특별한 역사적 상황의 결과이다.[38]

단원제인가, 양원제인가(unicameral or bicameral legislature)?

양원주의(bicameralism)가 우세했음에도 이스라엘은 제2의 원을 가진 적이 없고 1950년 이후 스칸디나비아의 4개국과 핀란드, 뉴질랜드는 상원을 폐지하였다.

사법심사제도(judicial review)은?

대법원은 입법부에 의해 적법하게 제정된 법률의 위헌여부를 선언할 수 있는가? 위헌법률심사로 알려진 이 관행은 연방제와 더불어 민주주의 국가의 표준적 특징이 되어 왔으며, 이는 국가의 헌법이 주(state), 주(province), 혹은 캔톤에서 입법된 법률의 상위에서 효력이 있는 것이 되기 위해서는 필요한 것으로 보인다. 그러나 보다 관련이 있는 쟁점은 법원이 국회에 의해 제정된 법률의 위헌여부를 공포할 수 있느냐이다. 스위스에서는 사실상 사법심사제도을 오직 캔톤 입법에만 한정시키고 있다. 하지만 방금 본 바와 같이 대부분의 민주주의 국가는 연방제 국가가 아니며, 단원제 체제에서도 그 반수 정도만이 여하한 형태의 사법심사제도을 가지고 있다. 게다가 사법심사제도이 존재하는 나라 가운데서도 법원이 이 권력의 행사를 시도하는

---

38 Lijphart, *Dmocracies*, tables 10.1 and 10.2, 174, 178. 지방분권으로 인해 벨기에는 합리적으로 그 목록에 덧붙여질 수 있다. 또 다른 헌법적 제도와 함께 '연방제'와 '단일제'의 범주 안에는 중요한 변형이 포함된다.

범위는, 대법원이 때때로 막강한 권력을 휘두르는 미국과 같은 극단적인 경우에서부터 사법부가 의회의 결정을 상당히 존중하는 국가에 이르기까지 다양하다. 캐나다는 흥미로운 경우이다. 연방제 체제인 캐나다는 주와 연방의 법률 모두에 대하여 위헌여부를 선포할 권위가 부여된 대법원을 갖고 있다. 그러나 주의 입법부와 연방의회는 문제된 법안을 재표결로 통과시킴으로써 법원의 결정을 무효화시킬 수 있다.

법관의 재임기간은 평생보장인가, 제한된 기간인가?

미국에서는 연방(즉 국가) 법원의 법관들에게는 헌법규정에 의해 평생재임이 보장된다. 법관의 평생재임보장이 갖는 이점은 법관들을 정치적 압력으로부터 훨씬 독립적일 수 있게 해준다는 점이다. 그러나 법관들이 사법심사제도 또한 가지고 있다면 그들의 판결이 대중이나 입법부 내의 다수파의 지지를 더 이상 받지 못하는 낡은 이데올로기의 영향을 반영할 수도 있다. 따라서 1933년에서부터 1937년 사이에 있었던 프랭클린 루스벨트 대통령 영도하의 대개혁 동안의 미국에서 종종 그랬던 것처럼 개혁을 방해하기 위해서 사법심사제도을 이용할 수도 있다. 미국의 경험을 살펴보고, 일부 민주주의 국가는 2차 세계대전 이후에 제정된 헌법에 사법심사제도을 명시하였는데, 평생재임보장제도(life tenure)를 거부하고 대신에 독일, 이탈리아, 일본에서처럼 비록 길기는 하나 제한된 재임기간(limited terms)을 제공하는 것을 선택해 왔다.

국민투표(referenda)는?

국가적 국민투표는 가능한가? 또는 헌법개정시 국민투표는 가능하며 의무적인 것인가? 스위스는 제한을 가하는 경우를 보여 준다. 거기서는 국가적 이슈에 대한 국민투표는 허용하며, 헌법을 개정하기 위해서는 의무적으로 해야 하며, 또한 빈번하게 일어난다. 다른 하나의 극단적 경우로서, 다른 많은 국가에서는 국민투표가 일반적 것임에도 불구하고 미국헌법은 국민투표에 대하여 규정하고 있지 않다(그리고 한 번도 국가적 국민투표는 이루어진 적이 없다). 그러나 미국과는 대조적으로 오래된 민주주의 국가의 반 이상에서는 국민투표가 적어도 한 번 정도는 있었다.

대통령제인가, 내각책임제인가?

대통령제(presidential system)에서 행정수반은 입법부와 독립적으로 선출되며 중요한 권력이 부여된다. 내각책임제(parliamentary or cabinet system)에서는 행정수반이 의회에서 선출되며 의회에 의해 실각된다. 대통령제의 고전적 예는 미국이고 의원내각제의 대표적 예는 영국이다.

대통령제 정부는 1787년 미국의 제헌회의(the American Constitutional Convention) 대표자들에 의해서 고안되었다. 대부분의 대표자들은 영국의 (불문)헌법이 입법부와 행정부 모두로부터 독립적인, 즉 입법부(의회)가 행정부로부터 독립적이고, 행정부(군주)가 입법부로부터 독립적인 사법부의 '권력의 분립'(separation of powers)에 감탄했다. 비록 대표자들이 영국헌법의 장점들을 모방하고자 하였음에도 불구하고 군주제는 확실히 논외의 것이었다. 그래서 그들은 행정부 문제로 쩔쩔맸다. 적절한 역사적 모델이 남겨져 있지 않았기 때문에 그들은 해결책을 만들어 내기까지 거의 두 달 동안 그 문제와 씨름하였다.

제헌의회가 특별한 헌법적 재능을 갖고 있는 회의체였음에도 불구하고,

시간이 흐르면서 대표자들은 우리 또는 인간의 잘못이 용인될 것 같은 역사적 기록이 보여 주는 것보다 훨씬 큰 통찰력을 갖게 되었다. 많은 발명들처럼 미국 대통령제(혹은 더 정확히 대통령–의회제 presidential–congressional system)의 초안자들은 그들이 만들어 낸 것이 다음 두 세기에 걸쳐서 어떻게 발전하게 될지를 예상할 수 없었다. 그들은 또한 내각책임제 정부가 하나의 대안으로서 더 널리 채택되게 되는 해결책으로 막 발전하게 되리라는 것을 예상할 수도 없었다.

지금 내각책임제 정부는 미국인들 사이에서 고려의 대상이 아니지만 제헌의회가 30년 후에 소집되었더라면 대표자들이 내각책임제를 제안하였을 가능성이 있다. 왜냐하면 그들은(그리고 그 문제에 관해서는 영국의 관찰자들도) 영국의 헌법체계 자체가 빠르게 변화하고 있다는 것을 이해하지 못했기 때문이다. 간략히 말해 그것은 행정에 대한 권한이 군주에게 있지 않고 수상과 내각에게 실질적으로 있는 내각책임제로 발전하고 있었다. 그리고 명목상으로는 군주에 의해 선출되었지만 수상은 사실상 의회(불원간 하원)의 다수당에 의해 선출되고 오직 의회에서 다수파의 지지에 의해서만 직위를 유지한다. 수상은 그 다음 내각의 다른 구성원들을 선택하게 된다. 이 체제는 약 1810년쯤에 자리를 잡았다.

밝혀진 것처럼 민주주의제도들이 19세기에서 20세기 초 동안 발전되어 온 대부분의 오래되고 안정된 오늘날의 민주주의 국가에서는 대통령제 정부가 아닌 의원내각제 정부의 변형들이 헌법제도로 받아들여졌다.

선거제도(electoral system)는?

국가적 입법부의 의석이 선거에서의 유권자의 선호에 비례하여 어느 정도 정확히 할당되었는가? 예를 들면 후보자들이 선거에서 30%를 득표한 정당은 의석의 30% 가까이 얻을 수 있는가? 아니면 단지 15% 정도만을 갖게 되는가? 선거제도는 엄격한 의미에서 '헌법'에 명시될 필요는 없음에도 불구하고, 나는 선거제도는 헌법의 다른 부분과 서로 영향을 주고받기 때문에 헌법체계의 일부로 고려하는 것이 유용하다는 것을 이미 제안한 바 있다. 이 주제에 대해서는 다음 장에서 더 자세히 다루기로 한다.

일련의 대안들을 훨씬 더 확장시켜 볼 수도 있지만 오래된 민주주의 국가들의 헌법제도들은 매우 다양하다는 것을 보여 주는 것만으로 충분하다. 게다가 내가 언급한 변형들은 비교적 일반적인 것이다. 더 구체적인 수준으로 옮겨 관찰해 보면 더 중요한 차이를 발견하게 된다.

그래서 이제 민주주의 국가의 헌법은 중요한 면에서 다르다는 결론을 내릴 수 있다. 그러나 이러한 변형들은 한 헌법을 더 나은 것(better)으로, 또는 더 민주적인 것(more democratic)으로 만들 수 있을까? 이 질문들은 또 다른 질문을 낳는다. 즉 상이한 헌법 간의 어느 것이 상대적으로 바람직하다는 것을 어떻게 평가하는가? 분명히 우리는 어떠한 기준이 필요하다.

헌법이 어떠한 차이를 가져 오는가

헌법은 많은 면에서 한 국가의 민주주의에 중요한 것이다.

안정성(stability)

헌법은 제8장에서 기술한 기본적 민주주의 정치제도에 안정성을 제공하는 데 도움이 된다. 그것은 정치체제에 민주주의적인 틀을 세울 뿐만 아니라 모두에게 필수적 권리들을 보장하며, 기본적 정치제도가 필요로 하는 것들을 보증해 준다.

기본적 권리들(fundamental rights)

헌법은 다수와 소수의 권리를 보호한다. 이 기준이 암암리에 제일 먼저 포함됨에도 불구하고 민주적 헌법에 변형이 많기 때문에 다수파와 소수파 모두를 보증하는 기본적 권리와 의무에 특별한 주의를 기울이는 것이 유용하다.

중립성(neutrality)

헌법은 한 국가의 시민에게 중립적이다. 기본적 권리와 의무를 보증할 뿐만 아니라 헌법제도는 법률을 만드는 과정이 시민이나 또는 일단의 시민집단의 견해나 정당한 이익에 호의를 베풀거나 또는 불이익을 주지 않도록 고안되어야 한다.

책임성(accountability)

헌법은 시민들로 하여금 정치지도자들에게 '합당한' 시간적 간격 내에서 이들의 결정과 행동, 그리고 행위에 대하여 책임을 물을 수 있도록 고안될 수 있다.

공정한 대표(fair representation)

민주주의체제에서는 무엇이 '공정한 대표'의 구성요소인가 하는 것은 부분적으로 다음의 두 가지 기준을 갖추어야 하기 때문에 끝없는 논쟁의 주제이다.

정보에 기초한 합의(informed consensus)

헌법은 시민과 지도자가 법과 정책에 대한 정보에 기초한 합의를 발전시키는 것을 돕는다. 이것은 정치지도자들이 협상, 조정, 그리고 다양한 이익을 조정하는 연합형성에 개입하게 만드는 기회와 유인책들을 만들어 냄으로써 가능하다.

효과적인 정부(effective government)

효과성이란 정부가 시민이 중요하다고 생각하는 주요 쟁점과 시민이 직면하고 있는 문제들을 다루기 위하여, 그리고 정부의 행위가 적절한 것이라고 믿게 하기 위하여 행동하는 것을 의미한다. 효과적인 정부는 전쟁에 의해 야기된 큰 비상사태의 시기나 전쟁의 위협, 날카로운 국제적 긴장, 심각한 경제적 난관, 그리고 유사한 위기의 시기에 특히 중요하다. 그러나 그것은 또한 주요 이슈가 시민과 지도자의 의제로 대두되는 경우의 일상적인 시기에도 역시 관련이 있다. 확실히 단기적으로 비민주주의적 정부가 민주주의적 정부보다 이 기준을 더욱 만족시킬 때가 있다. 장기적 관점에서 그렇게 될 것인지는 좀 더 의심스럽다. 어떠한 경우든 우리는 민주주의 한계 내에서 기능하는 정부에 관심을 갖는다. 그러한 한계 내에서 주요 이슈에 직면할 때 오래가는 교착상태, 지연, 회피를 약화시키고 그것들을 다루고자 하는 행동을 강화시키는 절차를 갖고 있는 헌법체계를 원하는 것이 합리적으로 보인다.

적절한 결정(competent decisions)

효과적인 정부가 바람직하다 할지라도, 우리는 결정적이고 단호한 정부의 행위를 촉발시키기는 하지만 정부가 국가의제의 긴급한 문제들을 푸는 데 유용한 최선의 지식을 이용하는 것을 어렵게 하는 헌법을 바라지는 않는다. 단호한 행위가 현명한 정책을 대체할 수 있는 것이 아니다.

투명성과 이해 가능성(transparency and comprehensibility)

이 한 쌍의 기준은 정부가 운용되는 것이 대중의 시야에 충분히 개방되어 있고, 시민이 정부가 무엇을 그리고 어떻게 행하는지를 이해할 수 있을 만큼 정부의 운용이 단순해야 함을 의미한다. 이것은 시민들이 정부에서 무슨 일이 벌어지고 있는지를 이해할 수 없거나, 시민들이 정부의 일을 모르기 때문에 특히 선거를 통해 지도자의 책임을 쉽게 물을 수 없을 만큼 복잡하게 구성되어서는 안 된다.

탄력성(resiliency)

헌법적 체계는 새로운 상황에 적용할 수 없을 만큼 문서와 전통으로 엄격히 구성되거나 변함없이 고정될 필요가 없다.

정통성(legitimacy)

앞서의 10가지 기준을 충족시키게 되면 시민과 정치 엘리트들이 헌법의 존속을 보장하는 충분한 정통성과 복종심을 갖게 하는 방향으로 지속적으로 나아가게 될 것이다. 그러나 특정 국가에서는 어떤 헌법상의 제도가 다른 것들보다 널리 퍼져 있는 정통성이라는 전통적 규범과 좀 더 조화를 이룰 수 있다. 예를 들면, 많은 공화주의자에게는 역설적으로 보이겠지만, 국가수반으로서 군주를 유지하고 그러면서 군주제를 다두 민주주주의체제의 필요요건에 적응시킨 것은 스칸디나비아 국가들, 네덜란드, 벨기에, 일본, 스페인과 영국에서 헌법에 부가적인 정통성을 제공해 주고 있다. 대조적으로 대부분의 민주주의 국가에서는 이와 반대로 국가수반으로 군주를 혼합하려는 시도는 널리 퍼져 있는 공화주의의 신념과 충돌을 일으킬 것이다. 그래서 1787년 제헌의회에서 알렉산더 해밀턴에 의해 제안된 평생재임이 보장되는 행정관-즉 선거에 의한 군주-은 거의 토론 없이 거부되었다. 또 다른 대표자인 엘브리지 게리(Elbrdge Gerry)는 "군주제로 가기 위한 모든 접근 시도에 반대하지 않는 시민은 1000분의 1도 안 될 것이다."라고 말한 바 있다.[39]

어느 정도의 차이가 차이를 만들어 내는가

이와 같은 헌법적 차이들이 정말로 중요한 것인가?

이 질문에 대답하기 위해서 22개의 오랜 민주주의 국가에서 보이는 증거에 두 가지 증거를 추가해야 할 필요가 있다. 하나의 경험군은 기본적 민주주의제도가 20세기 후반에 수립되어 유지된 국가들인 '좀 더 새로운'(newer)

---

39 매디슨의 메모에 의하면 1787년 6월 18일 행해진 긴 연설에서 해밀턴은 다음과 같이 언급했다. "행정부에 대해서는, 그 어떤 좋은 것도 공화주의적 원칙에서는 이루어질 수 없다는 것이 인정되어야 할 듯했다. …… 영국식 모델은 주제에 관한 한 유일하게 좋은 모델이었다. …… 입법부의 한 원(院)은 종신제로 하거나 적어도 행위상의 결함이 없는 동안 자리를 유지할 수 있게 합시다. 행정부 역시 종신제로 합시다." Max Farrand가 편집한 *The Records of the Federal Convention of 1787*, vol. 1(New Haven: Yale University Press, 1966)에서 286쪽을 보라. Gerry의 6월 26일자 논평은 425쪽.

민주주의체제들로부터 도출될 수 있다. 또 다른 것은 20세기의 어느 시점에 민주주의제도를 수립했으나 그것이 붕괴되어 마침내는 일정기간 권위주의적 정권에 굴복한 국가들의 비극적이지만 생생한 역사에 있다.

비록 이 세 가지의 거대한 증거의 원천이 완전히 보고되고 분석되지 않았음에도 불구하고, 나는 그것들이 몇몇 중요한 결론들을 도출하고 있다고 믿고 있다.

우선 무엇보다도 앞에서 열거한 헌법적 대안들은 적어도 하나의 안정적인 민주주의체제에서 존재해 왔다. 따라서 많은 상이한 헌법제도들은 제8장에서 기술한 다두 민주주의체제의 기본적 정치제도들과 조화를 이룬다는 결론을 내는 것은 충분히 합리적인 것이며 사실상 논리적으로 필요한 것이다. 다두 민주주의체제의 정치제도는 많은 특정의 형태를 취할 수 있다.

왜 그러한가? (제12장에서 토론된) 기본적 민주주의제도들의 안정성에 매우 유리한 기본 조건들은 이러한 모든 오래되고 고도로 안정된 민주주의 국가에서 광범위하게 존재하여 왔다. 이러한 유리한 조건들이 주어진다면 내가 기술한 것과 같은 헌법적 변형은 기본적 민주주의제도들의 안정성에 큰 영향을 주지는 않는다. 전적으로 그 기준에 의해 판단하면 내가 기술했던 변형들은 중요하게 보이지는 않는다. 그러므로 민주주의 국가들은 넓은 한계 내에서 다양한 헌법의 선택권을 갖는다.

이와 대조적으로 기초적인 조건들이 꽤 불리한 곳에서는 헌법을 어떻게 설계해도 민주주의체제가 유지되는 것은 불가능할 수 있다.

아주 약간 과장해서 우리는 처음의 두 논점을 다음과 같이 요약할 수 있다. 만약 기초 조건들이 매우 유리하다면 국가가 채택하고자 하는 헌법이 어떤 것이든 그 체제는 안정적일 것이다. 그러나 기초 조건들이 불리하다면 어떠한 헌법도 민주주의를 구해 내지는 못할 것이다.

하지만 세 번째의 좀 더 흥미있는 가능성이 있다. 조건이 매우 유리하지도 불리하지도 않는 조건이 혼합되어 있는 국가에서 민주주의는 불가능한 것이 절대로 아니나 그 성공여부는 불확실하며, 따라서 헌법적 설계의 선택이 중요하게 된다. 요약: 만약 기본적인 조건들이 한 국가 내에서 혼합되어 있어 일부는 유리하고 일부는 불리하다면, 잘 설계된 헌법은 민주적 제도의 존속을 도울 것이며, 반면에 졸렬하게 설계된 헌법은 민주적 제도의 몰락에 기여할 것이다.

마지막으로 중요한 것이긴 하지만, 안정성만이 적절한 기준은 아니다. 만약 우리가 다른 기준들에 의해 헌법제도들을 판단하고자 한다면, 민주적 안정성에 매우 유리한 조건을 가진 국가들에서조차 그것들은 중요한 영향을 미치게 될 수 있다. 그리고 그것들은 실제로 영향을 미친다. 헌법제도들은 민주주의 국가의 구체적 정치제도들, 즉 행정부, 입법부, 사법부, 정당체계, 지방정부 등의 형태를 만든다. 이러한 제도들의 형태는 다시 입법부에서의 대표의 공정성, 혹은 정부의 효과성에 중요한 영향을 미칠 것이며, 결과적으로 그것들은 심지어 정부의 정통성에까지 영향을 주기도 한다. 기초조건들이 혼합되어 있고 민주주의적 안정성에 대한 전망이 다소 불투명한 나라에서는 매우 중요하다는 것이 입증될 수 있다.

실제로 이것이 나타나는 사례가 있는데, 그 이유들은 다음 장에서 다룬다.

제11장

다양한 형태들 Ⅲ
-정당과 선거제도

아마도 어떠한 정치제도도 선거제도나 정당제도보다 민주주의 국가의 정치적 지평을 형성하는 데 더 영향을 미치는 제도는 없을 것이다. 또한 어떠한 정치제도도 이것들보다 더 다양한 형태를 띠지도 않는다.

실제로 그 다양성은 너무나 커서 자기 국가의 선거제도와 정당제도에만 친숙한 시민은 다른 민주주의 국가의 정치적 지평을 이해할 수 없거나, 혹은 이해할 수 있다고 해도 피부에 와 닿지는 않는다. 두 개의 주요 정당만이 선거에서 경쟁하고 있는 국가의 시민에게는, 여러 개의 정당들이 난립하고 있는 국가가 정치적으로 혼란한 나라로 비쳐질 수 있다. 그런데 다당제를 갖고 있는 국가의 시민에게는 선택할 정당이 단지 두 개밖에 없다는 것은 정치적 구속으로 비쳐질 수 있다. 만일 이 국가들 중의 어느 시민이 다른 국가의 정당제도를 자세히 살펴보게 된다면 그는 더욱 혼란스러운 차이점을 발견하게 될 것이다.

우리는 이러한 다양한 제도들을 어떻게 설명할 수 있을까? 어떤 선거제도나 정당제도가 다른 제도들보다 더욱 민주적일 수 있거나 혹은 다른 관점에서 보아 더 나은 것일 수 있을까?

선거제도상의 주된 차이점들부터 논의를 시작해 보자.

선거제도

선거제도는 헤아릴 수 없을 만큼 다양하다.[40] 그것이 그렇게 다양한 이유 중의 하나는 어떠한 선거제도도 합리적으로 판단을 가능하게 하는 제반 기준들을 모두 만족시킬 수 없다는 것이다. 일반적인 경우처럼 이들 사이에는 교환관계가 성립된다. 하나의 제도를 선택하는 경우 우리는 몇 가지 가치 있는 것을 만족시킬 수 있지만 이는 다른 가치들을 포기하는 대가로 성취되는 것이다. 왜 그럴까? 간단히 대답하기 위해 많은 가능한 제도들을 두 제도로 축약하여 설명하고자 한다.

비례대표제도(PR)

역사가 깊은 민주주의 국가에서 가장 일반적인 선거제도는 선거에서 하나의 정당에 던져진 전체 투표율과 입법부에서 그 정당이 차지한 의석 비율이 대체로 일치하는 결과가 나오도록 정교하게 고안된 제도이다. 예를 들어

---

40 선거제도의 종류는 한 연구가 보여 주는 것처럼 '무수히' 많다. 동 연구는 "본질적으로 3개의 커다란 범주로 구분되는 9개의 주요 제제로 분리될 수 있다."고 제언한다. Andrew Reynolds and Ben Reilly, eds., *The International IDEA Handbook of Electoral System Design*, 2d ed.(Stockholm: International Institute for Democracy and Electoral Assistance, 1997), 17. 그 '세 개의 큰 범주'는 과반수 이상의 다수대표제, 유사PR제, 그리고 PR제이다. 보다 상세한 내용은 부록 A를 참조하라.

53%를 득표한 정당이 의석의 53%를 차지하게 하는 것이다. 이와 같은 제도를 보통 비례대표제(proportional representation) 혹은 PR제도라고 한다.

단순다수대표(FPTP)제도

PR제도가 공정성이라는 하나의 검정기준에 부합되도록 고안된 것이라면, 아마도 모든 민주주의 국가가 그 제도를 채택할 것이라고 생각할 수도 있다. 그러나 어떤 국가들은 그렇게 하지 않았다. 그러한 국가들은 대신에 최다 득표를 한 정당이 차지하는 의석 비율을 크게 증가시킬 수 있는 선거제도를 유지하고자 해왔다. 예를 들어 앞에서 말했던 53%를 득표한 정당이 60%의 의석을 차지할 수도 있게 하였다. 영국과 미국에서 채택한 이 제도에서는 각각의 선거구에서 단일의 후보자가 선출되며 최다 득표를 한 후보자가 당선된다. 경마경주에 비유되기 때문에 이것은 때때로 결승점을 최초로 통과하는 제도(first-past-the-post system, 짧게 FPTP, 즉 단순다수대표)라 불린다.

용어해설

이러한 제도는 미국에서 종종 다수대표제도로 언급되는데, 이는 다수득표(반드시 과반수 이상의 득표가 아니라)를 획득한 후보자가 승리자가 되기 때문이다. 정치학자들은 종종 그것을 어구에 충실하긴 하지만 지나칠 정도로 부담되는 명칭인 '소선거구 다수대표제도'(single member district with plurality)로 명명하고 있다. first-past-the-post는 영국에서 표준적으로 사용되고 있는데, 본 연구에서 나는 이 용어를 사용할 것이다.

비례대표제도와 단순다수대표제도

내가 이미 지적한 바와 같이 어떠한 선거제도가 선거를 자유롭고 공정하도록 하는 필요조건을 가장 만족시킬 수 있을까 하는 질문에 대한 논쟁은 계속되어 왔다. 그러나 단순다수대표제도에 대하여 비판하는 사람들은 그 제도가 일반적으로 대표의 공정성에 대한 검정기준을 만족시키지 못하며 때때로 대표의 공정성을 심각하게 손상시킨다고 주장한다. 예를 들어 1997년 영국의회 선거에서 노동당은 의회에서 64%의 의석을 차지하였는데, 이는 근대 의회사에서 가장 큰 다수 의석을 차지한 것이었다. 그런데 노동당은 고작 44%만을 득표하여 이러한 의석을 차지할 수 있었다. 31%를 득표한 보수당은 단지 25%의 의석밖에 차지하지 못했고, 유권자의 17%나 되는 지지를 얻었으나 운이 없었던 자유민주당원들은 7%의 의석밖에 차지하지 못하였다(나머지 다른 당의 후보자들은 전체 7%의 득표를 하여 총 의석의 4%를 차지하였다).

정당에 대한 투표율과 그 정당이 차지한 의석 비율 사이에 보이는 이와 같은 차이는 어떻게 생기는가? 10개의 동등한 선거구로 나뉘어 있으며, 각각의 선거구에는 유권자가 입법부에 단 한 명의 대표자를 선출할 수 있는 100명 정도의 인원을 가진 조그만 민주정치체제를 생각해 보자. 이 소규모 민주주의체제에서 510명의 유권자(혹은 51%)가 블루(Blue)당 에 투표하고 490명(혹은 49%)이 퍼플(Purple)당에 투표하였다고 가정해 보자. 여기서 (비록 이럴 경우는 거의 없지만) 각 정당에 대한 지지도가 이 소민주주의체제 전반에 걸쳐 동일하게 나오는 경우, 즉 10개의 선거구 각각에 우연히도 51명의 블루당 지지자와 49명의 퍼플당 지지자가 있을 경우를 상상해 보자. 선거결과는 어떻게 될까? 블루당이 모든 선거구에서 승리하여 100% 의석을 차지하게 되어 10:0이 되는 '절대다수당'이 될 것이다(표-7, **예1**). 그 체제를 국가 전체를 포함하는 규모로 확장시키고 선거구의 수도 늘려 볼 수도 있다. 결과는 같을 것이다.

우리가 분명히 알 수 있는 것은 어떤 민주주의 국가도 이러한 조건하에 단순다수대표제도를 존속시키지는 않을 것이라는 것이다. 이렇게 기괴한 결과들－즉 완벽하게 비민주적인 결과들－이 초래되는 것을 막을 수 있었던 것은 정당에 대한 지지도가 국가 전체적으로 볼 때 균등하게 분포되어 있지 않다는 점에 있다. 즉 어떤 선거구에서는 블루당이 유권자의 65% 정도를 가질 수 있고, 반면에 다른 선거구에서는 단지 40%만을 가질 수도 있으며, 이를테면 퍼플당이 나머지 60%를 가져갈 수도 있을 것이다. 즉 선거구에서는 전국적인 평균을 둘러싸고 다양한 양상이 나타난다. 표-7, 예2의 가상적인 예시를 보라.

그렇다면 단순다수대표제도가 허용될 만한 대표의 공정성을 가져올 수 있게 하기 위해서는 정당에 대한 지지도가 국가 전체에 걸쳐 균등하게 분포되어 있지 않아야만 한다는 것이 명백해진다. 거꾸로 말하면 투표지지도가 보다 균등하게 분포되게 되면 될수록 그만큼 득표와 의석(득표율과 의석점유율) 사이의 괴리는 더욱더 커질 것이다. 그러므로 1997년도 영국의 경우에서 나타나는 바와 같이 한 나라 안에서 지역적 차이가 줄어들게 된다면 단순다수대표제도에 기인하는 왜곡현상은 증가된다.

만일 그렇다면 왜 단순다수대표제도를 채택하고 있는 민주주의 국가들이 선거제도를 PR제도로 바꾸지 않는가? 그 이유 중 하나는 영국이나 미국과 같은 나라에 있어서 역사와 전통을 무시할 수 없다는 점이다. 이 제도는 이들 나라에서 대의제 정부의 초기부터 일반화되었다. 미국이 그 대표적인 예이다. 미국식 단순다수대표제도는 본질적으로 소수 종족인 아프리카계 미국인이 주 의회와 연방정부의 하원에 공정하게 대표될 수 있는 기회를

표-7 단순다수대표 선거제도의 가상적인 예시

각각 100명씩의 유권자가 있으며, 두 개의 정당(블루당과 퍼플당)으로 나누어진 10개의 선거구가 다음과 같이 있다.

예1 정당지지율이 동일하다.

선거구	득표 수		차지한 의석 수	
	블루당	퍼플당	블루당	퍼플당
1	51	49	1	0
2	51	49	1	0
3	51	49	1	0
4	51	49	1	0
5	51	49	1	0
6	51	49	1	0
7	51	49	1	0
8	51	49	1	0
9	51	49	1	0
10	51	49	1	0
전 체	510	490	10	0

예2 정당지지율이 동일하지 않다.

선거구	득표 수		차지한 의석 수	
	블루당	퍼플당	블루당	퍼플당
1	55	45	1	0
2	60	40	1	0
3	40	60	0	1
4	45	55	0	1
5	52	48	1	0
6	51	49	1	0
7	53	47	1	0
8	45	55	0	1
9	46	54	0	1
10	55	45	1	0
전 체	502	498	6	4

박탈하는 결과를 가져올 수 있다. 아프리카계 미국인 유권자가 주 의회나 의회에서 최소한 몇 명의 대표자를 가질 수 있도록 하기 위해 입법기관들과 법관들은 때때로 아프리카계 미국인이 과반수를 형성할 수 있도록 선거구획을 정교하게 정하기도 했다. 그 결과로 나타난 선거구의 모습은 때때로 지리, 경제, 역사와는 아무런 관계도 없었다. 비례대표제도하에서는 만약 아프리카계 미국인들이 아프리카계 미국인 후보자에게 투표하기로 선택한다면 그들은 자신들의 수에 비례하여 대표될 수 있다. 즉 유권자의 20%가 흑인인 주에서, 그들이 그렇게 하기로 선택한다면, 분명히 의석의 20%를 아프리카계 미국인들로 충당할 수 있을 것이다.

그러나 만약 그렇다면 왜 비례대표제도가 그 해결방안으로 채택되지 않았던 것일까? 이는 주로 비례대표제도에 대한 적대감이 미국 내에 너무 널리 퍼져 있어서, 어떤 의원이나 법관도 인종적 게리맨더링에 대한 대안으로서 비례대표제도를 심각하게 고려하지 않고 있기 때문이다.

용어해설

게리맨더링(gerrymandering), 또는 순전히 정치적 목적을 달성하기 위한 선거구의 분할은 미국의 오랜 관행이다. 이것은 헌법제헌의회의 대표로 우리가 이미 살펴본 바 있는 엘브리지 게리(Elbridge Gerry)로부터 따온 명칭이다. 게리(Gerry)는 매사추세츠주의 주지사로 선출된 후, 1812년에 주의회의 의원을 선출하는 선거구획을 다시 확정하여 민주당원들이 과반수 의석을 유지할 수 있게 해주었다. 누군가가 한 선거구가 도롱뇽(salamander) 모양으로 구획이 그어져 있다는 사실을 알리자, 한 비평가가 그것은 'Gerrymander'를 더욱 닮았다고 언급하였다. 후에 gerrymander하다라는 동사형을 포함하여 gerrymander라는 용어는 미국 어휘로 사전에 수록되었다.

단순다수대표제도를 선호하는 역사적 편견은 그러나 보다 합리적인 논변에 의해서 유지되고 있다. 그것을 지지하는 사람들의 견해에 따르면, 선거에서 승리한 정당이 입법부에서 차지하는 의석을 증폭시키는 경향을 갖고 있는 단순다수대표제도는 두 가지의 바람직한 결과를 낳는다.

양당제도와 다당제도

단순다수대표제도는 엄밀히 말하면 이 제도가 제3의 정당들을 불리하게 만들며, 그렇게 함으로써 양당제도(two-party system)를 만들어 내는데 도움을 주기 때문에 자주 옹호된다. 대조적으로 비례대표제도를 시행함으로써 얻게 되는 보통의 결과는 다당제(multiparty system)이다. 특이하게도 영어권의 민주주의 국가에서 양당제는 훨씬 높은 평가를 받고 다당제는 이에 대응하여 혐오되고 훼손당하고 있다. 어떤 것이 더 나을까?

양당제와 다당제의 상대적인 장점을 둘러싸고 수많은 논쟁이 있어 왔다. 일반적으로 말해서 각각이 갖는 이점은 그것의 단점을 반영하고 있다. 예를 들어 양당제의 한 가지 장점은 유권자들이 선택할 수 있는 것을 두 가지로 단순화해 줌으로써 유권자들에게 보다 적은 부담을 준다는 것이다. 그러나 비례대표제도를 옹호하는 관점에서 보면 이렇게 가능한 대안들을 과감히 축소시키는 것은 유권자의 선택의 자유를 심각하게 손상시키는 것이다. 선거는 완전히 자유로우나 그것이 소수대표권을 무시하는 것이기 때문에 분명코 공정하지 못하다고 그들은 말할 것이다.

효과적인 정부

양당제를 옹호하는 사람들은 단순다수대표제도의 훨씬 더 좋은 결과 때문에 또한 그 제도를 지지한다. 선거에서 승리한 정당이 입법부의 과반수 이상의 의석을 차지하도록 증폭시킴으로써 단순다수대표제도는 소수당들이 다수당의 프로그램–혹은 다수당의 지도자가 주장하는바 "인민의 위임권"(popular mandate)–을 수행하는 것을 방해할 수 있는 연합을 형성하는 것을 더욱 어렵게 한다. 입법부에서 자신의 당원들로 과반수 이상을 확보한 당의 지도자는 자기 당원 몇 명이 그 반대당에 동조하여 배반할지라도 여유 있는 투표수를 확보하고 있는 경우가 보통이다. 그래서 단순다수대표제도는 정부가 효과성의 기준(the criterion of effectiveness)을 충족시키는 데 도움을 준다고 주장된다. 반면에 몇몇 나라에서는 비례대표제도가 의회에서 너무 많은 경쟁적이고 이해가 상충되는 정당들과 정당연합의 생성을 촉진하여 다수 연합의 형성을 매우 어렵게 하며 불안정하게 만든다. 결과적으로 정부의 효과성은 크게 감소된다. 이탈리아는 종종 그러한 예로 이야기된다.

그러나 단순다수대표제도의 옹호자들이 종종 간과하는 것은 비례대표제도를 갖고 있는 몇몇 나라에서도 흔히 두 개 또는 세 개의 정당연합으로 구성되어 있는 의회 내의 안정된 다수파에 의해서 광범위한 개혁 프로그램들이 입법되어진다는 사실이다. 실제로 네덜란드와 스칸디나비아 반도의 여러 국가들과 같이 비례대표제도를 채택하고 있는 민주주의 국가들은 안정을 겸비하면서 실용적인 개혁이 이루어지고 있는 진정한 모델들이다.

민주적 헌법을 위한 몇 가지 기본 선택들

이제 우리는 새로운 헌법을 구상하거나 현존하는 헌법을 재구성하는 작업이 경솔하게 다뤄져서는 안 된다는 이유를 알 수 있다. 그 작업은 외계의 공간을 탐사하기 위해 탐사 비행선을 설계하는 것만큼이나 어렵고 복잡하다. 분별 있는 사람이라면 아마추어에게 비행선을 설계하는 작업을 맡기지 않는 것처럼, 헌법의 뼈대를 만드는 작업 역시 국가의 가장 뛰어난 재능을 가지고 있는 사람들을 필요로 하게 된다. 그러나 비행선과는 다르게 중요한 헌법적 혁신이 유지되기 위해서는 이에 대한 피치자들의 동의와 승낙이 필요하게 될 것이다.

헌법을 위한 주요 조건들과 그들의 다양한 존재 양식들은 매우 다양한 선택의 여지를 제공해 준다. 지금 모든 일반적인 대안은 거의 무한정적으로 가지각색의 선택을 추구하게 한다는 내가 이미 했던 경고를 되풀이할 필요는 아마 없을 것이다.

이러한 주의를 마음에 새기면서 법적인 대안들을 생각하기 위한 몇 가지 일반적인 가이드라인을 제공하고자 한다.

선거제도와 행정부 수반을 결합시키는 다섯 가지의 가능한 방법으로 시작하는 것이 좋을 듯하다.

유럽 대륙식 선택(the continental European option): 비례대표 선거제도를 채택하고 있는 내각책임제 정부

내각책임제 정부는 오래된 민주주의 국가들이 압도적으로 선택하고 있는 것이며, 민주주의 국가에서는 내각책임제 정부가 일반적으로 대통령제 정부보다 더 우세한 편이다.[41] 우리가 살펴 본 바와 같이, 오래된 민주주

41 부수적으로 한 나라가 연방제냐 혹은 중앙집권제냐 하는 것은 내각제와 대통령제의 선택과 특별한 관계가 있지는 않다. 오래된 민주주의 국가들 중에 연방제도를 갖고 있는 네 나라, 즉 오스트레일리아, 오스트리아, 캐나다, 독일은 내각제이다. 오직 미국만이 대통령제이며, 스위스는 독특하게도 혼

의 국가에서 선호되는 결합형태는 의원들이 비례대표제도에 의해 선출되는 내각책임제이다. 이러한 결합형태는 유럽에서 두드러지게 나타나고 있으며, 신생 민주주의 국가들 또한 유럽의 행로를 기준으로 따르고 있기 때문에 나는 이러한 결합형태를 유럽 대륙식 선택이라고 부르고자 한다.

영국식(또는 웨스트민스터식) 선택(the British or Westminster option)**: 단순다수대표 선거제도를 채택하고 있는 내각책임제 정부**

유래된 곳을 따라, 그리고 미국 이외의 영어권 민주주의 국가들에서 우세하게 나타나기 때문에 나는 이것을 영국식 선택이라고 부르고자 한다(영국 정부의 소재지를 따라 때로 그것은 웨스트민스터식 모델이라고 불린다). 오래된 민주주의 국가들 가운데 오로지 4개의 국가들만이 오랜 기간에 걸쳐 이러한 방식을 유지해 왔다. 놀랄 것 없이 그 국가들은 영국, 캐나다, 오스트레일리아, 그리고 뉴질랜드(그러나 이 국가는 1993년도에 그것을 폐기했다)이다.[42]

미국식 선택(the U.S. option)**: 단순다수대표 선거제도를 채택하고 있는 대통령제 정부**

오래된 민주주의 국가들 중 미국만이 이러한 결합형태를 채택하였기 때문에 우리는 이를 미국식 선택이라고 부를 수 있다. 6개의 신생 민주주의

용제도이다. 그래서 우리는 연방제를 대통령제와 의회제 사이에서 선택을 결정하게 하는 요인으로 고려하고 있지 않다.

42 1992년과 1993년에 행해진 국민투표를 통해서 뉴질랜드는 단순다수대표를 거부했다. 법적 구속력 있던 1993년 국민투표에서 국민 다수는 비례대표제도에 더하여 선거구로부터 몇몇을, 그리고 정당 명부로부터 나머지를 선출하는 제도를 채택하였다.

국가들 또한 이 제도를 채택한 바 있다.

라틴아메리카식 선택(the Latin American option): 비례대표 선거제도를 채택하고 있는 대통령제 정부

라틴아메리카 국가들은 대통령제 정부에 대한 강한 선호를 가지고 미국과 같은 헌법적 행로를 따랐다. 그러나 20세기 후반기에 들어 선거제도를 선택하는 데 있어 그 국가들은 일반적으로 유럽적 관행을 따랐다. 결과적으로 민주주의제도들이 다소 자리를 잡았던 1990년대 초의 15개 라틴아메리카 국가들의 기본적 헌법 유형은 대통령제 정부와 비례대표 선거제도의 결합형태였다.[43] 그래서 우리는 이러한 결합형태를 라틴아메리카식 선택이라고 부를 수 있다. 오래된 민주주의 국가 가운데 어떤 나라도 – 단 하나의 예외인 코스타리카를 제외하고 – 이러한 결합형태를 선택한 나라가 없다는 것은 인상적이다. 오래된 민주주의 국가들은 비례대표 선거제도를 압도적으로 채택하고 있으나, 우리가 본 바와 같이 대통령제 정부형태는 거의 모두 거부하고 있다. 코스타리카만이 유일한 예외이다. 코스타리카는 다른 라틴아메리카의 여러 나라들과는 다르게 약 1950년대부터 지속적으로 민주적인 나라였기 때문에 나는 이 국가를 오래된 민주주의 국가로 간주한다. 그러나 다른 오래된 민주주의 국가들과는 달리 코스타리카는 대통령제를 비

43 보다 상세한 내용은 Dieter Nohlen, "Sistemas electorales y gobernabilidad" in Dieter Nohlen, ed., *Elecciones y sistemas de partidos en America Latina*(San Jos, Costa Rica: Instituto Interamericano de Derechos Humanos, 1993), 391~424쪽과 Dieter Nohlen, ed., *Enciclopedia electoral latinoamericana y del Caribe*(San Jos, Costa Rica:Instituto Interamericano de Derechos Humanos, 1993) 참조. 영국의 식민지였던 12개 카리브해 신생 독립국가들은 예외 없이 모두 영국식(웨스트민스터) 헌법을 채택하였다.

례대표 선거제도와 혼용하고 있다.

혼합 선택(the mixed option): 다른 결합형태들

위와 같은 다소나마 '순수한' 형태들이 발전하는 동안 몇몇 오랜 민주주의 국가들은 중요한 면에서 순수한 형태로부터 벗어나는 헌법적 제도들을 만들었다. 그 국가들은 순수형이 갖고 있는 장점을 유지하면서도 순수형이 가져오는 바람직하지 못한 결과를 최소화하려는 목적으로 그러한 제도들을 만들었다. 프랑스, 독일, 그리고 스위스는 독창적 헌법 창안의 주요한 예들이다.

프랑스 5공화국의 헌법은 무시할 수 없는 권력을 갖고 있는 선출직 대통령과 의회에 기반을 갖는 수상을 두도록 하고 있다. 프랑스는 또한 단순다수대표 선거제도를 수정하였다. 의회에 출마한 후보자 어느 누구도 과반수 득표를 하지 못한 선거구에서는 재선거를 실시하도록 하였다. 첫 선거에서 등록 유권자의 12.5% 이상을 얻은 후보자는 누구든 재선거에 참가할 수 있다. 그렇기 때문에 소수당들은 어디가 되었든 첫 선거에서 의석을 획득하고자 총력을 기울인다. 그러나 소수당들과 그들의 지지자들은 두 번째 선거에서는 최고 득표를 한 두 후보들 중 하나와 운명을 같이하기로 결정하고는 한다.

독일에서는 연방의회(Bundestag)의 반 정도는 단순다수대표제도의 선거에서 선출되고 나머지 반은 비례대표제도에 의해서 선출된다. 독일식의 선거제도는 이탈리아와 뉴질랜드에서도 또한 채택되어 왔다.

다양한 인구 구성에 맞춘 정치제도를 고안하기 위하여 스위스인들은 의회에 의해서 선출된 7명의 의원들로 구성된 4년 임기의 복수행정 기관장

제도(a plural executive consisting of seven councillors)를 만들었다. 스위스의 복수행정 수반제도는 오래된 민주주의 국가들 사이에서 독특한 것이다.[44]

민주적 헌법들에 대한 고찰: 몇 개의 지침

마지막 두 장에서 언급한 오래된 민주주의 국가들의 경험에 의거하여 다음과 같은 결론을 내려 보고자 한다.

- 한 국가의 기본적인 문제들의 대부분은 헌법만으로 해결되지는 않는다. 어떠한 헌법도 근본적인 조건이 매우 불리한 나라의 민주주의를 유지시키지 못할 것이다. 근본적인 조건이 매우 유리한 국가는 다양한 헌법제도 하에서 기본적인 민주적 제도를 보전할 수 있다. 그러나 근본적인 조건이 유리한 것과 불리한 것 모두 혼합되어 있는 (다음 장에서 이것에서 대해서 더 다루도록 한다) 국가에서는 기본적인 민주주의제도들을 보전하기 위해 조심스럽고 정교하게 헌법을 설계하는 것이 도움이 될 것이다.
- 필수적인 것이긴 하나 기본적인 민주주의의 안정성을 유지하는 것만이 좋은 헌법을 가려내는 적절한 기준이 되는 것은 아니다. 다른 것들 중에서도 대표의 공정성, 투명성, 포용성, 반응성, 그리고 효과적인 정부 역시 중요한 기준들이다. 특정의 헌법제도들은 이와 같

44 신생국가들 또한 이러한 제도를 채택하였다. 우루과이는 몇 년 동안 복수의 행정수반을 가지고 있었으나 곧 폐지하였다.

은 가치들을 위해 중요한 것일 수 있으며, 아마도 중요할 것이다.

- 모든 헌법제도들은 일부 단점들을 지니고 있다. 어떤 제도도 타당성 있는 모든 기준들을 만족시킬 수 없다. 민주주의적 관점에서 보면 완벽한 헌법이란 없는 것이다. 게다가 새로운 헌법을 도입하거나 개정할 때 나타나는 결과는 다소 불분명할 수밖에 없다. 결과적으로 헌법에 대한 구상이나 그 개혁은 목적과 위험부담, 그리고 변화의 불확실성 간의 교환관계에 있어 받아들여질 수 있는 것에 대한 판단을 필요로 한다.
- 두 세기에 걸쳐 미국인들은 단순다수대표제도, 연방제, 그리고 강력한 위헌심사제도를 지니고 있는 대통령-의회제(presidential-congressional system)가 만족할 만큼 기능을 수행하도록 하는 정치문화, 기술, 그리고 관행을 발전시켜 온 것으로 보인다. 그러나 미국식 제도는 대단히 복잡하여 아마 다른 어떤 나라에서도 미국에서만큼 훌륭히 작동되지 못할 것이다. 미국식 제도가 널리 모방된 경우는 없었다. 아마 그래서도 안 될 것이다.
- 몇몇 학자들은 대통령제에 비례대표 선거제도를 혼합한 라틴아메리카식 형태가 중미와 남미의 공화국에서 매우 자주 발생한 민주주의 체제의 붕괴에 한 원인을 제공해 왔다고 주장한다.[45] 정치적 극단과 위기의 근본적인 원인들이 되는 불행한 조건들에서 헌법형태의 효과를 가려내는 것이 어려운 것이긴 하지만, 민주주의 국가들은

---

45 Juan J. Linz and Arturo Valenzuela, eds., *The Failure of Presidential Democracy*(Baltimore: Johns Hopkins University Press, 1994)를 참조하라.

라틴아메리카식 선택을 피하는 것이 아마도 현명할 것이다.

프랑스와 미국 혁명에 대한 자신의 낙관적 견해에 기초하여, 토머스 제퍼슨은 매 세대마다 혁명이 발생하는 것은 아마 유익할 것이라는 주장을 한 적이 있다. 그 낭만적인 생각은 비참하게 혹은 애처로울 정도로 실패했거나, 더욱 나쁘게는 독재정권들을 가져온 20세기의 많은 혁명에 의해서 산산조각이 났다. 그러나 민주주의 국가가 매 20년 정도마다 약 한 번 정도, 일단의 헌법학자들, 정치 지도자들, 그리고 정보를 충분히 갖고 있는 시민들을 소집하여 헌법 자체의 경험뿐만이 아니라 다른 민주주의 국가들의 경험으로부터 얻은 풍부한 지식에 비추어 헌법을 평가한다면 그것은 그리 나쁜 생각은 아니다.

제4부

우호적 조건들과 비우호적 조건들

제12장

민주주의에 우호적인 기본 조건은 무엇인가

20세기는 빈번하게 민주주의의 실패를 경험해 온 시기이다. 70가지 이상의 사례에서 민주주의는 붕괴했고 권위주의 통치[46]로 빠져 버리고 말았다. 그럼에도 불구하고 민주주의는 기대 이상의 성공을 동시에 거두기도 하였다. 20세기가 끝나기 바로 직전에, 민주주의의 승리 시대가 열리기 시작했다. 민주주의 사상과 제도, 그리고 실제 운영 등의 세계적 확대와 영향력은 20세기를 인류의 역사에서 민주주의를 가장 융성하게 추구한 한 시기로 만들어 버렸다.

따라서 우리는 두 가지 문제를 제기할 수 있다. 혹은 같은 질문을 두 가지

46 나의 이러한 평가는 다소 다른 기준을 적용하였던 두 연구로부터(중복된 부분을 제외하고) 작성된 명단들을 혼합하여 만든 것이다. Frank Bealey, "Stability and Crisis: Fears About Threats to Democracy," *European Journal of Political Research* 15(1987): 687~715; Alfred Stepan and Cindy Skach, "Presidentialism and Parliamentarism in Comparative Perspective,": in Juan J. Linz and Arturo Valenzuela, eds., *The Failure of Presidential Government* (Baltimore: Johns Hopkins University Press, 1994), 119~136.

방식으로 질문하는 것일 수도 있다. 세계의 수많은 지역과 나라에서 이루어지고 있는 민주주의제도의 확립이란 어떻게 설명할 수 있는가? 그리고 그 실패는 어떻게 설명할 수 있는가? 비록 완벽한 답변은 불가능할지라도, 두 가지 상호 연관된 요인들은 의심할 여지없이 결정적인 중요성을 갖는다.

대안들의 실패

20세기가 진행되어 오는 과정에서 주요한 대안들은 민주주의와 경쟁하면서 거의 대부분 패배하고 말았다. 심지어 20세기가 시작되어 25년 정도가 흘렀을 무렵, 이미 오래 전부터 전 세계에 걸쳐 지배적인 믿음과 실제정치를 구성해 왔던 비민주적인 통치방식－군주제, 귀족제, 그리고 열려진 과두정치－은 정당성과 이데올로기 강화의 문제에 있어서 결정적으로 쇠퇴의 길을 걸었다. 물론 이러한 구 정치체제들은 파시즘, 나치즘, 레닌이즘, 그리고 다른 권위주의적 신조와 통치 등으로 대치되었으나 모두 단명하고 말았다. 파시즘과 나치즘은 2차 세계대전에서 독일, 이탈리아, 일본 등의 추축국이 패함으로써 치명적인 타격을 입었다. 20세기 후반에는 군부독재, 특히 라틴아메리카를 중심으로 한 군부독재가 경제, 외교, 심지어 바로 군사문제(아르헨티나의 경우) 등의 실패로 몰락하고 말았다. 20세기의 마지막 10년 동안에, 민주주의에 대항해 온 가장 중요한 전체주의이며 소비에트 공산주의로 구체화된 레닌이즘이 내부의 부패와 외부의 압력을 견디지 못한 채, 회복 불가능할 정도로 약화되어 갑자기 붕괴되었다.

그렇다면 이제 민주주의는 전 세계에 걸쳐 안전하다고 할 수 있는가? 미국의 대통령이었던 우드로 윌슨(Woodrow Wilson)이 1차 세계대전이 끝난 직후인 1919년에 낙관적으로 선언하기를(그리고 이어서 그것이 틀렸다는 것이 입증되었지만) 마침내 세계는 "민주주의의 안전지대가 되었는가"라고 언급한 바 있다.

불행하게도 그 대답은 그렇지 않다. 민주주의를 위한 마지막 승리는 아직 달성되지 않았고 가까이 가지도 못했다. 지구상에서 가장 많은 인구가 살고 있고 주요 강대국인 중국은 아직도 민주화가 이루어지지 않았다. 찬란한 4,000년의 문화를 이어 오면서 중국인들은 민주주의를 한 번도 경험해 보지 못했다. 중국이 곧 민주화가 될 것이라는 전망은 대단히 의심스러운 것이다. 비민주적 정치체제는 다른 많은 지역, 예를 들면 아프리카, 동남아시아, 중동, 그리고 소비에트연방의 잔여 국가들에서 발견된다. 이들 국가의 대부분은 민주주의를 위한 조건들이 아직 크게 유리한 편이 아니다. 따라서 이들이 민주주의로 이행할 것인지의 여부와 어떻게 이행할 것인가는 불투명하다. 끝으로 이미 민주주의로 이행했고 다원적 민주주의 정치제도를 채택한 여러 국가들에서조차, 민주주의가 지속적으로 이루어질 것이라는 보장을 하기에 민주주의를 위한 전제조건들이 충분히 우호적인 것은 아니다.

전제조건들이란? 나는 이미 어떤 전제조건이나 배경조건들이 민주주의의 안정성에 유리한 것인지, 그리고 이러한 조건들이 현재 취약한 곳이 어디인지, 혹은 완전히 결핍되어 민주주의가 존재하기 어려운 곳이 어디인지, 그리고 만일 그렇다면 민주주의의 실현은 위험한 것인지 등에 관하여 제안해 왔다.

이제는 무엇이 이러한 조건들인가를 물을 때가 왔다.

이에 답하기 위해, 우리는 20세기가 우리에게 제공해 준 적실성 있는 경험의 영역을 참조할 필요가 있다. 여기에는 민주주의로의 이행을 경험하고

표-8 민주주의에 우호적인 조건들은 무엇인가?

민주주의에 필수불가결한 조건들:
1. 선출된 공직자들에 의한 군대 및 경찰에 대한 통제
2. 민주주의에 대한 신념과 정치문화
3. 민주주의에 적대적인 강력한 외국에 의한 통제의 부재
민주주의에 우호적인 조건들:
4. 현대적 시장경제와 사회
5. 하위문화의 온건한 다원적 공존

민주주의제도를 공고히 하여 수십 년에 걸쳐 민주주의를 정착시켜온 국가들과 민주주의로의 이행이 붕괴된 국가들, 그리고 민주주의를 경험해보지 못한 국가들이 있다. 민주주의로의 이행, 공고화, 붕괴 등의 사례는 다섯 가지 조건들(경우에 따라 더 있을 수 있지만)이 한 국가의 민주주의를 위한 변화에 중대한 영향을 미치는 것을 보여 준다.

외국의 개입

민주주의제도는 민주적인 정부에 대하여 적대감을 가지고 있는 다른 나라의 개입에 쉽게 영향을 받는 국가일수록 발전하기 어렵다.

이 조건은 한 국가 안에서 다른 조건들이 훨씬 유리하더라도 민주주의제도가 발전하거나 지속되지 못하고 실패하는 이유를 설명하기에 충분하다. 예컨대 2차 세계대전 이후 소련의 개입이 없었더라면, 체코슬로바키아는 오늘날 선진 민주주의 국가들 가운데 하나로 분류되었을 것이다. 소련은 또한 폴란드와 헝가리가 민주주의제도를 발전시키는 것을 금해 왔다.

더욱 놀랍게도 20세기의 마지막 10년까지 미국은 라틴아메리카에 대한 매우 불행한 개입의 경험을 지니고 있다. 특히 남미에서는 대중적으로 선출된 정부를 미국이 자신들의 사업상의 이익이나 국가안보를 위하여 민중정부에 반대하는 개입정책을 전개함으로써 이들에게 상처를 주기도 했다. 비록 민주주의의 싹이 잘린 이러한 남미국가들은 완전한 민주화가 필요한 것은 아니었을지라도, 미국의 개입으로부터 자유로웠다면 – 혹은 좀 더 상황이 개선되었거나 민주화를 향하여 자신들 나름대로 단계를 밟아 갈 수 있었더라면 – 민주주의제도는 적절한 시점에서 제대로 발전해 갔을지도 모른다. 악명 높았던 구체적 사례를 들자면 1964년에 과테말라에 미국의 중앙정보부가 은밀하게 개입하여 이미 선출된 민중주의자와 좌파에 의지하고 있던 하코보 아르벤스(Jacopo Arbenz) 대통령 정부를 붕괴시킨 사건을 들 수 있다.

소련의 붕괴와 더불어 중앙 유럽의 국가들과 발틱해 연안국가들은 민주주의제도를 빠른 속도로 정착시켰다. 게다가 미국과 국제적인 공동체는 대체로 남미와 다른 어떤 곳에서의 독재에도 반대하기 시작했고, 많은 국가들을 통하여 민주주의제도의 발전을 지지하기 시작하였다. 이제까지 전 인류사를 통틀어, 국제적인 힘들 – 정치적, 경제적 그리고 문화적 – 이 민주주의적 사상과 제도를 이토록 지지해 온 경우는 전혀 없었다. 그래서 20세기의 마지막 10년 동안은 전 세계의 정치적 지형에 획기적인 전환이 일어났으며, 이는 민주주의 발전에 대한 전망을 크게 증진시켰다.

군대와 경찰에 대한 통제

만일 군대와 경찰의 힘이 민주적으로 선출된 관료들에 의하여 완전히 통제되지 않는다면, 민주주의적인 정치제도는 발전하거나 지속되기 어려울 것이다.

외국의 개입이라는 외부의 위협과 대조적으로 민주주의에 가장 위험한 내적인 위협은 물리적 강제력의 주요 수단－군대와 경찰－을 장악할 수 있는 지도자들로부터 온다. 만일 민주적으로 선출된 공직자들이 군대와 경찰의 힘을 효과적으로 통제할 수 있고 이를 조정·유지할 수 있으려면, 경찰과 군인, 특히 장교들은 선출된 공직자들의 의견에 복종해야만 한다. 그리하여 이들이 다른 모든 의도를 포기할 수 있을 만큼 선출된 지도자들의 통제를 마음속 깊이 존중해야만 한다. 왜 어떤 나라에서는 이러한 시민적 통제가 가능하고, 다른 나라에서는 불가능한가 하는 문제는 너무나 복잡하여 여기서는 설명할 수 없다. 그러나 우리의 목적에 부합하는 중요한 핵심은 물리적 강제력에 대한 민간의 통제 없이는 민주주의의 전망이 매우 불투명하다는 사실이다.

중앙아메리카의 불행한 역사를 상기해 보자. 과테말라, 엘살바도르, 온두라스, 그리고 니카라과 등 약 47개의 정부 가운데, 1948년부터 1982년 사이에 3분의 2가 넘는 수가 공명선거가 아닌 다른 수단－특히 대부분의 경우는 군부의 쿠데타－으로 권력을 장악하였다.[47]

이와 대조적으로 코스타리카는 1950년 이후로 이 지역에서 민주주의의 등대와 같은 역할을 해왔다. 왜 코스타리카는 인접지역의 모든 국가들이 민주주의로 이행하지 못했음에도 불구하고 민주주의를 제도화하고 이를 유지시켜 나갈 수 있었는가? 이에 대한 부분적인 답은 다른 유리한 조건들이 코스타리카에 존재하고 있었기 때문이라고 할 수 있다. 그러나 이러한

---

47 Mark Rosenberg, "Political Obstacles to Democracy in Central America," in James M. Malloy and Mitchell Seligson, eds., *Authoritarians and Democrats: Regime Transition in Latin America*(Pittsburgh: University of Pittsburgh Press, 1987), 193~250.

조건들이 다른 라틴아메리카 지역에서 매우 빈번히 일어나고 있는 군사 쿠데타들과 직면하여 코스타리카가 민주적 정부를 지탱할 수 있기에 충분한 힘이라고 말할 수는 없다. 1950년에 코스타리카는 극적으로 이러한 쿠데타의 위협요인을 제거할 수 있었다. 매우 독특하고 대담한 결정을 통하여 민주적 대통령이 군대를 없애버린 것이다.

다른 어떤 국가들도 코스타리카의 사례를 따라가지 않았으며 많은 국가들이 그렇게 하려고 하지도 않았다. 그럼에도 불구하고 민주주의제도가 확립되고 이것이 지켜지려면, 다른 무엇보다도 선출된 공직자들이 군대와 경찰에 대한 통제력을 확립하고 이를 유지하는 것이 얼마나 중요한가를 가장 생생하게 입증해 온 것이다.

문화적 갈등의 미약함 혹은 부재

민주주의제도는 문화적으로 상당히 동질적인 국가에서는 발전 유지되기가 쉬운 반면에, 첨예하게 다른 문화를 가지고 있거나 하위문화와 갈등관계가 있는 국가에서는 발전 유지되기 어렵다.

특유한 문화들은 대체로 언어, 종교, 인종, 소수민족의 정체성, 지역, 그리고 때때로 이데올로기에 있어서 각기 차이를 가지고 형성된다. 구성원들은 공통의 정체성과 감성적 유대를 공유한다. 이러한 문화는 '우리'와 '그들'을 구분짓게 한다. 구성원들은 자신들의 그룹 안에 있는 다른 사람들과는 개인적인 인간관계를 가지고 대하게 된다. 예컨대 친구, 동료, 배우자, 이웃, 손님 등으로 서로를 대하게 된다. 그들은 예식이나 의례 등에 참여하며 이를 통하여, 다른 것들 가운데, 자신들 그룹의 경계를 확인하기도 한다.

이러저러한 방식으로 문화는 사실상 그 구성원들에게는 '삶의 방식(way of life)'을 제공하며 국가 안에 국가, 지역 안에 지역을 형성하게 된다. 말하자면 이러한 경우에 사회는 수직적으로 계층화되는 것이다.

문화적 갈등은 정치영역에서 돌출될 수 있으며 이는 매우 전형적으로 일어난다. 예를 들면 종교, 언어, 학교에서의 옷차림, 혹은 교육에 접근할 수 있는 평등권, 혹은 한 그룹의 다른 그룹에 대한 차별, 또는 정부가 종교를 지원하거나 혹은 종교단체를 지원하는지의 여부, 그리고 그럴 경우 어떤 그룹을 무슨 방식으로 지원하는지 등이 그러한 경우이다. 혹은 어떤 그룹이 행하고 있는 관행들에 대하여 다른 그룹이 매우 불쾌하고 거슬린 행위라고 생각하여 이를 금하고 싶은 경우, 예를 들면 낙태하는 행위, 소를 도살하는 행위, 혹은 외설적인 복장 등의 문제를 들 수 있다. 또한 지리적 영토나 정치적 경계를 그룹의 요구나 바람에 맞게끔 적용시키려고 할 경우에도 발생할 수 있다. 이외에도 문화적 갈등이 정치적 쟁점으로 발생되는 경우는 수없이 많다.

이러한 이슈들은 민주주의에 대하여 특별한 문제를 제기하게 된다. 특정한 문화를 고수하려는 자들은 자신들의 정치적 요구를 원칙의 문제, 종교적인 혹은 준종교적인 신념의 문제, 그리고 문화적 보존이나 그룹의 생존 문제로 바라보게 된다. 따라서 그들은 자신들의 요구를 지나치게 중요하게 파악하여 타협을 허용하지 않는다. 그들은 협상의 여지를 두지 않는다. 그러나 평화적인 민주적 과정에서는 정치적 갈등을 해결하기 위해서 일반적으로 협상, 회유, 타협 등을 필요로 하게 마련이다.

따라서 좀 더 오래되고 정치적으로 안정적인 대부분의 민주주의 국가에서 심각한 문화적 갈등을 피하려고 노력해 왔다는 사실이 그리 놀라운 일이 못된다. 심지어 중대한 문화적 차이가 시민들 사이에 존재하더라도, 그들은 대부분의 정치적 생활을 그대로 유지해 가기 위하여 일반적으로 협상할 수 있는 차이(예를 들면 경제적 이슈 등)를 훨씬 더 많이 허용한다.

그렇다면 이와 같이 평온해 보이는 국가들의 정세에 다른 예외는 없는가? 물론 여기에도 상당한 예외가 있다. 미국, 스위스, 벨기에, 네덜란드, 그리고 캐나다 등에서도 문화적 다양성은 부분적으로 중대한 문제를 가지고 있다. 그러나 만일 다양성이 치유하기 어려운 문화적 갈등을 야기시킨다면 이들 국가에서 민주주의제도가 어떻게 유지될 수 있겠는가?

문화적 다양성에도 불구하고 다른 모든 조건들이 민주주의에 대하여 우호적인 국가에서는 문화적 다양성으로 인해 발생할 수 있는 잠재적인 정치적 결과들을 때로는 훨씬 쉽게 다룰 수 있다.

동화(assimilation)

이것은 미국식 해결방법이다. 약 200년 동안의 식민통치로부터 독립할 때까지, 주로 영국에서 이주해 온 백인 정착민들에 의하여 견고하게 형성되었던 지배문화가 1840년대부터 1920년대까지 아일랜드, 스칸디나비아, 독일, 폴란드, 이탈리아, 기타 다른 지역 등 비영국계 이민자들의 물결과 부딪치게 되었다. 특히 비영국계 이주자들은 종종 언어(아일랜드계 제외), 종교, 음식, 복장, 관습, 예절, 이웃, 그리고 다른 성격들로 인한 차이에 의해 구별되었다. 1910년까지 미국에 거주하는 백인 다섯 명 가운데 한 명은 다른 나라에서 출생하였다. 게다가 미국에서 태어난 백인 네 명 가운데 한 명 이상은 부모가 다른 나라 사람이었다. 그럼에도 불구하고 미국에 이민 온 지 한 세대가 지나면 그들의 후예들은 지배적인 문화에 이미 동화되고 말았다.

그래서 비록 오늘날 많은 미국인들이 자신의 조국이나 조상의 문화를 고수하거나 발전시키려고 할지라도 그들의 지배적인 정치적 충성과 정체성은 완전히 미국인임을 진심으로 받아들이고 있다.

그러나 대량이민이 미국에서 발생시킬 수도 있었던 문화적 갈등을 없애고 동화시키는 데 성공적이었음에도 미국의 경험은 그 문제에 대하여 중대한 결점을 보여 주고 있다.

먼저, 미국이 약속하고 있는 좀 더 나은 생활을 누리기 위하여 미국에 온 성인 이민자의 상당수는 미국사회에 동화되는 것, 곧 '진정한 미국인이 되는 것(become real Americans)'을 매우 갈망하고 있었기 때문에 동화에 대한 도전이 크게 완화되었다. 뿐만 아니라 그들의 후손은 더욱 그러했다. 따라서 동화는 주로 자발적으로 이루어졌고 국가에 의한 강제력은 극소화된 사회적 기제들(예컨대 수치심과 같은)에 의하여 강화되었다.[48]

비록 이민자들의 다수가 대체로 미국사회에 성공적으로 동화되었다 하더라도 미국사회가 좀 더 깊은 인종적 혹은 문화적 차이에 직면하게 되면, 이에 대한 접근의 한계는 곧 드러났다. 신세계(미국)를 이미 오래 전부터 차지하고 있었던 원주민들과 백인 주민들이 충돌할 경우, 동화보다는 강제력을 사용하거나 재정착을 강요하고 주류 사회로부터 고립시키는 방법 등을 사용하였다. 또한 미국사회는 아프리카 출신의 미국노예들 가운데 대다수와 그 자손들을 동화시킬 수 없었다. 특히 그 후손들은 아이로니컬하게도

48 이러한 사회적 기제들은 비록 강제는 아니었지만 때때로 강제라고 생각되기도 하고 아예 존재하지 않는다고 여기기도 한다. 학교에서의 학생들은 한결같이 영어로 말할 것을 강요받았다. 대부분의 학생들은 고유의 전승언어를 급속히 잊어버리게 된다. 그리고 집과 동네를 벗어나면 영어는 거의 배타적으로 사용되는 언어였다—영어를 이해 못하거나 적절히 반응하지 못하는, 혹은 한다 하더라도 잘하지 못하는 사람에게는 커다란 불행이었다.

인디언들과 마찬가지로 다른 이주민들이 도착하기 전에는 잘 살아왔었다. 인종에 기초하여 강압적으로 강요된 계급의 장벽은 동화를 방해하는 요인이었다. 다소 비슷한 동화정책의 실패 경험이 19세기 후반, 아시아 이주민들이 철도와 농장의 노동자로 일하러 오면서 발생하였다.

당시에는 동화정책이 해결할 수 없는 대단히 커다란 간극이 존재했다. 19세기 초에, 미국 남부지방에서는 노예에 기반을 둔 독특한 문화와 경제, 그리고 사회가 발전해 왔다. 남부지방에 살았던 미국인과 북부 및 서부 지역에 살았던 그 동포들은 근본적으로 양립할 수 없는 서로 다른 삶의 방식에 익숙한 채 나뉘어 있었다. 수많은 노력에도 불구하고 궁극적인 결과는 평화적인 협상과 타협으로 해소될 수 없는 '견딜 수 없는 갈등(irrepressible conflict)'이었다.[49] 그 결과로 야기된 내전은 그 뒤 4년 동안 지속되었으며 인간적인 삶 속에서 커다란 희생을 감수하는 것이었다. 남부지방의 패배와 노예제도의 폐지에도 불구하고 그 갈등은 실제로 끝나지 않았다. 그래서 남부의 독특한 하위문화와 사회구조에는 아프리카계 미국인 시민에게는 폭력과 테러의 감행과 위협 속에서 복종을 강요받는 습성이 배어 있다.

과거에 동화가 실패한 이유는 여러 가지가 있다. 20세기가 끝나갈 무렵, 역사적으로 동화정책을 펼쳐 온 미국의 관행이 점차적으로 증가해 온 남미계 소수민족들과 자의식이 강한 다른 소수민족들에게도 성공을 거둘 수 있을지는 확실치 않다. 문화적 갈등을 민주적 절차 아래 평화롭게 관리해 올 수 있었던 미국사회에서 동화가 더 이상 문화적 다양성을 해결할 수

49 많은 책들이 미국의 내전 원인에 관하여 설명하고 있다. 그러나 나의 간단한 설명이 복잡한 사건들과 그러한 갈등을 유도한 원인들에 대하여 정당하게 다루고 있는 것은 물론 아니다.

없는 사회로 미국이 나아가고 있는 것일까? 아니면 문화적 차이가 상호이해, 관용 그리고 적응이라는 높은 수준의 관행을 생산해 갈 수 있는 그런 사회로 발전할 것인가?[50]

합의에 의한 결정(deciding by consensus)

독특하고 잠재적인 하위문화 간의 갈등이 스위스, 벨기에 그리고 네덜란드에 존재해 왔다. 이들 세 국가의 민주주의 경험으로부터 무엇을 배울 수 있을 것인가?

각국은 의회와 내각이 내리는 결정이 만장일치, 혹은 폭넓은 동의에 따르도록 하는 정치적 합의를 만들어 왔다. 이들은 다수결 원칙보다는 (다양한 단계에서) 만장일치의 원칙을 따르고 있다. 따라서 하나 혹은 그 이상의 하위문화의 이해에 중대한 영향을 줄 수 있는 정부의 어떠한 결정도 내각과 의회 내 그룹 대표들이 명백히 합의할 때 이루어지는 것이다. 이러한 해결방법은 각 그룹 대표들이 의회 내에서 공정하게 대표될 수 있는 것을 보장하는 홍보에 의해서 더욱 촉진되었다. 그들은 내각에서도 대표성을 지니고 있다. 그리고 이렇게 합의를 이루어 내는 관행이 이들 국가에 적용될 수 있는데, 각 하위문화로부터 선출된 내각의 구성원들은 그들이 동의하지 않는 어떠한 정책에 대해서 거부권을 행사할 수 있다[이러한 합의는 정치학자들이 '협의 민주주의(consociational democracy)'라고 부르는 것인데 이것은 이들 세 국가에서는 구체적인 면에서는 다양한 차이를 지니고 있다. [좀 더 자세

50 탁월한 비교분석으로 다음을 참조하라. Michael Walzer, *On Toleration* (New Haven and London Yale University Press, 1997). 그는 에필로그에서 '미국의 다문화주의에 관한 반추(Reflections on American Multiculturalism)'에 관하여 언급하고 있다(93~112쪽).

한 것은 부록 B를 참조할 것].

명백하게 이러한 합의제도는 매우 특별한 조건을 제외하고는 성공적으로 만들어질 수도 없고 운영되지도 않을 것이다. 이러한 합의과정은 다음과 같은 조건들, 곧 설득할 수 있는 능력, 타협을 위한 높은 수준의 관용, 갈등의 해결을 위한 협상능력이 있고 추종자들이 지지하는 신뢰할 만한 지도자들, 모두의 동의를 얻기에 충분한 정도의 폭넓은 가치와 기본적인 목표에 대한 합의, 철저한 분리에 대한 요구를 단념시킬 수 있는 국가의 정체성, 혁명적 수단이나 폭력을 배제할 수 있는 민주적 절차에 대한 헌신을 필요로 한다.

이러한 조건들은 일반적인 것이 아니다. 이것들이 없는 곳에서는 합의에 의한 조정이 이루어지기 쉽지 않다. 심지어 그 조건들이 어느 정도 갖춰졌다 하더라도 레바논의 사례가 보여 주듯이 그것들은 격렬한 문화적 갈등의 압력 하에서 붕괴되고 말 것이다. 일단 이것은 정치학자들이 묘사하기에 높은 수준의 성공적인 '협의 민주주의'라 할 수 있으며, 그렇게 묘사되었던 레바논의 경우에도 내적인 압력이 지나치게 커서 합의체제가 더 이상 유지되기 힘들게 되자 1958년에 내전에 휩싸이고 말았다.

선거제도(electoral systems)

문화적 차이는 정치인들이 경쟁적으로 지지를 호소함으로써 가속화되기 때문에 종종 조정되기 어렵다. 권위주의 정권은 때때로 그들의 거대한 강제력을 문화적 차이를 완전히 제압하고 지배하기 위하여 사용한다. 그리고 그러한 문화적 차이는 강제력이 점차 쇠퇴하면서 민주화를 향한 단계를 밟아 가는 과정에서 분출하기 시작한다. 문화적 정체성이 제공하는 잉여물에 유혹되어 정치인들은 문화적 그룹의 구성원들에게 호소될 수 있도록 사려 깊게 이론을 전개할지도 모르며, 그래서 문화적 동질그룹 내에 잠재되어 있는 앙심을 '문화적 말살(cultural cleansing)'로 귀결될 수 있는 증오감으로 전환되도록 선동한다.

이러한 결과를 피하기 위하여, 갈등보다는 훨씬 유익할 수 있는 화해와 조정을 이루어 낼 수 있도록, 정치학자들은 선거제도가 정치가들의 동기를 변화시킬 수 있도록 구성될 것을 제안하고 있다. 그들이 제안한 구성안에 따르면, 단 하나의 문화적 그룹의 지지만으로는 후보가 선출될 수 없도록 되어 있으며, 후보자들은 몇몇 주요 그룹들로부터 득표를 해야 한다. 물론 문제는 이러한 성격의 구성이 적용될 수 있도록 민주화의 초기 과정에서 정치지도자들을 설득할 수 있는가 하는 것이다. 일단 분열을 일으키는 선거제도가 자리잡게 되면 문화적 갈등의 악순환이 도저히 돌이킬 수 없는 상태로 빠져들게 된다.

분리(separation)

문화적 균열이 너무나 깊어 기존의 해결책으로는 극복될 수 없는 경우 남게 되는 단 하나의 해결책은 문화적 그룹이 자신들의 정체성을 유지하기에 충분한 자율성을 지닐 수 있고 그들의 문화적 목적을 달성할 수 있는 전혀 다른 정치적 단위로 분리해 내는 것이다. 어떤 경우에는 다양한 정치적 단위들–주(state), 도/성(province), 캔톤(canton)–이 충분히 다른 그룹들이 적응할 수 있는 자율성을 가진 채로 연방제(federal system)를 구성하는 것이다. 다양한 문화그룹 간의 주목할 만한 훌륭한 조화를 이루는 다문화 사회를 일구어 낸 스위스의 사례에서도 결정적인 요소는 그들의 연방제도였다. 대부분의 각 캔톤은 문화적으로 상당히 동질적인 그룹으로 구성되어 있다. 예컨대 한 캔톤은 프랑스어를 사용하며 가톨릭을 믿지만, 다른 캔톤은 독일어를 사용하고 개신교도로 구성되어 있다. 각 캔톤의 권력은 문화적 요구에 적합한 형태로 구성되어 있다.

다문화주의의 문제에 대한 다른 민주적 정치해법과 마찬가지로, 스위스 해법은 적어도 두 가지의 특별한 조건을 요구하는 것이다. 첫째는 서로 다른 하위문화를 구성하고 있는 시민들은 지리적 경계에서 이미 분리되어 있었다. 그래서 그러한 연방제도라는 해법은 커다란 어려움 없이 바로 시행될 수 있었다. 둘째, 각각의 캔톤을 특정한 의도를 가지고 자율적 단위로 분할하였지만, 시민들은 전체 연방을 지속적으로 유지할 만큼 충분히 강력한 국가적 정체성과 공동의 목표 그리고 가치들을 가지고 있었다.

첫 번째 조건은 존재하지만 두 번째 조건이 없다면, 문화적 차이는 연방제가 아닌 완전한 독립을 요구할 가능성이 높다. 만일 하나의 민주국가가 평화적으로 분리하여 두 개의 국가가 된다면, 순수하게 민주적인 기준에 의해서만 평가한다면 이 또한 나무랄 데는 없는 것이다. 예컨대, 노르웨이는 스웨덴의 한 연합으로 거의 독립상태를 유지하면서 한 세기를 지낸 끝에 1905년에 완전한 독립을 평화적으로 얻을 수 있었다.

그러나 만일 다양한 문화 그룹이 뒤섞여 있기 때문에 첫 번째 조건이 불완전하게 존재한다면, 문화의 차이만으로 독립하는 것은 소수그룹(들)에게는 심각한 어려움을 야기시키는 것이 되고 만다. 이것은 곧 이어 한 국가를 그대로 유지하는 가운데 각 그룹이 독립하거나 그대로 남아 있기 위해 자신의 주장을 각각 정당화하려고 하게 된다. 이것은 캐나다에서 퀘벡주의 독립문제로 복잡해졌던 사례에서 찾을 수 있다. 비록 프랑스어를 사용하는 퀘벡의 많은 시민들이 완전한 독립을 얻고 싶어 했지만, 그 주는 캐나다의 시민으로 남고 싶어 하며 프랑스어를 못하는 사람들 – 곧 영어만 사용하는 사람들, 토착원주민 그룹, 이민 그룹 등 – 이 적지 않은 규모를 이루고 있었다. 비록 캐나다의 시민으로 잔류하고자 하는 이들을 위하여 복잡한 지리적 분할문제를 해결하는 것은 이론적으로는 가능할지 몰라도, 그렇게 하는 것이 정치적으로 가능할 수 있는지의 여부는 불확실한 것이다.[51]

따라서 실망스러운 사실은 지금까지 언급해 온 민주화된 선진국들의 다문화주의에 대한 모든 해결책이 매우 드물게 존재하는 특별한 조건들 하에서만 성공해 왔다는 점이다. 왜냐하면 좀 더 오래된 대부분의 민주국가들은 적당한 정도로 동질성을 유지했고, 심각한 문화적 갈등을 부각시키지 않고 지내 왔기 때문이다. 그럼에도 불구하고 다문화간 갈등은 21세기에는 아마도 마무리될 것으로 기대되는 가운데 20세기가 끝나가는 현재 변화가 시작되고 있다.

민주주의에 대한 신념과 문화

조만간 모든 국가들은 상당한 정도의 위기 – 정치적, 이데올로기적, 문화적, 군사적, 국제적 수준의 위기 – 를 맞게 될 것이다. 결과적으로 민주적 정치체계가 지속되려면 민주적 정치체계는 이러한 현재의 위기를 발생시키

51 스콧 레이드(Scott J. Reid)는 퀘벡의 독립과 캐나다의 퀘벡으로 남기를 원하는 사람들 가운데 전원은 아니지만 대부분이 받아들일 수 있는 '2단계 투표 과정(two round voting process)'에 대해 설명하고 있다. 그는 그의 "제안과 그와 유사한 다른 제안들이 실제적일 수도 있고 아닐 수도 있음"을 인 정하고 있다["The Borders of an Independent Quebec: A Thought Experiment," Good Society 7(Winter 1997): 11~15].

고 있는 도전들과 소용돌이로부터 생존할 수 있어야만 한다. 안전한 민주주의를 정착시키는 일은 맑은 날 항해하는 것과는 전혀 다른 일이다. 그것은 때때로 비바람이 몰아치는 위험한 날씨에도 불구하고 항해해 가야 하는 것이다. 심각한 위기가 지속되는 동안에는, 단호하게 독재적 방법으로 위기를 끝내겠다고 공언하는 권위주의적 지도자들에 의하여 민주주의가 전복될 가능성이 점차로 증가하게 된다. 그들의 방법이 지극히 기본적인 민주주의 제도와 과정을 벗어나는 것은 당연한 것이다.

20세기 동안, 민주주의의 붕괴는 매우 빈번히 발생하였다. 이 장의 서두에서 언급하였듯이 이미 70가지의 사례에 이르는 민주주의의 붕괴를 경험해 왔다. 날씨에서도 강풍과 허리케인이 한 번만 오는 것이 아닌 것처럼 민주주의 과정에서도 위기는 여러 차례 닥쳐오기 마련이다. 우리가 목격한 바 있는 몇 가지 경우는 심지어 첨예한 문화적 차이로부터 발생한 위험들을 극복해 왔다. 일부의 경우에서는 국가라는 민주주의의 배가 이전보다 훨씬 더 항해할 만하게 되었다. 폭풍우가 몰아치는 가운데서도 살아남은 생존자들은 바로 선진 민주주의 국가라고 부를 수 있는 나라들이다.

왜 민주주의제도가 어떤 국가에서는 위기를 맞이하고 다른 국가에서는 그렇지 않는 것일까? 앞서 언급한 민주주의에 우호적인 조건들에 관하여 한두 가지 덧붙일 필요가 있다. 한 국가에서 안정적인 민주주의에 대한 전망은 그 국가의 시민과 지도자들이 민주주의 사상, 가치, 실제를 강하게 지지하는 경우라면 향상될 수 있다. 민주주의에 대한 지지는 그 가치에 대한 신념과 경향이 한 국가의 문화에 깊숙이 자리잡고 이것이 폭넓게 전파되고 다음 세대로 전수될 때, 가장 신뢰할 수 있게 된다. 달리 말하면, 그러한 국가는 민주주의 정치문화를 간직하고 있는 것이다.

민주적 정치문화는 다음과 같은 가치에 대한 신념을 갖는 시민이 형성되는 것에 크게 도움이 될 것이다. 첫째, 민주주의와 정치적 평등은 바람직한 목표이다. 둘째, 군대와 경찰에 대한 통제력은 선거에 의해 선출된 정치지도자들의 손에 완전히 장악되어야 한다. 셋째, 제8장에서 언급한 기본적인 민주주의제도가 유지되어야 한다. 넷째, 시민 사이에서 나타나는 정치적 차이와 불일치는 관용되고 보호되어야 한다.

나는 민주주의 국가에서는 모든 사람들이 완벽한 민주시민으로 형성되어야 한다고 주장할 생각은 없다. 운 좋게 그럴 수도 있지만, 지금까지 그러한 민주주의는 한 번도 존재한 적이 없다. 그러나 시민들의 실질적 다수가 비민주적인 대안보다 민주주의와 그 정치적 제도를 덜 선호하거나 민주주의를 실제로 전개해 가려는 정치지도자들을 지지하지 않는다면, 민주주의는 피할 수 없는 위기를 겪는 과정에서 지속되기 어려울 것이다. 실제로 비록 소수이지만 큰 규모의 호전적이고 폭력적인 반민주주의자들은 그 국가의 민주주의제도를 유지해 가는 데 필요한 능력을 파괴하기에 충분한 힘을 가지고 있을 수도 있다.

한 국가 내의 사람들은 민주주의 사상과 실제에 대하여 어떻게 신념을 가질 수 있게 되는가? 어떻게 민주주의의 사상과 실제가 그 나라 문화의 고유 부분으로 자리잡게 되는가? 이런 질문에 답하려는 어떤 시도도 우리에게 특정한 국가의 보편적이고 특수한 역사적 발전에 대해 깊이 있게 파고들 것을 요구하고 있다. 그리고 이런 과제는 이 책의 한계를 벗어나는 것이기도 하다. 다만 이 점만 말해 두고 싶다. 민주주의라는 행복한 결과를 낳을 수 있었던 역사를 가진 국가는 그야말로 복이 많은 국가라고.

그러나 한 국가의 긴 과정을 들여다보면, 역사란 항상 그리 관대한 것은 아니었다. 대신에 많은 국가들의 경우에서, 역사는 잘해야 민주주의 제도와 사상을 단지 미약한 수준에서 유지시켜 왔고, 최악의 경우에는 권위주의 통치를 강하게 비호하는 정치문화를 제공해 왔다.

시장경제와 함께하는 경제성장

역사적으로 민주주의에 대한 믿음과 민주적 문화의 발전은 이른바 흔히 시장경제라고 부를 수 있는 것들과 긴밀하게 관련을 맺어 왔다. 좀 더 구체적으로 민주주의제도에 매우 유리한 조건은 기업들이 국가에 의해서가 아니라 주로 사적으로 소유되고 있는－곧 사회주의 혹은 국가주의 경제라기보다는 자본주의 경제－시장경제이다. 그럼에도 불구하고 민주주의와 시장자본주의의 사이의 긴밀한 관련은 이들 간의 역설을 숨기고 있다. 곧 시장자본주의 경제는 불가피하게 서로 다른 시민이 접근할 수 있는 정치적 자원에 대하여 불평등을 발생시키고 있다. 그래서 시장자본주의 경제는 정치적 평등을 심각하게 훼손시키고 있다. 경제적으로 평등하지 않은 시민은 정치적으로도 평등하기 어렵다는 의미이다. 시장자본주의 경제를 채택하고 있는 국가에서 정치적 평등이 완전하게 이루어진다는 것은 불가능한 일이다. 결과적으로 민주주의와 시장자본주의 경제 사이에는 영구적으로 긴장이 있게 된다. 정치적 평등을 덜 훼손시키는 시장자본주의에 대한 실질적인 대안이 있겠는가? 나는 이 질문에 대하여 다음의 두 장에서 민주주의와 시장자본주의의 관계에 대하여 보다 일반적으로 답하고자 한다.

그러나 한편으로 시장자본주의 경제와 그것이 만들어 내는 사회, 그리고 그것이 전형적으로 발생시키는 경제성장은 모두 민주정치제도를 발전 유지시키는 데 있어서 상당히 우호적인 조건들이라는 결론을 피할 수는 없다.

요약

민주주의를 실현하는 데는 아마도 다른 조건들—법에 의한 통치, 지속적인 평화, 그리고 다른 모든 조건들—또한 도움이 될 것이다. 그러나 내가 지금까지 언급했던 다섯 가지 조건들은, 확신하건대, 가장 결정적인 중요성을 갖는 것들이다.

이 장의 논의는 세 가지 일반적인 제안으로 요약될 수 있다. 첫째, 이러한 다섯 가지 조건들을 모두 만족시키는 국가들은 대부분 민주주의제도를 유지 발전시키고 있음에 틀림없다. 둘째, 다섯 가지 조건을 모두 결여하고 있는 국가는 민주주의제도를 전혀 발전시킬 수 없거나, 혹은 민주화에 성공했더라도 이를 유지해 가는 것이 대단히 어려울 것이다. 그렇다면 이러한 조건들이 혼합된 국가들—일부조건에는 유리하지만, 또 다른 조건들에는 불리한 여건을 가진 국가들—의 경우는 어떠한가? 나는 이에 대한 대답, 곧 세 번째 제안은 인도에서 볼 수 있는 색다른 사례를 고려할 때까지 미루겠다.

인도: 개연성 없는 민주주의

독자 여러분은 이미 인도에 대해 의아해하기 시작했을지도 모른다. 인도는 이 다섯 가지 조건을 모두 결여하고 있단 말인가? 만일 그렇다면 인도는 나의 주장 전체와 모순되는 것이 아닐까? 글쎄, 그러나 전혀 그런 것은 아니다.

인도가 오랫동안 민주주의제도를 유지해 왔다는 것은 언뜻 보기에는 정말로 있을 수 없는 일처럼 보인다. 20세기 말에 인도의 인구는 10억에 근접하고 있는데, 세상의 다른 어떤 국가들보다도 훨씬 다양한 경계를 통해 인도 사람들은 갈라져 있다. 예컨대 언어, 카스트, 계층, 종교 그리고 지역 – 다시 그 안에서 각각 끝없이 분할되는 – 요인들이 있다.[52] 다음을 고려해 보자.

인도에는 국어가 없다. 인도의 헌법이 공식적으로 15개 언어를 인정하고 있을 뿐이다. 그러나 언어문제의 심각성을 아무리 축소하더라도 적어도 100만 명의 인도인들은 35개의 언어들 가운데 한 가지를 말한다. 더욱 심각한 것은 22,000가지의 방언을 사용하고 있다는 점이다.

비록 인구의 80%는 힌두교인들 – 나머지 인구의 대다수는 이슬람교도들이지만 케렐라(Kerela) 지방만은 기독교인들이 많이 살고 있다 – 이지만, 기원전 1500년경 이래로 인도인들은 힌두교로부터 카스트제도의 근거를 제공받았으며, 힌두교의 통합적 효과는 바로 카스트제도로 인해 심각하게 떨어지고 말았다. 언어와 마찬가지로 카스트제도 또한 매우 큰 분열적 요인이다. 먼저 엄청난 수의 인도인들은 이미 정해져 세습되고 있는 네 가지 신분(caste)으로부터 배제되어 있다. 이들은 '부랑자(outcast)'이며 '불가촉천민(不可觸賤民, untouchables)'으로서, 인도사회에서 이들과의 접촉은 매우

52 다음의 자료들은 Economist, August 2, 1997, 52, 90쪽에서 주로 사용된 것이다. United Nations Development Programme, *Human Development Report* (New York: Oxford University Press, 1997), 51; "India's Five Decades of Pro- gress and Pain," *New York Times*, August 14, 1997; Shashi Tharoor, "India's Odd, Enduring Patchwork," *New York Times*, August 8, 1997.

불결한 것이며 신성모독으로 받아들여지고 있다. 게다가 각각의 카스트 안에는 헤아릴 수없이 수많은 세습적인 하위신분으로 다시 나뉘는데 그 안에서는 각자의 사회적 범주와 주거지역, 그리고 종종 직업의 범주에 따라 구성원들을 경직된 채로 규정하고 있다.

인도는 세계에서 가장 가난한 나라 중의 하나이다. 여러분도 수를 헤아려 보라. 1981년부터 1995년까지 인구의 약 절반이 하루에 미화 1달러에 상응하는 가치로 생계를 꾸려 가고 있었다. 이러한 기준으로 보면, 인도보다 더 가난한 나라는 단지 네 나라에 불과하다. 1993년에서 1994년까지 인도 인구의 3분의 1(약 3억이 넘는 수)이 공식적으로 빈곤에 허덕이며 주로 소규모 마을에서 살고 농업에 종사하는 것으로 공식 집계되었다. 1996년에, 78개 개발도상국가들 중에 인간빈곤지수(Human Poverty Index)가 48위를 기록한 르완다에 이어 47위를 기록하였다. 덧붙여서 15세 이상의 인구 가운데 약 절반, 그리고 6세 이상의 여성 인구 가운데 60%가 문맹자들이다.

비록 인도는 1947년에 독립하고 1950년에 민주적 헌법을 채택하였음에도 불구하고, 내가 앞서 언급한 조건들이 주어졌더라도 인도의 정치적 실제가 민주적인 관점에서 볼 때, 지독한 결점투성이임을 보여 줄 뿐이라는 것에 대해 아무도 놀라지 않을 것이다. 인도의 정치과정은 기본적인 권리의 침해가 반복되어 악화되어 왔다.[53] 인도는 사업가들의 견해에서 볼 때 가장

53 인디라 간디는 1977년 선거에서 패한 후 1980년에 다시 수상으로 선출되었다. 1984년에 그녀는 인도 내의 시크(Sikh) 교도들이 점령하고 있는 이슬람 성지를 군대를 파견하여 공격하였다. 얼마 후 인디라 간디는 그녀를 경호하던 두 명의 시크 출신 경호원에게 암살당하였다. 힌두교인들은 그때 야단법석을 이루었고 수천 명의 시크인들을 죽였다. 1987년에 그녀의 아들 라지브 간디(Rajiv Gandhi)는 수상이 되었고 타밀 등의 소수종교인들의 독립운동을 진압하였다. 1991년 그는 타밀인에 의해 암살당하였다.

부패한 10개국 가운데 하나로 여겨졌다.[54] 더욱 나쁜 것은, 1975년에, 인도의 민주주의 제도들이 독재정권에 의해 뒤집히고 정권이 바뀌었다는 점이다. 이 시기에 인디라 간디(Indira Gandhi) 수상은 쿠데타를 꾀하고 국가의 비상사태를 선포한 후 시민의 권리를 정지시키고 이를 반대한 수천 명의 지도자들을 투옥했다.

그럼에도 불구하고 줄곧 대부분의 인도인들은 민주주의 제도를 지지해 왔다. 인디라 간디의 집권 2년 후에 상당히 공정하게 치러진 선거에서 국민은 그녀를 공직에서 사퇴하게 하였는데, 이러한 행동은 민주주의에 적합한 국민이 아니었다면 일어나지 않았을 것이다. 단지 정치적 엘리트들뿐만 아니라 대체로 인도 국민 모두가 간디 수상이 예상했던 것보다 훨씬 더 민주주의 제도와 실제에 대하여 집착하는 것으로 보였다. 인도 국민은 간디 수상이 권위주의적인 방법으로 통치하는 것을 허용하지 않았다.

비록 인도의 정치생활은 매우 난폭하고 때로는 폭력적인 것이지만, 기본적인 민주주의제도는 결점투성이임에도 불구하고 어찌되었든 지속적으로 작동되고 있다. 이러한 관찰은 모든 합리적인 예측을 매우 혼란스럽게 하는 것이다. 과연 이를 어떻게 설명할 수 있는가? 인도의 이러한 수수께끼에 대한 대답은 잠정적일 수밖에 없다. 보면 볼수록 놀랍게도, 인도의 어떤 측면들은 민주주의제도가 왜 유지되고 있는가를 설명하는 데 도움을 주고 있다.

먼저, 내가 언급한 민주주의에 우호적인 조건들 가운데 몇 가지가 인도에도 존재하고 있다. 과거에 인도는 영국의 식민지 시절부터 군대는 선출된

---

54 *Economist*, August 2, 1997, 52.

시민 지도자들에게 복종하는 관례를 유지 발전시켜 왔다. 그래서 인도는 대부분의 개발도상국가들에서 나타나는 민주적 정부에 대한 주요한 위협으로부터 자유로울 수 있었다. 예를 들어 남미와 대조적으로 인도의 군대 전통은 군사 쿠데타 혹은 군부독재를 거의 지지해 오지 않았다. 비록 경찰은 전국적으로 크게 부패했지만, 쿠데타를 일으킬 수 있을 만큼 독립적인 정치세력은 아니다.

게다가 독립을 이끌고 초기 헌법과 정치제도를 구성했던 그 당시 인도의 건국 지도자들은 모두 민주적 신념을 강하게 가지고 있었다. 그들이 이끌었던 정치운동은 민주주의 사상과 제도를 강하게 주창하였다. 혹자는 말하기를 민주주의는 인도의 국가 이데올로기라고 하였다. 다른 선택은 이들에게 거의 존재하지 않았다. 인도의 국민이라는 소속감이 약할지라도 민주주의 사상과 신념에 대하여 매우 충실하게 신봉하고 있어 거의 아무도 비민주적인 대안을 주창하지는 않는다.

더욱이 인도는 문화적으로 다양한 국가이지만, 힌두교에 대한 믿음과 실천이 매우 광범위하게 퍼져 있고 공유되고 있는 유일한 국가이다. 결국 10명 중 8명은 힌두교인이다. 비록 카스트제도가 분열적이고, 힌두 국수주의자가 소수 이슬람교도들에게 지속적인 위험 요소로 작용하지만, 힌두교는 동시에 대부분의 인도 국민에게 공통의 정체성에 해당하는 무언가를 제공하고 있다.

그러나 이러한 조건들이 민주주의제도를 지탱해 주고 있을지라도 첨예하게 대립하고 있는 다문화적 분열 및 이와 결합되어 있는 인도 전역의 빈곤은 언제라도 민주주의를 내팽개치고 권위주의적인 독재정권을 세우기 위한 반민주운동이 성장하는 배경이 될 수 있다.

첫째, 모든 인도인은 소수문화(a cultural minority)의 구성원이며, 각 그룹은 너무나 작기 때문에 그 구성원들이 인도를 홀로 장악할 수는 없다. 나뉘어 있는 인도의 파편적인 문화집단(cultural fragments)의 순전한 숫자는 그 각각이 다수파(a majority)가 될 수 없을 뿐만 아니라, 너무나 작아 광대하고 다양한 亞대륙(subcontinent: 대륙에 버금가는 지역)을 통치할 수 없는 상태에 있다. 어떤 인도의 소수 그룹도 군대와 경찰력에 의한 압도적인 강제력을 사용하지 않고는 통치할 수 없다. 그러나 군대와 경찰은 우리가 이미 관찰했듯이, 그러한 목적으로는 이용할 수 없다.

둘째, 거의 예외 없이 문화적 소수 그룹의 구성원들은 단일지역에 모여 살기보다는 인도 전역의 각지에 흩어져 살고 있다. 결과적으로 대부분의 소수 그룹은 인도의 국경을 벗어난 지역에서 자기들만의 분리된 국가를 형성하려는 의도를 전혀 기대할 수 없다. 그들이 좋아서든 싫어서든, 인도인들은 인도의 시민으로 남을 수밖에 없는 운명이다. 인도 내에서는 분리가 불가능하기 때문에, 결국 유일한 대안은 인도 안에서 통일국가를 유지하는 것이다.[55]

끝으로 대부분의 인도인들에게는 민주주의를 대신할 실질적인 대안이 없다. 인도의 어떤 소수 그룹도 단독으로는 민주주의제도를 뒤집고 권위주의 정부를 세우는 것과 군대와 경찰의 지지하에 권위주의 정권을 유지하는 것, 그리고 인도와 분리된 별도의 국가를 건설한다거나, 민주주의를 대체하여

---

55 뚜렷한 특징을 지닌 하나의 문화적 소수파 구성원들이 인도의 국경지역에 함께 살고 있다면 이것은 사실이 아니다. 그러한 소수 그룹은 여럿이 존재하며, 그들 가운데 가장 유력한 소수파가 카슈미르 사람들(Kashmiris)이다. 이들은 독립을 얻으려고 여러 차례 시도했지만 인도 정부가 군대를 동원하여 진압함으로써 계속 좌절되어 왔다.

많은 사람의 동의를 얻을 수 있는 대안적 이데올로기나 대안적 제도를 만들어 내는 것 등 모든 것이 불가능하다. 경험을 통해 알 수 있는 것은 다른 소수 그룹 간의 어떠한 규모의 연합도 너무나 분열적이어서 정권을 쟁취하여 유지해 낼 수 없으며, 권위주의 정권의 경우에는 더욱 그러하다. 결국 대부분의 인도인들에게는 민주주의가 유일하게 적용될 수 있는 선택인 것으로 보인다.

민주주의에 관한 모든 이야기는 어떤 나라의 경우든지 복합적인 것이지만 인도의 경우는 더욱 복합적이다. 그러나 결국 인도는 앞서 내가 약속한 세 번째 제안을 확인시켜 주고 있다. 민주주의에 유리한 조건을 모두 결여한 것이 아니라 그 가운데 일부가 부족한 국가에서는 민주주의가 위태로우며 때로는 실현하기 어렵지만 항상 불가능한 것은 아니다.

왜 민주주의는 전 세계에 걸쳐 퍼져 있는가

이 장을 시작할 때, 나는 20세기 전 과정을 통해서 민주주의가 얼마나 자주 붕괴되었는가, 그리고 그럼에도 불구하고 민주주의가 20세기의 말미에 와서 얼마나 광범위하게 퍼졌는가에 대하여 아무런 이유 없이 언급하였다. 이제 그 승리 – 곧 내가 언급했던 민주주의에 우호적인 조건들이 훨씬 더 광범위하게 전 세계의 국가들로 퍼졌다는 사실 – 에 대하여 설명할 수 있다.

• 민주주의에 대하여 적대적이었던 외부 열강들의 개입 위험이 식민제국들이 해체되면서 줄어들었다. 국민들은 그들의 독립을 얻었고 전

제주의 통치는 붕괴하였다. 또한 국제공동체는 대체로 민주화를 지지하였다.

- 민간인들뿐만 아니라 군의 지도자들이 군부통치가 대체로 현대 시민사회의 도전을 이겨낼 수 없다는 것을 명백하게 인식함으로써 군부독재에 대한 유혹은 현저하게 줄어들었다. 실제로 군대는 종종 자신들이 그러한 능력을 갖추고 있지 않음을 드러냈다. 그래서 많은 국가들에서 민주주의에 대한 가장 오래되고 가장 위험한 위협은 적어도 제거되었거나 혹은 크게 감소되었다.
- 민주화가 발생한 많은 국가들은 심각한 문화적 갈등을 피할 수 있을 만큼 충분히 동질적이다. 대체로 국가의 크기가 작은 경우이며 다양한 문화가 응집되어 있는 큰 규모의 국가들은 아니다. 문화적으로 분리된 일부 국가들에서는, 공감대를 이루는 타협이 그 역할을 담당하고 있다. 적어도 한 국가, 곧 인도에서는 어떠한 소수문화도 통치할 수 있을 만큼 충분한 내용을 갖추고 있지 못하다. 이와 대조적으로 아프리카 일부나 과거의 유고슬라비아 등에서 그러하였던 것처럼 문화적 갈등이 첨예한 국가에서 민주화는 상당한 재앙이었다.
- 전체주의체제와 군부독재, 그리고 다른 많은 권위주의 통치들이 실패로 드러났다. 더불어 반민주주의적 믿음과 이데올로기는 예전과 달리, 전 세계의 상당수 국가들로부터 이제는 더이상 지지를 받지 못하고 있다. 인류의 역사에서 오늘날과 같이 그토록 많은 사람들이 민주주의 사상과 제도를 지지했던 적은 일찍이 없었다.
- 시장자본주의제도는 각 나라별로 차례로 전파되었다. 시장자본주의는

> 높은 경제성장과 국민의 복지로 귀결되었을 뿐만 아니라 민주주의 사상과 제도에 공감하는 영향력 있는 중산층의 규모를 크게 확대시킴으로써 한 국가 내의 사회를 근본적으로 변화시켰다.

이러한 이유들과 혹은 다른 이유들로 인하여 20세기는 민주주의 승리의 시대임을 입증해 왔다. 그러나 우리는 그러한 승리를 매우 조심스럽게 지켜보아야 한다. 한 가지 예를 들면 많은 '민주주의' 국가들의 기본적인 정치제도는 허약하거나 결점투성이이다. 그림 1에서, 65개 국가가 민주주의 국가라고 하였다. 그러나 우리는 그들을 세 그룹으로 나누어 보아야 할 것이다: 거의 완전히 민주화된 국가 35개국, 상당한 정도의 민주주의 국가 7개국, 그리고 주변적(덜 민주화된) 민주주의 국가 23개국(그 근거에 대해서는 부록 C를 참조할 것).[56] 따라서 '민주주의의 승리'(triumph of democracy)는 때때로 그렇게 묘사되는 것보다 훨씬 더 불완전한 것이다.

게다가 민주주의적 성공이 21세기에도 지속적으로 될 것인가에 의문을 제기해 보는 것 또한 합당하다. 그 대답은 민주주의 국가들이 자신들의 도전을 얼마나 잘 극복해 가느냐에 전적으로 달려 있다. 이들 도전 가운데 하나는, 이미 내가 제안했듯이, 시장자본주의의 모순적인 결과로부터 직접 발생될 것이다. 어떤 의미에서 시장자본주의는 민주주의에 우호적이기도 하고, 또 다른 측면에서는 비우호적이기도 하다. 왜 그런지에 대해서는 다음의 두 장에서 살펴볼 것이다.

56 세 가지 범주에 대한 기준들은 부록 C에 서술되어 있다.

제13장

왜 시장자본주의는 민주주의에 우호적인가

민주주의와 시장자본주의는 갈등을 겪긴 하지만 서로 결별하기를 원하지는 않기 때문에, 난폭한 결혼생활에 묶여 참고 지내는 두 사람과 같다. 이 비유를 식물세계로 옮겨 본다면, 이 두 가지는 일종의 적대적 공생관계로 존재하고 있는 셈이다.

비록 그 관계는 이례적으로 복잡하고 미묘한 것이지만, 정치와 경제체제 안에서 풍부하고 끊임없이 성장하고 있는 경험의 사례들로부터, 주요한 다섯 가지 요소들을 추출해 낼 수 있다고 생각한다. 먼저 이 장에서 두 가지를, 다음 장에서 나머지 세 가지를 제시하고자 한다.

1. 다두 민주주의(polyarchal democracy)는 시장자본주의가 압도적으로 지배적인 국가에서만 지속되어 왔다. 그리고 비시장경제가 압도적인 국가에서는 절대로 다두 민주주의가 이루어진 사례가 없다.

비록 나는 이 결론을 다두 민주주의로 제한하고 있지만, 그리스와 로마의 도시국가 및 중세의 이탈리아 등에서 발전되었던 민중정부와 대의 제도의 발전과 북유럽에서 나타난 시민참여의 성장 등에도 확대하여 적용할 수 있다. 그러나 이미 이 가운데 일부는 제2장에서 언급한 바 있으며 여기서는 역사적인 문제는 그냥 지나치려고 한다. 왜냐하면 현대의 대의 민주주의 제도 곧 다두 민주주의에 초점을 맞추는 것이 이 글의 목적이기 때문이다.

여기 그 기록은 놀라울 정도로 명백하다. 다두 민주주의는 시장자본주의가 압도적으로 지배적인 국가에서만 지속되어 왔다. 그리고 비시장경제가 압도적인 국가에서는 다원적 민주주의가 이루어진 사례가 절대로 없다(있다 해도 아주 짧은 순간에만). 왜 그런 것일까?

2. 이러한 엄격한 관계가 지속되는 이유는 시장자본주의의 기본적인 어떤 성격들이 민주주의제도에 우호적인 조건을 만들어 주기 때문이다. 역으로 압도적으로 지배적인 비(非)시장 경제의 어떤 기본적인 성격들은 민주주의 전망을 훼손시키고 있다.

시장자본주의 경제에서 경제적 독립체는 개인들이거나 기업들(회사, 농장, 그리고 이런 저런 것 등)이다. 그리고 이것은 대부분의 경우, 국가가 소유하고 있지 않으며 개인이나 그룹이 사적으로 소유하고 있다. 이들 경제적 독립체들의 주요 목적은 임금, 이윤, 이자 그리고 임대 등의 형태로 경제적 수입을 얻는 것이다. 이러한 사업을 경영하는 이들은 복지문제나 공공재와 같은 일반적이고 고상하며 모호한 목적의 사업들을 추구할 필요를 느끼지 않는다. 그들은 단지 개인의 이윤추구가 동기가 되어 움직일 뿐이다. 그리고 시장은 소유자, 경영자, 노동자, 그리고 그들이 필요로 하는 중요한 정보들과 관련된 다른 어떤 것들을 제공하기 때문에 이들은 사회의 중심적인 방향을 고려하지 않고도 의사를 결정할 수 있다(그러나 이러한 사실이 법과 규제 없이 그들이 활동할 수 있다는 의미는 아니다. 이 문제는 다음 장에서 다시 다룰 것이다).

민주주의제도가 우리에게 요구하는 내용과 반대로, 시장은 경제적 주체들의 결정을 조정하고 통제하는 역할도 담당한다. 무수한 경제문제에 대한 결정들이 수없이 많은 독립된, 그러나 경쟁적인 행위 주체들이 좁은 의미의 자기의 이해들에 따라 움직이고 시장이 제공해 주는 정보를 지침으로 활동하는 체제였다. 이러한 체제가 이미 알려진 다른 어떤 체제들보다 훨씬 더 효과적으로 재화와 서비스를 생산해 왔다는 것은 이미 우리들의 역사적 경험이 매우 분명하게 보여 주고 있다. 더욱 놀라운 것은 이러한 체제가 나름대로 규제와 질서를 확립하고 지켜 나간다는 사실이다.

결과적으로 시장자본주의는 장기적으로 볼 때, 대체로 경제성장을 이끌어 왔다. 먼저 극심한 빈곤을 제거하고 생활수준을 향상시킴으로써, 경제성장은 사회·정치적 갈등을 감소시키는 데 기여해 왔다. 나아가 경제적 갈등이 발생할 때, 성장은 갈등의 당사자들이 각각 무언가를 얻을 수 있는 서로가 만족할 만한 해결을 가능하게 하는 좀 더 많은 자원을 제공해 준다(만일 이러한 성장이 없는 상태라면, 경제적 갈등은 게임이론의 언어를 빌면, '제로섬(zero-sum)'이 되고 만다. 곧 내가 얻으면 네가 잃게 되고 네가 얻으면 내가 잃게 되는 것이다. 따라서 협력은 불필요한 것이 되고 만다). 성장은 개인과 그룹, 그리고 정부에 교육사업을 지원하여 글을 읽을 수 있고 교육받은 시민층(a literate and educated citizenry)을 육성할 수 있는 잉여자원을 제공해 준다.

시장자본주의는 이것이 야기하는 사회·정치적 결과 때문에도 민주주의에 유리하다. 시장자본주의는 거대한 규모의 사적인 소유자들인 중간층을 양산하는데, 이들은 교육, 자율성, 개인적 자유, 사적 소유권, 법률, 그리고 정치에의 참여 등을 추구하는 성향을 가지고 있다. 아리스토텔레스가 가장 먼저 지적한 바와 같이 이들 중간계급은 민주주의 사상과 제도에 대하여 자연스러운 동맹군들이다. 끝으로 이것이 매우 중요한 것일 수 있는데, 시장자본주의 경제는 많은 경제적 결정들을 상대적으로 독립적인 개인과 회사로 분산시킴으로써 매우 강력한, 심지어 권위주의적인 중앙집권화된 정부에 대한 필요를 피해 가고 있는 것이다.

비시장경제(nonmarket economy)는 자원이 부족하고 경제적 결정이 거의 필요 없거나 너무나 명백한 경우에 발생할 수 있다. 그러나 좀 더 복잡한 사회에서는 경제적 혼란을 피하고 최소한 적정 수준의 생활을 유지할 수 있기 위하여, 시장이 제공하는 조정과 통제에 대한 대역을 필요로 한다. 유일하게 실행 가능성이 높은 대역이 바로 국가의 행정권이다. 그래서 비시장경제에서 기업에 대한 형식적인 법적 소유형태가 무엇이든지, 그들의 결정은 실제로 정부에 의해 이루어지고 정부의 통제를 받는다. 시장의 조정능력이 없으면 부족한 모든 자원들 – 예컨대 자본, 노동, 기계, 토지, 건물, 소비재, 주거지, 그리고 기타 등등 – 을 할당하는 임무는 불가피하게 정부의 과제로 남게 된다. 그렇게 하려면, 정부는 자세하고 사려 깊은 중앙계획을 필요로 하며 정부관료들은 계획 입안과 수행, 그리고 강제적 집행에 필요한 준비들을 책임져야 한다. 이러한 것들은 매우 거창한 과제들이며 주체하기 어려울 만큼의 신뢰할 만한 정보량을 필요로 한다. 정부관료들은 그들의 지배를 국민들이 잘 순종하고 따르게 하기 위해서 적절한 동기부여를 개발하고 부여해야만 한다. 여기에는 합법적(예를 들면 임금이나 보너스 등)이고 동시에 비합법적(예컨대 매수)인 보상으로부터 강제와 처벌(예를 들면 '경제적 범죄'에 대한 형 집행)에 이르는 동기부여의 내용들이 뒤따르게 된다. 곧 내가 다루게 될 매우 드물고 일시적인 조건하의 경우를 제외하면, 어떠한 정부도 그러한 과제를 능히 수행할 만하다고 입증된 경우는 없었다.

그러나 민주주의의 전망에 매우 해가 되는 것은 중앙계획경제의 비효율성의 문제가 아니다. 그 문제는 경제의 사회·정치적 결과인 것이다. 중앙계획경제는 모든 경제의 자원을 정부지도자들의 의중대로 처리할 수 있다. 뜻밖의 환상적인 정치적 성과의 있음직한 결과를 예측할 수도 있지만, 우리는 아마도 '권력은 부패하며 절대권력은 절대로 부패한다'(power corrupts and absolute power corrupts absolutely)는 경구를 회상할 수 있다. 중앙계획경제는 정부지도자들에게 다음과 같이 굵은 글씨로 작성한 노골적인 초청장을 발행한다. *당신은 당신의 권력을 강화하고 유지하기 위하여 모든 경제적 자원을 마음대로 써도 좋다.*

정치지도자들이 이러한 유혹에 저항할 수 있고 스스로 부정할 수 있는 초인적 능력을 가지고 있다면 얼마나 다행일 것인가. 아쉽게도 모든 경구의 지혜가 확인해주듯이 유혹을 이기는 정치지도자는 없었다는 점을 역사가 증명하고 있다. 중앙의 계획경제가 제공하는 모든 자원에 접근할 수 있는 통치자들은 좋은 결과를 낳든 나쁜 결과를 낳든 그들의 전제능력을 사용할 것이 확실하다는 사실이다. 역사는 이 두 가지 경우를 모두 기록하고 있다. 비록 포괄적인 검토이지만, 전제군주들은 좋은 결과보다는 나쁜 결과를 훨씬 많이 낳았다고 생각한다. 어떠한 경우든지, 중앙계획경제는 항상 권위주의 통치와 관련을 맺어 왔다.

자영농으로 구성된 거대한 중산층을 형성시켰다. 따라서 민주적 발전에 대단히 우호적인 조건을 형성하였던 것이다. 실제로 토머스 제퍼슨의 공화국에 대한 비전에서 민주주의를 위해 필요한 기초는 독립적인 농부로 구성된 농업사회였다.

가장 선진 민주주의 국가들에서 나타나는 이러한 산업화 이전의 기원들이 후기 산업화시대에 부적절하거나 뒤떨어진 것은 아닐까? 그렇지 않다. 그러한 경험의 틀은 결정적인 특징을 강화시키고 있다. 곧 지배적인 경제행위의 내용이 무엇이든지 간에, 분권화된 경제는 민주주의제도의 발전과 유지에 대단히 우호적인 조건을 형성한다는 것이다. 왜냐하면 분권화된 경제는 독립적인 시민들로 구성된 국가탄생에 도움이 되기 때문이다.

앞에서, 나는 정부가 효과적으로 중앙계획을 운영할 수 있는 '매우 드물고 일시적인 조건'을 언급하였다. 여기서 중요한 것은 정부가 민주적이라는 점이다. 1차 세계대전은 물론 2차 세계대전에서도 미국과 영국에 전시정부가 꾸려졌었다. 그러나 이 경우에는 자원에 대한 계획과 할당은 명확하게 설정된 목적을 가지고 있었다. 그리고 이것은 군사적 필요가 시민들을 위한 재화와 서비스의 기본적인 공급과 잘 맞추어 나갈 수 있다는 것을 확신시켜 주었다. 전쟁의 목적은 광범위하게 지지를 받았다. 비록 일부 암시장이 성장했지만, 그것 때문에 자원을 할당하고 가격을 통제하는 중앙집권화된 체제의 효율성이 감소되지는 않았다. 끝으로 그러한 비상체제는 평화가 도래한 후에는 곧 해체되었다. 그 결과, 정치지도자들은 어쩌면 그들의 정치적 목적을 위해 경제문제에 대한 그들의 지배적인 역할을 남용할 수 있던 기회를 바로 상실하게 되었다.

이러한 전시체제를 예외로 한다면, 중앙으로 집중된 경제제도는 지도자가 근본적으로 반민주적인 국가들에서만 존재하는 것이라고 할 수 있다. 그래서 지도자의 신념에 기초한 비민주적 결과로부터 야기된 경제질서의 비민주적 결과는 쉽게 해결할 수 있는 것이 아니다. 레닌과 스탈린은 민주주의에 대하여 지나치게 적대적이어서 중앙으로 집중된 경제의 유무에 관계없이, 그들은 민주제도의 발전을 가로막았던 것이다. 중앙으로 집중된 경제는 그들의 의지를 타인에게 가하는 데 필요한 더 많은 자원을 제공함으로써 그들의 과제를 쉽게 달성할 수 있게 한다.

엄격히 말해서, 평화시(전시가 아닌)에 중앙집중화된 경제체제와 민주주의제도가 결합된 역사적 경험은 이제껏 실현된 예가 없다. 또한 앞으로도 그런 일이 발생하지 않기를 희망한다. 현실 가능한 결과들에 대하여 충분히 예견할 수 있다고 믿는다. 그러한 결과들은 민주주의에 나쁜 징조를 가지고 있다.

그러나 시장자본주의가 지금까지 존재해 온 비시장경제보다 민주주의제도에 훨씬 우호적일지라도, 그것은 또한 민주주의에 상당히 심각하게 불리한 조건을 형성하기도 한다. 우리는 이 문제를 다음 장에서 살펴볼 것이다.

제14장

왜 시장자본주의는 민주주의에 해가 되는가

우리가 시장자본주의를 민주적 관점에서 접근한다면, 그리고 보다 가까이 들여다본다면, 시장자본주의는 두 얼굴을 가지고 있다. 야누스라는 그리스 신의 상징처럼, 시장자본주의는 서로 반대방향을 바라보는 두 얼굴을 가지고 있다. 하나는 우정어린 친구의 얼굴로 민주주의를 가리키고 있지만, 다른 하나는 적대적인 얼굴로 다른 방향을 가리키고 있다.

3. 민주주의와 시장자본주의는 각각 서로를 수정하고 제한하는 지속적인 갈등관계에서 벗어날 수 없다.

1840년경에 노동, 토지 그리고 화폐 등의 자기조절능력을 갖춘 시장경제가 영국에서는 완전히 이루어졌다. 시장자본주의는 모든 전선에서 그 적들과 싸워 승리를 쟁취하였다. 경제 이론과 실제에서뿐만 아니라 정치, 법, 사상, 철학 그리고 이데올로기 등 모든 분야에서 승리한 것이다. 그 적들이 다시 나타나더라도 완전히 격퇴시켰다. 그러나 영국에서는 전(前) 민주주의 시대에서조차 사람들이 자기 소리를 낼 수 있었던 것에 비하여 민중들이 자기 목소리를 낼 수 있게 된 민주주의 국가에서조차도 이러한 승리가 지속될 수는 없었다.[58] 언제나 그러하듯이, 시장자본주의는 한편으로는 득을 가져왔지만 다른 한편으로는 해를 입히기도 하였다.

비록 참정권은 지극히 제한되었지만, 대의정부와 같은 다른 정치제도는 널리 전개되었다. 그리고 적당한 때 – 1867년과 다시 1884년 – 에 참정권이 확대되었다. 1884년이 지나면서 대부분의 남성은 선거를 할 수 있었다. 덕분에 규제하기 어려운 시장자본주의에 대하여 효과적으로 반대를 표현할 수 있는 기회를 정치제도가 제공하였다. 규제되지 않는 시장들에 의해서 피해를 입었다고 느끼는 사람들은, 정치지도자와 정부지도자들의 도움을 기대하면서, 보호받을 수 있는 방법을 찾으려고 하였다. 자유방임 경제를 반대하는 사람들은 정치지도자들, 사회운동, 정당, 프로그램, 사상, 철학, 이데올로기, 책, 언론, 그리고 대단히 중요한 선거와 투표 등을 통해 자신들의 불만을 효과적으로 표출하였다. 새롭게 형성된 노동당은 노동계급이 처해 있는 어려운 상황에 초점을 맞추었다.

일부 반대자들은 시장자본주의를 규제할 것만 제안하는 것으로 그쳤지만 다른 반대자들은 그 자체를 철저히 없애버릴 것을 원하였다. 그리고 또 일부 반대자는 일단 지금은 시장자본주의를 규제하도록 하고 후에 이를 제거하자는 타협안을 찾기도 하였다. 자본주의를 철폐하자고 제안한 사람들은 그들의 목표를 전혀 이루지 못했다. 반면에 정부의 개입과 규제를

---

58 고전적인 설명은 다음을 참조하라. Karl Polanyi, *The Great Transformation* (New York: Farrar and Rinehart, 1944). 폴라니는 오스트리아-헝가리에서 영국으로 망명하였으며, 그 후 미국에서 강의 생활을 했다.

요구했던 이들은 종종 그들의 목적을 달성하기도 하였다.

영국에서와 마찬가지로 또한 서부 유럽과 영어사용권 국가에서도 이와 비슷한 일들이 벌어졌다. 불만을 대중적 운동으로 전개하여 정부에 영향력을 미칠 수 있었던 국가에서는 자유방임주의가 지속될 수 없었다. 정부의 개입과 규제 없는 시장자본주의는 민주주의 국가에서는 적어도 두 가지 이유에서 불가능하다.

첫째, 시장자본주의의 기본적인 제도는 광범위한 정부의 개입과 규제를 스스로 요구하게 된다. 경쟁할 수 있는 시장, 경제적 주체들의 소유권, 계약을 이행시키는 힘, 독점 금지, 재산권 보호 등이 그러한 내용들이다. 이외에도 시장자본주의 다른 측면들은 법, 정책, 질서, 그리고 정부가 수행하는 다른 행동들에 전적으로 의지하고 있다. 시장경제는 완전히 자율적으로 규제되지 않으며 규제될 수도 없는 것이다.

둘째, 정부의 개입과 규제가 없으면, 시장경제는 불가피하게 어떤 사람들에게는 심각한 피해를 입힌다. 그리고 피해를 입었거나 피해를 입게 될 사람들은 정부의 개입을 요구하게 될 것이다. 자기 이해에 의해 동기부여가 되는 경제 행위자들은 타인들의 이익이 무엇인지를 고려해 보는 동기를 전혀 가지고 있지 않다. 반대로, 그들은 타인들의 이익을 무시하는 데 오히려 더 커다란 동기부여를 받고 있다. 그렇게 함으로써 그들은 자신들의 이익을 지속적으로 유지해 가기도 한다. 양심은 타인에게 해를 미치는 것을 정당화하는 논리에 쉽게 유혹되어 곧잘 침묵하게 된다. 예컨대, "만일 내가 그것을 하지 않는다면 다른 사람들이 할 거야. 만일 우리 공장이 쓰레기를 강가에 버리지 않도록 하고 매연을 공중에 뿜어 대지 않더라도, 다른 사람들이 그렇게 할 거야. 비록 내 상품이 안전한 물건이 아니어서 팔지 않는다면,

다른 사람들은 그렇게 할 거야."라고. 다소 경쟁적인 경제체제에서는, 실제로 다른 사람들이 그렇게 할 것이라는 것은 확실한 것이다.

규제받지 않은 경쟁과 시장에 의해서 내려진 결정들이 해로운 결과를 가져왔을 때, 몇 가지 질문들이 떠오르게 된다. 이러한 해를 줄이거나 없앨 수 있는가? 만일 그렇다면 이익을 얻기 위한 비용을 초과지출하지 않고 이러한 방법이 달성될 수 있는가? 종종 발생하는 경우인데, 일부에게는 해가 되고 일부에게는 이익이 되는 경우에, 무엇이 바람직한 것인지를 어떻게 판단할 것인가? 무엇이 최선의 해결책인가? 만일 그것이 비록 최선은 아닐지라도 적어도 받아들일 만한 해결책인가? 이러한 결정들은 어떻게 이루어지며 누가 결정하는가? 어떻게 혹은 어떤 수단을 통하여 그 결정들이 구속력을 지니는가?

이러한 문제 제기들은 단순히 경제적인 질문들이 결코 아니다. 이것은 또한 도덕적이며 정치적인 질문들이다. 민주주의 국가에서 이 질문의 답을 찾으려는 시민들은 불가피하게 정치와 정부에로 이끌리게 된다. 시장경제에 가장 쉽고 가장 효과적으로 개입할 수 있는 것은 – 그렇지 않을 경우, 해를 입히게 될 결과를 낳을지도 모르기 때문에 – 바로 국가 안의 정부이다.

불만을 지닌 시민들이 정부가 개입할 수 있도록 하는 데 성공할 수 있는지의 여부는 물론 많은 조건들 – 반대자들의 상대적인 정치적 위력을 포함하여 – 에 달려 있다. 그렇지만 역사적인 기록은 명확하다. 모든 민주주의 국가에서, 규제되지 않는 시장에 의해서 만들어지거나 혹은 이로부터 예측할 수 있는 해악은 이로 인하여 시민들이 입게될 손해 및 그에 따른 결과들을 미리 변화시키기 위하여 정부의 개입을 유도해 왔다.[59]

---

59 그리고 많은 비민주주의 국가에서도 마찬가지이다. 그러나 여기서 우리의 관심은 민주주의와 시장

시장자본주의에 헌신적이었던 나라에서, 연방국가의 정부나 단일국가의 정부, 혹은 주 정부나 지방정부 등은 목록을 나열할 수 없을 만큼 다양한 방법으로 경제에 개입하고 있다. 여기서 그 목록의 일부를 나열해 보면 다음과 같다.

- 실직보험
- 고령연금
- 경기침체와 인플레이션을 피하는 경제재정정책
- 안전(safety): 음식, 의약품, 항공노선, 철도, 고속도로, 거리
- 공중보건, 전염병에 대한 통제, 학교 어린이들의 강제적 백신예방
- 의료보험(health insurance)
- 교육
- 주식, 채권 그리고 유가증권의 판매
- 지역설정(zoning): 상업지역, 주거지역 기타 등등
- 건물기준 설정
- 시장의 경쟁보장, 독점방지, 그리고 무역에서의 다른 규제들
- 수입에 대한 관세 및 쿼터 부가와 절감
- 물리학자, 의사, 변호사, 회계사, 그리고 다른 전문직의 면허발급
- 주립공원, 국립공원, 휴양지역, 야생지역 등을 만들고 관리하기
- 상업회사들의 환경파괴 방지 및 복구
- (그리고 뒤늦게) 마약중독, 암, 그리고 다른 악성효과의 빈발함을

자본주의의 관계이다.

줄이기 위한 담배생산의 판매규제

그리고 기타 여러 가지.

요약: 어떠한 민주국가에서도 해로운 효과를 개선하기 위한 정부의 강한 규제와 개입 없이는 시장자본주의 경제가 존재할 수 없다(모든 유사한 경우에서도 결코 오랫동안 존속될 수 없다).

그러나 만일 민주적 정치제도를 지닌 국가에서 개입과 규제가 시장자본주의의 작동에 중대하게 영향을 미칠 경우, 한 국가에서 시장자본주의의 존재는 민주적 정치제도의 작동에 크게 영향을 미칠 것이다. 말하자면 인과관계의 화살표는 양쪽 방향으로 모두 향해 있는 것이다. 정치로부터 경제로, 그리고 경제로부터 정치로.

4. 시장자본주의는 불가피하게 불평등을 야기하기 때문에, 정치적 자원을 배분하는 데 있어서, 불평등을 발생시킴으로써 다두 민주주의의 민주적 잠재성을 제한하게 된다.

정치적 자원의 불평등 때문에, 일부 시민들이 정부의 정책, 결정 그리고 행동에 대하여 다른 사람들보다 상당히 더 많은 영향력을 얻게 된다. 이러한 침해는 결코 사소한 것이 아니다. 결과적으로 볼 때 시민들은 정치적으로 평등한 것은 아니다 – 오히려 그와는 거리가 멀다 – 따라서 민주주의의 도덕적 기초, 곧 시민들 사이의 정치적 평등은 심각하게 훼손당하는 것이다.

용어해설

정치적 자원(political resources)은 한 개인 혹은 그룹 이 직접적으로 혹은 간접적으로 다른 사람의 태도에 영향력을 발휘하는 데 사용하기 위하여 접근할 수 있는 모든 것을 의미한다. 시간과 장소에 따라 다르지만 인간사회의 무한히 많은 다양한 측면들은 모두 정치적 자원으로 전환될 수 있다. 물리적 강제력, 무기, 돈, 부, 재화와 용역, 생산적인 자원, 수입, 지위, 명예, 존경, 애정, 카리스마, 위신, 정보, 지식, 교육, 의사소통, 의사소통의 매체, 조직, 위상, 법적 신분, 교리와 믿음에 대한 통제, 선거 그리고 다른 많은 것들. 이론적으로 보자면, 민주주의 국가에서는 정치적 자원이 투표와 같이 공평하게 분배될 수도 있다. 그리고 평등한 것(equality)과 전체적으로 집중된 것(total concentration) 사이에서 가능한 배분은 무한히 있다.

단지 내가 나열한 자원들 가운데 다수는 어디서나 매우 불평등한 방식으로 나누어진다. 시장자본주의가 유일한 원인은 아니지만, 많은 주요 자원들—부, 수입, 지위, 위신, 정보, 조직, 교육, 지식 등—을 불평등하게 배분하는 것에 원인을 제공하고 있다는 점에서 중요하다.

5. 시장자본주의는 다두 민주주의 수준에까지 이르는 민주주의의 발전에 크게 우호적이다. 그러나 정치적 평등을 거스르는 반대의 결과 때문에, 시장자본주의는 다두제의 수준을 벗어나 민주주의의 발전에 비우호적이기도 하다.

초기에 진행된 원인들 때문에, 시장자본주의는 권위주의 통치체제를 용해시킬 수 있는 강력한 것이었다. 시장자본주의가 지주와 농민들을 고용주와 피고용인, 그리고 노동자로 변화시킬 때, 교육받지 못한 채 단지 생존에 급급한 시골 대중들과 종종 그 수준에도 미치지 못하는 사람들을 글을 읽을 줄 알고 안정된 생활을 할 수 있는 도시화된 주민들(urbanized inhabitants)로 변화시킬 때, 작은 수의 엘리트, 과두제 혹은 지배계급이 거의 모든 자원을 독점하는 것으로부터 훨씬 더 폭넓게 자원을 분산시키는 방향으로 나아갈 때, 소수가 정부를 지배하는 것을 거의 방지할 수 없는 체제로부터 많은 사람들이 효과적으로 그들의 자원(최소한, 투표 이상의 정치적 자원)을 결합할 수 있고, 따라서 그들의 선호에 맞게 정부가 행동할 수 있도록 압력을 가할 수 있는 체제로 변화시킬 수 있을 때 – 곧 개발도상국가들과 같은 많은 나라에서 종종 발생하며 앞으로도 그럴 것이지만 시장자본주의가 이러한 변화를 만들어 내는 데 도움이 될 수 있을 때 – 그것은 사회와 정치의 혁명적 전환을 위한 수단으로 그 역할을 하게 된다.

덜 근대화된 국가에서 권위주의 정부가 역동적인 시장경제를 발전시키기 위해서 무언가를 수행해 갈 때, 바로 궁극적으로는 자신들을 파멸시킬 씨앗을 심는 것이다.

그러나 일단 사회와 정치가 시장자본주의에 의하여 전환되고 민주주의제도가 실현되기 시작하면, 사회 전체는 근본적으로 변하게 된다. 그리고 이제는 시장자본주의가 대량으로 생산해 내는 자원들로부터 발생하는 불평등이 시민들 사이에서 심각한 정치적 불평등을 생산해 내기 시작한다.

다두 민주주의와 시장자본주의의 결합이 다두제를 더욱 민주화시키는 데 훨씬 우호적인 것인지 혹은 어떻게 우호적일 수 있는지 하는 문제는 쉽게 혹은 짧게 잘라 답할 수 없는 심각하고 중대한 문제들이다. 한 국가의 민주적 정치체제와 비민주적 경제체제 간의 관계는 20세기 전 과정을 통하여 민주주의 이상과 실제에 대하여 엄청난 도전을 끊임없이 제공해 온 과제이다. 그리고 그 도전은 21세기에도 분명히 지속될 것이다.

제15장

끝나지 않은 탐구

무엇이 앞에 놓여 있는가? 우리가 보아 왔듯이, 때때로 많은 동시대인들에게는 민주주의에 대한 전망이 어둡거나 비극적으로 보일 때가 많았던 20세기는 오히려 그 무엇과도 견줄 수 없을 만큼 민주주의가 승리하는 시대임을 입증해 왔다. 비록 우리는 20세기와 마찬가지로 21세기도 민주주의가 이와 같이 진행될 것이라고 믿고 안심하려 할지 모르지만, 역사적 경험은 민주주의가 인류의 경험 속에서 매우 드문 것임을 일깨워 주고 있다. 예컨대 정치 엘리트와 관료 엘리트들에 의한 대리정치(Guardianship)라는 비민주적 체제의 21세기 판에 의하여 민주주의가 또다시 뒤집어질 운명일 것인가? 아니면 민주주의가 지속적으로 전 세계로 확장해 갈 것인가? 혹은 또 다른 전환으로 '민주주의'라고 부르는 것이 범위가 훨씬 넓어지는 대신에 깊이가 얕아지는 - 곧 민주주의가 보다 많은 나라로 확산되어 가지만, 민주주의의 질은 더욱 허약해져 가는 - 것은 아닐까?

이에 대하여 확실한 대답을 하기에는 미래가 너무나 불확실하다고 생각한다. 제3장에서 제시한 문제들의 답을 찾는 노력을 마무리하면서, 우리의 내용들을 정리하기로 한다. 경험과 조응을 통해 이미 익숙해진 세계는 좀처럼 신뢰할 수 없는 불확실한 지도는 – 아무리 알려고 해도 신뢰하기 어려운 (세계)지도 – 멀리 떨어져 있어 신뢰할 만한 정보가 없어 단지 삽화가들에 의해서 스케치된 것과 같은 – 미래의 세계로 자리를 내주어야만 한다. 그럼에도 불구하고, 현재 민주주의 국가들이 직면하고 있는 어떤 문제들은 계속 남아 있을 것이며, 심지어 조금도 수그러들지 않고 더 커질 것이라고 예측할 수 있다.

여기 마지막 장에서, 몇 가지 도전들에 대하여 간단한 스케치를 제시하고자 한다. 나는 많은 문제를 좀 더 선진화된 민주주의에 초점을 맞추려고 할 것인데, 이는 부분적으로는 나의 과제를 좀 더 다룰 만한 것으로 만들기 위해서이고 다른 한편으로는 조만간 – 아마도 나중이기보다는 곧 – 최근에 민주화되었거나 혹은 민주화로 이행하는 시점의 국가들이 이미 민주화된 국가들 앞에 놓여 있던 과제들과 바로 직면할 것이기 때문이기도 하다.

이미 과거에 일어났던 일들을 감안한다면, 내가 언급할 문제들은 새삼스럽게 크게 놀랄 만한 것은 아니다. 오히려 과거와 또 다른 문제가 얼마나 있을지 나는 의심스럽다. 유감스럽게도 여기서 해답을 제공할 것이라고 기대할 수도 없다. 그러려면 또 하나의 책을 더 쓰거나 아니면 여러 권을 더 써야 할지도 모른다. 그러나 합리적으로 생각할 때 한 가지 분명한 것이 있다. 민주주의의 성격과 그 질은 민주적 시민과 지도자가 내가 묘사할 도전들을 어떻게 잘 처리해 가는가에 크게 달려 있다는 점이다.

도전 1: 경제질서

시장자본주의가 민주주의 국가에서 새롭게 대치될 수 있을 것 같지 않다. 결과적으로 제13장과 제14장에서 언급한 적대적 동거는 몇 가지 형태로 지속될 것이 틀림없다.

이미 지배적인 시장경제에 대하여 명백하게 더 우월한 대안을 현실에서 찾아내기란 거의 불가능하다. 20세기말 세상을 보는 관점이 크게 변화하고 있다. 그러나 민주주의 국가에서 거의 어떤 시민도 민주주의에 더 우호적이고 정치적 평등과 효율성을 제공하고 동시에 재화와 서비스를 생산하는 데 있어서 공평하다고 여길 만큼 충분한 비시장제도를 발견하거나 소개할 가능성은 그다지 높지 않다고 생각한다. 이미 지난 두 세기 동안 사회주의자, 계획주의자, 기술관료, 그리고 다른 많은 사람들은, 그들이 생각하기에, 생산과 가격책정 그리고 재화 및 서비스의 분배에 관한 경제적 결정에 적합한 대안을 탐색해왔다. 그러나 곧, 이들은 좀 더 질서가 잘 잡히고 처음부터 잘 계획되고 따라서 정의로운 과정들에 의해서 시장을 관리할 수 있는 대안을 모색해왔다. 그러나 이러한 전망들은 거의 망각 속으로 사라져갔다. 지배적인 시장경제의 결점이 무엇이든지 간에, 그것은 새로운 세기에 민주주의 국가들이 취할 수 있는 유일한 선택인 것으로 보인다.

이와 대조적으로, 시장경제가 지배적인 현실에서 기업들이 자본주의 방식으로 소유되고 통제되어야 하는가는 확실하지 않다. 자본주의 기업들의 내부적 '행정(government)'은 전형적으로 비민주적이다. 때때로 자본주의 기업들은 실제로는 기업경영에 있어서 전제주의와 다를 바 없다. 게다가 기업의 소유권과 기업을 소유한 결과로 얻어지는 이윤과 이득은 매우 불평등한 방식으로 분배된다. 주요 경제기업들에 대한 불평등한 소유권과 통제는 제14장에서 언급한 정치적 자원에서의 심각한 수준의 불평등을 초래하며, 따라서 민주시민들 사이의 정치적 평등에 피해를 확산시킨다.

이러한 약점에도 불구하고, 20세기가 끝날 무렵 자본주의 소유권과 통제에 대한 역사적인 대안들은 대부분 그 지지를 상실했다. 노동당, 사회당, 그리고 사회민주주의 정당들은 이미 기업을 국유화하려고 했던 그들의 목표를 포기하였다. 그러한 정당이 주도한 정부, 혹은 기껏해야 이들을 열정적인 파트너로 받아들이는 정부들은 기존의 국가소유의 기업들을 재빠르게 사유화시켰다. 시장의 맥락에서 작동되었던 "사회적으로 소유된(socially owned)" 기업은 적어도 원칙적으로는 노동자들의 대표들에 의해서 운영되었는데, 그 유일한 대표적 경험 또한 유고슬라비아 연방이 해체되면서 사라졌다. 오히려 성숙한(오래된) 민주주의 국가에서 피고용인들이 소유하고 있는 기업들이 실제로 존재할 뿐 아니라 오히려 확실히 번창하고 있다. 그러나 노동조합운동, 노동당, 그리고 일반적으로 노동자들 개인 모두가 피고용인이나 노동자들에 의해서 소유되는 기업이 주를 이루는 그러한 경제질서를 심각하게 주장하고 나서지는 않고 있다.

그래서 민주적 목표와 시장자본주의 경제 사이의 긴장은 대체로 끊임없이 지속될 것이다. 정치적 평등에 손실을 가져올 비용을 최소화시키면서 시장자본주의의 장점을 최대한 살릴 수 있는 더 나은 방법이 있겠는가? 민주주의 국가에서 시민들과 지도자들이 만들어 내는 답변이 새로운 21세기의 민주주의의 성격과 품격을 결정하게 될 것이다.

도전 2: 국제화

우리는 왜 국제화가 민주적 통제(democratic controls)를 희생하면서, 정치 엘리트와 관료 엘리트에 의한 정책결정의 영역이 확장될 수 있는 가능성을 이미 살펴보았다. 제9장에서 제안한 바와 같이, 민주적 관점으로부터, 국제화가 제기하는 도전들은, 정치적 결정들이 국제적 수준으로 이행해 갈 때 민주주의를 희생하는 비용(cost to democracy)이 충분히 계산되어야 한다는 점을 확실히 해야한다. 정치 및 관료 엘리트들이 자신들의 결정에 대하여 책임을 질 수 있는 수단을 강화하여야 한다는 점이다. 이러한 것들이 성취될 수 있는지의 여부와 어떻게 성취될 수 있는가는, 아쉽게도 명확하지 않다.

도전 3: 문화적 다양성

제12장에서 본 바와 같이 문화적 동질성(cultural homogeneity)의 적절한 수준은 이미 많은 선진 민주주의 국가들에서 민주주의 발전과 안정에 우호적이었다. 그러나 20세기의 마지막 10년 동안에, 이들 국가에서 문화적 다양성을 증진시키는 것 두 가지 요인이 분명해졌다. 그리고 이 두 가지는 21세기에도 지속될 것으로 보인다.

먼저, 차별로 인해 습관적으로 피해를 입었던 일부 시민들은 자신들처럼 문화적으로 차별받았던 다른 사람들이 자신들의 권리와 이해를 보호하기 위해 일으켰던 문화적 정체성 운동에 자신의 일처럼 생각하고 동참하였다. 이러한 운동은 영국에서의 스콧(Scots) 지역과 웰시(Welsh) 지역,

그리고 퀘벡(Quebec)의 프랑스어 사용자들 등의 사례처럼 인종, 여성, 남성동성애자, 여성동성애자, 소수언어 사용자, 소수민족 사람들을 포함하고 있다.

둘째, 선진 민주주의 국가에서 문화적 다양성은 이민자들의 수가 크게 늘면서 확대되었다. 이들 이민자들은 대개 인종, 언어, 종교, 문화적 차이에 의해 주류를 점하고 있는 사람들과는 구별된다. 많은 이유들이 있지만, 무엇보다도 합법적이고 비합법적인 이민 모두가 선진 민주주의 국가 안에서 문화적 다양성이 크게 증가하는 데 결정적으로 기여하였다. 예를 들면 부유한 민주주의 국가와 가난한 국가들 사이에서의 경제적 차이는 가난한 나라의 사람들 입장에서 그들이 가난에서 탈출하여 부유한 나라로 이동하면 된다는 희망을 주었다. 다른 이들은 더 많은 기회를 가지고 부유한 나라로 이민을 감으로써 그들의 삶의 질이 개선될 것을 단지 원하였다. 선진 민주주의 국가들로 이동하려는 수는 폭력, 억압, 대량학살, '소수인종 말살(ethnic cleansing)', 기아, 그리고 그들이 자신의 조국에서 겪고 있는 여러 공포들 때문에 필사적으로 탈출하려는 이민자들의 수는 20세기의 마지막 몇 해 동안 테러에 짓눌린 피난민들로 크게 증가하였다.

안으로부터의 압력은 이러한 바깥으로부터의 압력을 더해 갔다. 고용인들은 자국의 다른 시민들에게 더 이상 부과할 수 없는 그 이하의 작업조건과 낮은 임금수준으로 이민자들을 고용하기를 희망하였다. 최근의 이민자들은 그들의 고국에 있는 자기 친척들을 데려오고 싶어 한다. 인간에 대한 고려와 단순한 정의감에 의해 움직이는 시민들은 피난민들이 피난민 수용소에서 영구히 살도록 하거나 이들이 또다시 그들의 고국에 돌아가 고통과 공포, 그리고 언제 일어날지 모를 공공연한 살인에 직면하게 되도록 강요받는 것을 내켜하지 않는다.

안팎의 어려움에 직면하여, 민주주의 국가들은 그들이 가정했던 것보다 그들의 경계에 훨씬 많은 틈이 있다는 것을 발견하게 되었다. 내륙과 바다로 들어오는 불법입국을 방지하는 것은 국경 근처에 경비를 강화하기 위한 비용을 지불하지 않고는 불가능해 보인다. 그러나 그러한 경비 비용은 차치하더라도 많은 시민들이 이러한 것을 싫어하며 참을 수 없는 비인간적인 처사라고 생각한다.

문화적 다양성과 그로 인한 도전들은 새로운 세기 동안에도 결코 줄어들 것 같지 않다. 오히려 점점 더 다양성이 증가할 것으로 보인다.

만일 과거에 민주주의 국가들이 민주주의의 가치 및 실천과 일치되는 방법으로 문화적 다양성을 다루어 오지 않았다면, 미래에 그들이 더 나아질 수 있거나 나아질 것인가? 제12장과 부록 B에서 묘사한 여러 가지 방법 가운데 가능한 해결은 동화(assimilation)라고 하는 한쪽 극단으로부터 독립(independence)이라고 하는 다른 극단에 이르기까지 다양하게 펼쳐져 있다. 다른 경우도 있을 수 있다. 어떤 경우이든지, 민주주의 성격과 품격은 민주주의 국가들이 그들 국민들의 문화적 다양성을 다루기 위하여 개발해 온 방법들에 달려 있다.

도전 4: 시민교육

시민교육에 관해서 비록 많이 언급하지는 않았지만, 민주주의 과정에서 가장 기본적인 한 가지 기준으로 계몽된 이해(enlightened understanding)라는 점을 들 수 있다. 적절한 시간적 한계 내에서 각 구성원(시민)들은 적실성이 높은 정책 대안들과 그로 인한 결과들에 대하여 배울 수 있는 동등하고 효과적인 기회(equal and effective opportunities)를 가져야 한다.

실제로 시민들은 그들의 시민교육을 얻기 위하여 어떻게 하려고 하는가? 선진 민주주의 국가들은 정치적 이해를 위하여 많은 길을 만들어 놓았다. 먼저 대부분의 시민들은 글을 읽고 쓸 수 있도록 충분히 보장받을 수 있는 공식적인 교육단계를 거친다. 그들의 정치적 이해는 그들이 매체를 통하여 값싸게 얻을 수 있는 적절한 정보에 폭넓게 접근함으로써 훨씬 증진된다. 정당으로 조직되어 관직을 추구하려는 사람들 사이에서 이루어지는 정치적 경쟁은 정당과 후보들이 유권자들에게 그들과 관련된 기록과 그들의 의도(때때로 왜곡된 정보들로 치장되지만)에 관한 정보를 적극적으로 제공하려고 하기 때문에 정보제공에 보탬이 된다. 정당(political parties)과 이익단체들(interest organizations) 덕분에, 시민들이 적절하게 아는 데 필요한 정보의 양은 실제로 정치와 관련되어 있으며 쉽게 얻을 수 있는 수준으로 되어 있다. 정당의 역사는 일반적으로 유권자들에게 잘 알려져 있다. 그래서 정당의 과거 활동을 통해 현재의 방향을 알 수 있고 미래의 방향에 대해 가늠하는 것도 가능하다. 따라서 유권자들은 중요한 모든 공공의 문제를 이해할 필요는 줄어든다. 대신에 유권자들은 단순히 그들이 선택한 정당의 후보를 선출하면 된다. 여기서 선택은 만일 후보자가 선출되면, 그들의 대표들은 일반적으로 유권자들의 이해와 일치되는 정책을 추구할 것이라는 확신을 바탕으로 한다.

많은 시민들은 또한 각자의 특정한 관심을 증대하고 보호하기 위하여 조직된 결사체들 – 이익집단, 교섭조직, 압력조직 등 – 에 속해 있다. 조직된 이익집단이 사용할 수 있는 자원, 정치 활동, 그리고 전문적 지식 등을 통해 시민들은 정치적 생활 속에서 매우 효과적인 특정한 종류의 설명을 자주 접하게 된다.

정당 간의 경쟁, 이익집단의 영향력, 그리고 경쟁적인 선거 때문에 정치 지도자들은 일반적으로 그들의 정당 프로그램과 캠페인의 약속들을 수행하고 있거나 적어도 수행하려고 노력하는 데 책임이 있다고 가정한다. 더욱 중요한 것은, 그와 반대되는 믿음이 널리 퍼져 있음에도 불구하고 선진 민주주의 국가에서는 대개 실제로 그렇게 해왔다.[60]

끝으로 중요한 정부의 결정들은 대체로 증가하였지만 잘 알지 못하는 부분에 대해 갑작스럽게 뛰어들지 않는 방식을 취하였다. 이러한 결정들은 한 번에 한 단계씩 이루어지기 때문에, 점진적인 변화는 커다란 재앙을 피해 왔다. 시민들, 전문가들 그리고 지도자들은 실수를 통해 배워 나가고 어떠한 수정이 필요한지를 알게 되며 정책을 수정해 가는 등의 단계를 거친다. 그리고 필요하다면 그 과정은 다시 여러 차례 반복하게 된다. 비록 각 단계는 실망스러울 정도로 작은 것처럼 보일지도 모른다. 그러나 시간을 거치면서 점진적인 단계는 혁명적이라고 말할 수도 있을 만큼의 심대한 변화를 낳을 수도 있다. 그러나 점진적인 변화는 평화롭게 일어나며 그러한 변화가 지속될 수 있도록 폭넓은 대중의 지지를 받는다.

---

60 이것은 몇 가지 주의 깊은 연구의 중요한 성과이다. 13개의 민주주의 국가들을 비교 연구한 다음의 책을 참조하라. Hans-Dieter Klingemann, Richard I. Hofferbert, and Ian Budge et al., Parties, *Policies and Democracy*(Boulder: Westview, 1994). 12개 민주주의 국가에서 38개 정부에 관한 연구도 정책입안자들과 시민들의 관점 간에 상당한 적합성을 보여 주고 있다. 그리고 이러한 적합성이 단순다수대표제도를 채택하고 있는 나라들보다 비례대표제도를 채택하고 있는 나라들에서 더 높게 나타났다. 이에 대해서는 다음을 참조하라. John D. Huber and G. Bingham Powell, Jr., "Congruence Between Citizens and Policy Makers in Two Visions of Liberal Democracy," *World Politics* 46, 3(April 1994): 29ff.

비록 일부 관찰자들에게는 그러한 점진적인 방법으로 진흙 속을 헤쳐 나가는 듯한 과정이 희망도 없고 비합리적으로 보일 수 있지만, 면밀히 살펴보면, 고도의 불확실성의 세계 안에서 중요한 변화를 만들어 가는 상당히 합리적인 방법이다.[61] 20세기에서 가장 비참한 결정들은 권위주의적인 지도자들이 민주적인 제한들로부터 벗어나 마음대로 만들어 온 것임이 판명되었다. 민주주의는 진흙 속을 헤치고 한 걸음씩 나아가는 반면에, 전제주의적 지도자들은 자기 파괴적인 정책을 맹목적으로 추구하는 자기 자신만의 좁은 세상 안에서 자기 함정에 빠지고 만다.

그래서 많은 불완전한 점들에도 불구하고, 시민들이 적절한 수준의 능력을 성취하기 위한 표준적인 해결(standard solution)에 대해서는 해야 할 이야기가 많다.[62] 또한 미래에도 그것이 만족스럽게 유지되기 어려울까 두렵다. 세 가지 상호연관된 발전들 때문에 그러한 표준적 해결은 심각한 결함을 갖게 되는 것으로 보이기 때문이다.

---

61 찰스 린드블롬(Charles E. Lindblom)은 한 세미나의 논문에서 단계적 방법으로 '진흙 속을 헤쳐 나가기(muddling through)'의 합리성을 제안하고 있다. "The Science of Muddling Through," *Public Administration Review* 19(1959): 78~88. 다음도 참조할 것. "Still Muddling, Not Yet Through," in Lindblom, Democracy and Market System(Oslo: Norwegian University Press, 1988), 237~262. 그는 또한 추가로 쓴 부분에서 '지리멸렬한 단계주의(disjointed incre-mentalism)'라는 용어를 사용하기도 하였다. *The Intelligence of Democracy: Decision Making Through Mutual Adjustment*(New York: Free Press, 1965).

62 예를 들면 벤자민 페이지(Benjamin I. Page)는 미국 유권자들에게 우호적인 판정을 내리고 있다. Benjamin I. Page, *Choices and Echoes in Presidential Elections: Rational Man and Electoral Democracy*(Chicago: University of Chicago Press, 1978). 그러나 Michael X. Delli Carpini and Scott Keeler는 "그들 연구의 중요한—그리고 매우 불안한—성과는 사회경제적으로 불리한 그룹과 그들보다 유리한 상대편과의 사이에는 지식의 차원에서 상당한 크기의 차이를 발견했다는 점"을 주요한 결론으로 내리고 있다[*What Americans Know About Politics and Why It Matters*(New Haven and London: Yale Uni- versity Press, 1989), 287].

규모에서의 변화

증대해 가고 있는 국제화 때문에 시민의 생활에 심각하게 영향을 주는 행동은 점점 더 넓은 범위에서 일어나고 있으며 그들의 경계안에서도 더 넓게 지역에 걸쳐 일어나고 있다.

복잡성

비록 공식적 교육의 평균적 수준은 모든 민주주의 국가에서 향상되고 있고 아마도 계속 향상될 것이지만, 공무를 이해하기 어려운 점 또한 증가할 것이며, 높은 수준의 교육으로부터 얻을 수 있는 내용들을 능가할지도 모른다. 20세기의 전반부를 통해 정치는 물론, 정부 그리고 국가에 관련된 여러 종류의 문제들의 수는 모든 민주주의 국가에서 증가해 왔다. 실제로, 어떤 사람들도 이러한 문제 모두에 대하여–실제로 몇 가지 문제를 함께 다룰 만큼도–전문가가 될 수 없다. 끝으로 정책에 대한 결정들에는 불확실성만 따르는 것이 아니라, 대개 문제들의 복잡성으로 인한 상쇄적 혹은 상충적 결과를 고려하는 어려운 판단을 요구한다.

의사소통

20세기에는 의사소통의 사회적 그리고 기술적 틀이 비상한 변화를 겪어 왔다: 전화, 라디오, 텔레비전, 팩스, 대화식 TV, 인터넷, 행사를 열어 즉석에서 행하는 여론조사, 예비상품 토론을 위한 소비자 그룹, 그리고 기타 등등. 상대적으로 의사소통과 정보의 비용이 저렴해진 덕분에, 정치적 문제에 관련된 정보의 순수한 양은 복잡성의 모든 수준에서 놀라울 정도로 증가하였다.[63] 그러나 이렇게 증가한 정보의 유용성은 더 큰 능력으로 이어

지지 않을 수도 있고 이해를 고양시키지 않을 수도 있다. 규모, 복잡성, 그리고 더 많은 정보의 양은 시민들의 수용력에 대하여 이전보다 훨씬 높은 수준의 능력을 요구하고 있다.

결과적으로 민주주의 국가들에서 절대적인 필요 가운데 하나는 정치생활에 지적으로 참여할 수 있는 시민의 능력을 배양하는 것이다. 19세기와 20세기에 발전된 시민교육을 위한 기관들이 이제는 문을 닫아야 한다는 것을 의미하는 것은 아니다. 그러나 나는 다가올 가까운 미래에는 이러한 오래된 교육기관들이 시민교육, 정치참여, 정보, 그리고 21세기에 유용한 솜씨(technique)와 과학기술(technology)을 창조적으로 배열해 낼 수 있는 심사숙고 등을 위한 새로운 수단을 통해 발전되어야 한다고 믿는다. 우리는 간신히 이러한 가능성에 대하여 진지하게 생각하기 시작하였고, 이보다 작은 규모에서의 실험을 이제 막 시험하기 시작한 것이다.

민주화가 오래되었건, 이제 막 시작되었건, 혹은 이행기에 있건 민주주의 국가들은 앞으로 틀림없이 직면하게 될 다른 도전도 딛고 일어설 수 있는가? 만일 그렇게 하는 것에 실패하게 된다면, 민주주의의 이상과 실제 사이의 간격이 더욱 커지게 될 것이며 민주주의가 승리하는 시대는 민주주의의 퇴보와 쇠퇴의 시대를 겪고 난 뒤에나 오게 될 것이다.

20세기를 거치면서, 민주주의 국가들은 민주주의가 위기에 있거나 심각한 위험에 빠져 있다든지, 심지어 퇴행하고 있다고 자신 있게 언명하는

---

63 1930년에 뉴욕에서 런던까지의 3분간 전화통화료는 1996년의 달러로 환산했을 때 300달러였다. 그러나 1996년에 그것은 약 1달러에 불과하다(*Economist*, October 18, 1997, 79).

비판을 받지 않은 적이 없었다. 실제로 민주주의는 그러한 심각한 위험에 처해 있었을지도 모른다. 그러나 결국에는 민주주의가 쇠퇴하지 않았다. 비관주의자들은 너무나 빨리 민주주의를 포기하려고 했음이 입증되었다. 이들의 무서운 예측들과 혼동되었지만, 일단 한 국가에서 민주주의제도가 단단히 자리잡게 되면 민주주의제도는 더욱 튼튼해지고 탄력적인 기운을 가지게 된다는 것을 역사적 경험을 통해 알게 되었다. 민주주의는 이것이 직면하게 되는 여러 어려운 문제들을 대처하는 데 있어서 예측하지 못한 능력을 – 무뚝뚝하고 불완전한 것이 사실이지만 만족스럽게 – 보여 주었다.

만일 더 오래된 민주주의체제들이 21세기에 그들의 도전과 맞서 극복하려면, 장기적 국면에서 진정으로 선진화된 민주주의로 민주주의체제 자체를 변형시켜야 할지도 모른다. 선진화된 민주주의는 전 세계에 걸쳐 민주주의를 신봉하는 모든 사람들에게만 성공의 횃불을 비출 것이다.

제5부

달의 『민주주의』(*On Democracy*)저술 *이후에*

이안 사피로

제16장

계속되는 여행?

2010년에 분출하였던 아랍의 봄은 신속한 연쇄반응으로 튀니지아, 이집트, 리비아 및 예멘의 독재자들을 권력으로부터 축출하였다. 항의의 물결은 중동 전역으로 확대되어, 20년 전에 동구유럽을 휩쓸고 소련을 해체하였던 공산주의의 붕괴와 광범위한 비교를 하게 만들었다. 그것은 1994년 남아프리카의 인종격리체제(South Africa's Apartheid regime)를 민주적으로 선출된 정부로 대체시켰던 역사적 이행 이래 가장 큰 민주적 열망의 분출이었다. 민주주의는 또 다시 진보 행진의 길로 들어선 것처럼 여겨졌다.

2014년까지, 이러한 광경은 민주적 진보는 일직선으로 거의 이루어지지 않는다는 달의 경고를 점점 더 냉정하게 생각하고 또 강조하게 만드는 것이었다. 그 전망들은 튀니지아에서는 여전히 좋아 보였으며, 예멘에서는 다소 훨씬 더 위태롭게 보였다. 그러나 리비아는 실패한 국가였고, 이라크는 실패한 국가가 되는 것처럼 여겨졌으며, 시리아의 항의들은 시민내전으로

격화되어 인도주의적 재앙을 불러 일으켰다. 이집트의 군부는 선출된 정부를 축출하고 한 장군을 아주 모호한 민주적 선거를 통하여 대통령으로 임명하였다. 이 지역에서의 다른 어떠한 권위주의 체제도 조만간에는 민주화의 징조를 보여주는 경우는 없었다. 1989년 유럽의 경우와는 달리, 논평자들은 전 유럽대륙을 휩쓸었던 민주적 혁명들이 실패한 것으로 밝혀졌던 1830년과 1848년 기간과 중동의 변화를 비교하기에 이르렀다.

달은 또한 우리에게, 모든 민주주의의 좌절에 대해 보다 장기적 조망을 통해 살펴보면, 그것이 민주적 진전의 하나였다는 점을 주지시키고 있다. 1998년에 그는 세계의 전체 192국가 중에서 민주주의 체제의 국가는 65개였다는 점을 밝히고 있다. 그는 이 비율을 아주 고무적인 것으로 생각하였다. 그는 민주주의를 측정하는 다양한 방식이 있으며, 또한 일부 정체들은 분류하기 매우 어렵다는 점을 언급하고 있다(부록 D 참조). 그럼에도 불구하고, 전체적인 조망은 최근의 민주적 실패에도 불구하고 계속적으로 고무적이라는 점을 보여준다. 대부분의 측정들에 의하면, 수십억의 인구가 여전히 권위주의적 체제하에서 생존하고 있다 할지라도, 오늘날 민주국가의 수가 비민주국가의 수를 능가하고 있다.

이것은 다음과 같은 질문을 제기 한다: 우리들은 더 많은 국가들이 민주화 될 것이라고 기대할 수 있는가? 그것은 답하기 어려운 질문이며, 유명한 정치학자들조차 과거에는 그것에 관하여 눈에 드러날 정도로 틀렸었다. 세계에서 민주주의 국가의 수가 30여개 국가에 머물러 있을 당시인 1984년에, 헌팅톤(Samuel Huntington)은 그 이상 더 많을 것 같지는 않다고 말함으로써 전통적 지혜를 표명한 바 있다.[64] 그 예측은 그 수치의 여러 배의 차이로 틀린 것으로 판명되었다. 우리들은 더 잘 예측할 수 있을까?

오늘날 학자들은 일반적으로 민주주의로의 이행(transitions to democracy)에 관한 전망과 일단 확립된 민주주의가 지속할 가능성의 문제를 구분한다. 우리는 후자의 문제를 민주주의의 공고화(democratic consolidation)라 지칭한다. 우리는 첫 번째의 주제(민주주의로의 이행) 보다는 두 번째의 주제(민주주의의 공고화)에 대해 말할 수 있는 것에 더 많은 자신감을 가진다. 그 이유는 부분적으로 말하자면 성공적 이행을 가능하게 하는 조건들조차 우연성에 의지하는 경우가 많아 명백한 예측을 하기 어렵기 때문이다. 다음과 같은 우연적 조건들을 제외한다면, 1990년과 1994년 기간에 남아프리카가 민주주의로의 성공적인 이행을 누렸을 가능성은 매우 낮았을 것이다. 아프리카 민족회의(African National Congress) 지도자 넬슨 만델라(Nelson Mandela)와 남아프리카의 대통령인 드 클러크(F. W. De Klerk)의 뛰어난 지도적 역량이 없었다면, 그리고 더 말할 나위 없이, 1980년대 후반까지 사하라 사막 이남에서 심각한 세력이었던 공산주의가 사라진 것과 같은 유리한 외부적 조건들이 없었다면, 남아프리카가 민주주의로의 성공적인 이행이 가능했을까?[65] 이것이 백인 남아프리카 엘리트들에게 민주주의에 대한 공포를 덜 느끼게 만들었다. 이들 엘리트의 많은 사람들이 인종차별정책의 종식이 쿠바를 연상케 하는 무언가에 의해 그 대치가 이루어지지는 않으리라는 것을 깨닫기 시작하였다.

더욱이, 만약 이츠학 라빈(Yitzhak Rabin)이, 1995년 11월에 이스라엘

64 Samuel P. Huntington, "Will More Countries Become Democratic?" *Political Science Quarterly* 99, 2(Summer 1984): 193–218.

65 James H. Read and Ian Shapiro, "Transforming Power Relationships: Leadership, Risk, and Hope," *American Political Science Review* 108, 1(February 2014): 49–53.

인들과 팔레스타인들 간의 가망성 있는 해결을 거의 매듭지으려 할 때, 불만을 가진 한 우파 극단주의자에 의해 살해된 것처럼, 남아프리카공화국의 민주화로의 이행은 만델라나 드 클러크가 이행 협상 기간에 살해되었다면, 중도에 붕괴되었을 것이다.[66] 만약 스페인의 후안 카를로스 국왕(King Juan Carlos of Spain)이, 1975년에 국가의 수반인 프란시스코 프랑코(Francisco Franco)를 계승하였는데, 은밀한 개혁가였다는 사실이 드러나지 않았다면, 스페인 민주주의가 그렇게 쉽게 회복되었을 것 같지는 않다. 후안 카를로스의 행동들은 분명히 프랑코를 놀라게 하였을 것이다. 프랑코는 카를로스를 6년이나 앞당겨 미래 국가의 수반으로 지명하였던 것이다. 다른 예들도 들 수 있을 것이다. 이러한 논의의 일반적 초점은, 민주주의의 이행이 이러한 종류의 우연성들에 결정적으로 의존될 것이라고 전제한다면, 우리가 민주적 이행을 예측할 수 있을 것이라는 생각은 수긍하기 어려울 것 같다는 데 있다.

그렇지만, 무엇이 민주주의를 생존케 하는지에 관하여 우리들은 더 잘 이해하고 있다. 오랫동안, 정치학자들은, 토크빌(Alexis de Tocqueville)을 따라, 정치문화가 민주주의의 생존에 중요한 요인이라는 점을 주장해 왔다. 그렇지만, 이것을 경험적으로 입증하기는 어려운 일이다. 달의 견해는 문화 그 자체가 중요하다기 보다는, 다원주의적 문화가 전체 인구 내의 교차적인 이해의 분열(crosscutting cleavages of interest)에 의존한다는 사실에 초점을 두고 있다. 이 점에 관해, 그는 페더릴리스트페이퍼 10항(Federalist Number 10)에 있는 매디슨(James Madison)의 주장에 동의하고 있다. 매디슨의 주장에 의

66 Courtney Jung, Ellen Lust, and Ian Shapiro, "Problems and Prospects for Democratic Settlements: South Africa as a Model for the Middle East and Northern Ireland?" in *The Real World of Democratic Theory, ed. Ian Shapiro*(Princeton: Princeton University Press, 2011), 80–142.

하면, 단 하나의 유일한 "다수파"(a single "majority faction")는 민주주의에 해로운데, 왜냐하면 그것은 소수파가 그 결과를 받아들여 할 이유가 없다는 것을 의미하기 때문이다.[67] 그러나 만약 수많은 상호 교차적인 이해의 분열이 존재한다면, 그러면 한 선거에서 패한 사람들은 후에－아마도 상이한 연합을 통해－승리할 수도 있을 것이라는 이유를 가질 수 있다는 것이다. 다수결 원칙의 불안정성을 다원주의적 사회의 문제점으로 지적한 경제학자 애로우(Kenneth Arrow)와는 달리, 달의 매디슨적 통찰은 그것이 실제로 유리한 점이라는 것이었다.[68] 다원주의는 다수파 형성을 여러 방식으로 유동적으로 만들어서, 패자가 차라리 총을 드는 편이 더 나은 승자독식의 경쟁관계로 몰아가는 정치가 되는 것을 방지할 수 있다는 것이다.

매디슨이 지적한 대로 구성원들이 동일한 관심, 신념 및 가치들을 지니고 있는 동질적인 사회에서는, 지속적인 파벌들이 형성 유지되지 않을 것이라고 본 것은 맞다. 그러나 아주 한정적인 경우에서 조차, 다수결 원칙은 지배적 결성들을 잠재적으로 불안정하게 만들 수 있다는 점을 잠시 주목해 볼 필요가 있다. 게임 이론가들은, 나눌 수 있는 재화－말하자면, 1 달라－를 어떻게 배분한다 하더라도, 그 과정이 끊임없이 진행된다면, 결국 다수결에 의해 그 배분이 뒤집혀 질 수 있다는 사실을 잘 인식하고 있다. 예를 들어, 안나(Anna)와 베쓰(Beth)가 클레오(Cleo)에게 아무것도 주지 않고, 둘이 동등하게 달러를 나누는 것에 동의했다 하더라도, 그녀(클레오)는 미래의 대결에서는 안나 또는 베쓰에게 상이한 배분으로－아마도 60/40으로－제안

67 James Madison, "The Federalist No. 10," in *The Federalist Papers, ed. Ian Shapiro*(New Haven: Yale University Press, 2009), 47–53.

68 Kenneth Arrow, *Social Choice and Individual Values*(New York: John Wiley and Sons, 1951).

함으로써 대응할 수 있을 것이다. 그렇게 되면 안나와 베쓰 둘 중의 하나는 이 새로운 현상유지를 지지할 수 있는 다수결 파트너를 찾을 수 있게 될 것이다. 그렇게 되면, 이러한 과정은 (이론상) 무한정 지속될 수 있을 것이다. 심지어 이 삼자 모두가 동등하게 나누는 것에 동의했다 하더라도, 이들 중 어느 두 사람이 이 현상을 변경시키기 위해 새로운 다수파 연합을 형성할 수가 있다 – 제3자를 희생시키고 자신들 간에만 달러를 동등하게 나누게 될 것이다. 이러한 논리는 동기에 관한 아무런 가정을 하고 있지 않다는 점에 주목하라. 사람들은 자신들이 더 많은 것을 갖기 위해 현상유지를 뒤집을 수 있다. 그러나 이들은 또한 특정한 관점의 정의나 공정성을 주장하기 위해 현상타파를 시도할 수도 있다.

달러의 배분 결과는 일반적인 것으로서, 분배 가능한 재화의 어떤 가능한 배분도 다수결 원칙 하에서는 잠재적으로 불안정하다는 함의를 수반한다. 그러나 그것은 바람직한 종류의 불안정이라 할 수 있다. 왜냐하면 이것은 모든 사람들에게 해당 체제에 남아야 될 이유를 주기 때문이다. 사람들은 그 체제에 머무르면서 자신들이 선호하는 결과를 지지하기 위해 연합을 형성하고, 또 다른 사람들이 자신들만의 연합의 결성을 방지하는 시도를 할 수 있는 것이다. 이런 의미에서 다수결 원칙의 영구적 불안정성은 다원주의적 사회에서는 실제적으로 민주주의를 강화시키게 되는 것이다.

위험은 정치화된 혼합(politicized mix)에서 인종문화성, 인종 또는 종교와 같은 분할 불가능한 가치들의 존재로부터 발생한다. 만약 그러한 분할 불가능한 가치들이 정치적 동원의 지배적인 요소가 되어 분할 가능한 가치들을 압도한다면, 그러면 정치는 승자독식의 정치형태로 경험될 – 그리고 그렇게 될 – 가능성이 높아지게 된다. 예를 들자면, 이전의 유고슬라비아에서는, 인종상호간 결혼비율이 상대적으로 높았고 이로 인해 사회적 통합성이 유지되었는데, 그 유고가 여러 국가들로 분열되어, 각 국가에서의 시민권은 유고 연방 당시의 각 공화국에서 다수파를 이루었던 민족집단에 준거하여 규정되자, 파멸적 인종갈등이 분출하는 것을 막을 수 없었다. 사실상, 최고수준의 폭력이 그 이전에는 가장 통합된 지역이라고 여겨졌던 곳에서 발생하였던 것이다. 그 이유는 사람들이 자신들이 모든 인생을 바쳐 거주하였던 땅에서 비시민(noncitizens) 또는 2등 시민(second–class citizens)으로 전락하였다는 사실을 깨달았기 때문이다.

이스라엘 유태인들의 공적 정체성(Jewish public identity)은 팔레스타인과 이스라엘계 아랍인들에게 유사한 결과를 미쳤다. 이들은 모든 실제적 목적에서는 2등 시민에 불과했다. 이들의 저조한 정치참여율은 이들에게는 모순어법적 정체성에 불과한 "유대민주주의"(the oxymoronic identity of a "Jewish democracy")로부터의 소외를 반영한다. 17세기 종교전쟁의 교훈은 정치적 협상 테이블에서 분할 불가능한 가치들을 제외시키는 것이 최선이라는 것을 말해준다. 만약 교회의 국교제가 폐지된다면, 국가의 최고의 지위에 대한 종교적 투쟁은 덜 일어날 것이다.

상당한 관심이 또한 민주주의를 유지시키는데 있어 제도의 역할에 대하여 기울어졌다. 예를 들자면, 헌법 제도(constitutional arrangements)와 특히 법원의 독립(independent courts)이 중요하다는 점이 종종 가정되었다. 달은 언제나 이러한 주장들에 대해 회의적이었으며, 그의 회의적 입장은 상당한 근거가 있음이 판명되었다. 사법부의 독립적 지위를 포함하는 헌법적 제도가 민주주의의 생존가능성과 상당한 관계－만약 있다면－가 있다는 것을 보여준다는 것은 어려운 일이다. 이렇게 말한다고 해서 제도들이 아무

관계가 없다고 말하는 것은 아니다. 예를 들자면, 라틴 아메리카에서는 사법부와 동등한 관계를 갖는 그런 종류의 대통령제가 일반적이지만 오히려 서유럽에서 보편적인 의원내각제보다 더 불안정한 경향을 보인다. 그러나 차이들이 그렇게 크지는 않으며, 입법부 내에서의 대통령의 당이 강력하게 존재하는 것과 같은 그러한 요소들에 의해 완화될 수 있다.[69] 수많은 대통령제 체제들-미국적 대통령제를 포함하여-은 매우 오랜 기간 동안 안정적이었다.

민주주의 생존에 관한 많은 분량의 이야기는 경제에 달려 있다고 여겨진다. 보다 세부적으로, 만약 일인당 국민소득(PCI: per capita income)이 13,000달러(2014년 달러로 측정하여)에 도달하고 그 이상을 유지한다면, 현존하는 민주주의는 무한정 지속할 수 있을 것이다. 그러나 일인당 국민소득이 그 문턱 바로 아래로 떨어지게 되면, 민주주의는 취약하게 되며, 그보다 심각한 수준으로 떨어질수록, 민주주의는 점점 더 취약하게 된다. 일인당 국민소득이 불평등보다 더 문제가 되는 것 같다. 민주주의는 표준적인 불평등 측정이라 할 수 있는 지니 계수(the Gini coefficient)로 측정했을 때 세계에서 가장 불평등한 나라들의 일부에서도 생존하고 있다. 이러한 나라들에는 브라질과 남아프리카와 같은 아주 축복받고 있는 새로운 민주주의 국가들이 포함된다. 민주주의가 사우디 아라비아(Saudi Arabia)와 같은 사회적으로나 경제적으로 덜 다양화된 불평등한 나라들에서 지속할 수 있을지는 분명하지 않다. 그 이유에 대해 아래에서 다룰 것이다. 물론 다양성과 평등성은 민주주의에 기본적인 요소이다. 그러나 일인당 국민소득은, 여태

---

69 Hosé Antonio Cheibub and Fernando Limongi, "Democratic Institutions and Regime Survival: Parliamentarianism and Presidentialism Reconsidered," *American Review of Political Science* 5, 1(2002): 151–179.

까지 연구되었던 불평등, 제도, 문화 또는 다른 변수들 보다는, 민주주의 공고화에 더 문제가 된다.

왜 민주주의가 비교적 부유한 나라들에서 생존하는가 하는 것은 아주 흥미 있는 질문이다. 그 질문에 대한 답변은 주로 사변적이다. 일부 사람들에 의하면, 부유한 나라들에서는 부자와 가난한 자 모두 쿠데타를 지지하는 것보다는 민주주의 – 만약 민주주의가 존재한다면 – 를 유지시켜야 할 이유들을 가지게 된다고 한다. 세이무르 마틴 립셑(Seimour Martin Lipset)은 반세기 전에, "해당 나라에 충분한 부가 있어서 재분배가 이루어지는 것과 상관없이 너무 과도한 차이를 발생시키지 않는다면, 어느 쪽이 권력을 장악하는지는 큰 문제가 되지 않는다는 생각을 받아들이기가 훨씬 쉽다. 그러나 관직의 상실이 주요 집단들에게 심각한 상실을 의미한다면, 이들 집단들은 가능한 수단을 다 동원해서라도 그 관직을 차지하려고 할 것이다."[70] 그리고 만약 재분배할 수 있는 부가 있다면, 가난한 자들이 마르크스(Karl Marx)와 엥겔스(Friedrich Engels)가 예언했던 노동자들이 혁명적이 될 수밖에 없는 지점 – 노동자들이 "속박 외에는 아무 것도 잃을 것이 없는"(nothing to lose but their chains)[71] 상황에 도달할 가능성은 훨씬 줄어든다.

이러한 종류의 주장들에는 무언가가 있을 수도 있다. 그러나 이들 주장들은 다만 "부자"와 "가난한 자들"이 자신들의 경제적 선호들을 어떻게 효과적인 정치적 행동으로 전환시키는가에 관한 커다란 가정들에 의존하고

---

70 Seimour Martin Lipset, *Political Man: The Social Bases of Politics*(Garden City, N. J.: Double Day, 1960), 62.

71 Karl Marx and Friedrich Engels, *Manifesto of the Communist Party*, ed. Jeffrey Isaac(New Haven: Yale University Press, 2012), 102.

있다. 달러 배분 이야기(the divide-a-dollar story)가 우리에게 상기시키는 것처럼, 다수결 선거 정치는 계급을 교차하는 연립의 가능성을 창조한다. 이러한 가능성들은 부유한 나라와 마찬가지로 가난한 나라에서도 발생할 수 있다. 이것은, 만약 우리가 경제와 민주주의의 공고화간의 연계성을 이해하려 한다면, 민주적 질서를 파괴할 수 있는 입장에 있는 자들이 그러한 선택을 할 수 밖에 없는 동기들에 관해 더 언급해야만 한다는 것을 의미한다.

민주주의는 공직 담당자들이 선거에서 졌을 때 이들이 권력을 기꺼이 포기할 수 있는 자발성에 최소한도로, 그러나 결정적으로 의존한다. 이것은, 다시 말하자면, 정치적 직책의 담당 외에 매력적인 합당한 대안들이 있어야만 한다는 것을 의미한다. 가난한 나라들에서는 승자독식 winner-take-all (그리고 그래서 패자파멸 loser-lose-all)의 정치가 그 특징을 이루는 경향이 있다면, 보다 부유한 나라들에서는 이전에 고용된 적이 있던 정치엘리트들에게 다른 기회들이 부여된다. 부시(George Herbert Walker Bush)가 1992년에 대통령직을 상실했을 때, 그는 기업이사로 진출해서, 재단을 만들고, 만약 대통령직에 머물러 있었다면 할 수 있었던 것 이상으로 훨씬 더 부유해 졌다. 그러한 상황에서는역자: 그가 대통령직에 물러나지 않기 위해 펜실바니아 거리(Pennsylvania Avenue: 미국 Washington D. C.의 백악관이 있는 거리)에 탱크를 진격시키는 일은 거의 생각할 수 없는 일이다. 권력을 포기하는 관행-정치학자들 사이에서는 권력교체(alternation)로 알려진-이 그 당시까지는 미국정치에서는 아주 깊이 자리 잡아서 선거에 패한 후보가 심지어 쿠데타를 고려할 수 있다는 것-심지어, 2000년에 알 고어(Al Gore: 민주당 대통령 후보)와 민주당원들의 경우에서처럼, 패자들이 해당 선거 자체를 도둑맞았다고 생각했을 때조차도-은 상상하기 조차도 어려운 일이었을 것이다.

정권교체의 가장 좋은 예언자는 정권교체 그 자체이다. 쉐보르스키(Adam Przeworski)가 지적하였듯이, 정권교체가 이루어진다는 것은 아주 어려운 일이다. 그러나 그것이 일단 시작되면 아주 신속하게 확립된다.[72] 이것은 다음과 같은 질문을 제기한다: 정권교체가 처음으로 미국에서 어떻게 확립되었는가? 초창기의 미국 공화국에 관한 역사적 문헌을 읽는 데에는 다음과 같은 결론을 내리지 않고는 어려움이 따른다. 미국에서의 아주 중요한 첫 몇 번의 선거들에서 정권교체에 대한 전망은 다음과 같은 점에 크게 의존하고 있었다. 실질적으로 본다면, 정치가 워싱톤(George Washington), 아담스(John Adams), 제퍼슨(Thomas Jefferson), 부르(Aaron Burr)에게 주는 의미는, 이들이 자신들의 모든 시간을 할애할 수 있도록 하는 수지타산이 맞는 매력적인 방식이었느냐의 관점에서 보았을 때, 낮은 호소력을 지니고 있었다. 심지어 이러한 초창기 단계에서 조차, 미국의 정치제도와 경제는 정치 엘리트들에게 정치적 직책의 상실 비용을 줄일 수 있는 기회들을 제공하였다.[73] 이것은 아마도 워싱톤 디씨(Washington, D. C.)의 지위를 크게 손상하지는 않았던 것 같다. 당시 워싱톤 디씨는 정부가 1800년에 필라델피아로부터 이곳으로 옮긴 후에도 수십 년 동안 말라리아균이 우글우글한 늪지대에 둘러싸인 우중충한 도시로 남아 있었다.

이러한 추론은 왜 민주주의가 종종 단일 품목 수출경제체제("석유의

---

72 Adam Przeworski, "Acquiring the Habit of Changing Governments through Elections"(mimeo, New York University, 2014).

73 다음을 보라. 예를 들자면, Stanley Elkins and Eric McKitrick, *The Age of Federalism: The Early American Republic*, 1788–1800(New York: Oxford University Press, 1993), and Susan Dunn, *Jefferson's Second Revolution: The Election Crisis of 1800 and the Triumph of Republicanism* (New York: Houghton Mifflin, 2004).

저주" the "oil curse")에서 생존하는데 몸부림치는지에 대한 하나의 설명 구조를 시사한다. 이러한 단일품목 경제체제의 사회에서 정치권력의 조종 수단에 대한 접근은 흔히 엘리트들의 지속적인 복리에 결정적이다. 그러한 배경에서는, 심지어 일인당 국민소득이 민주주의를 지속시킬 수 있을 것으로 기대되는 수준에 도달하였다 하더라도, 그럼에도 불구하고 해당 민주주의는 권력을 상실할 두려움을 느끼거나 아니면 권력을 장악해야 할 입장에 처한 자들에 의한 쿠데타에 취약해 질 가능성이 있는 것이다. 이러한 사고의 과정을 따른다면, 경제의 다원화가 불평등보다는 더 문제가 되거나, 아마도 심지어 일인당 국민소득만큼이나 중요하다. 중요한 것은 모든 사람의 계란이 하나의 동일한 바구니에 담겨있는 정도이다. 모든 사람이, 계란이 동일한 바구니에 담겨 있다면, 그러면 그 바구니에 대한 접근 투쟁의 동기는 매우 높아진다. 정치는 온통 아주 쉽게 그러한 경제체제를 지휘할 수 있는 고지를 독점적으로 통제하기 위한 승자독식의 투쟁이 된다.

그에 앞선 매디슨처럼, 달은 분파적 이익들의 다양화가, 이익들이 증가되고 상호간에 교차될 때, 민주주의에 가장 잘 기여하게 된다고 한 점에서는 옳다. 월드 씨리즈(the World Series)에서 막 패배한 팀의 실망한 경쟁자들의 경우에서와 같이, 민주적 경쟁의 패자들은 자신들에게 언제든지 다음의 기회가 있다고 말할 수 있을－그리고 믿을 수 있을－필요가 있다. 이것은 대부분의 사람들에게 또 다른 경쟁의 계절이 다가온다는 것을 믿을 것을 요구한다. 만약 경제체제가 난장판이 되거나 소수의 사람들의 부패된 통제 하에 있다면, 그러면 정치권력을 장악한 사람들이 그것을 포기하거나, 자신들이 할 수만 있다면 정치권력을 움켜 쥘 유혹을 이겨낸다는 것은 기대하기 어려운 것으로 여겨진다.

이러한 이야기의 도덕적 핵심은 민주주의 공고화에 대한 전망은 다양화된 경제체제를 구축하고 지속시킬 수 있다면 어떤 나라에서나 증가할 것이라는 점이다. 그 이유는 다양화된 경제에서는 전체 인구의 상이한 분야들에 걸쳐 기회들이 분산되고, 사람들이 자신들의 생존과 성공을 위해 정치권력에 의존해야 할 필요성을 감소시키기 때문이다. 2012년 리오 데 자네이로(Rio de Janeiro)와 다른 곳에서 개최된 지속적 발전에 관한 유엔 회의(the UN Conference on Sustainable Development)에서, 다양한 방면의 경제적 분야들을 아우르는 광범위한 기반의 포용적 경제성장에 대한 최근의 요청들은 따라서 올바른 궤도로 들어섰다고 할 수 있다. 최근의 요청들이 약속하는 상당한 경제적 이득과는 별도로, 포용적 성장전략들은, 민주주의가 막 발을 붙이려고 할 때, 그것이 생존할 수 있을 가능성을 증대시킨다.

제17장

민주주의와 불평등

나는 이 마지막 장에서 고도의 불평등한 나라들이 민주적 정체로서 생존할 수 있다는 점에 주목했다. 그러한 나라들은 자유롭고 공정한 것으로 간주되는 선거를 치룰 수 있다. 이러한 선거들은 정권교체에 대한 진정한 가능성을 제공해 줄 수 있다. 대중매체는 정부의 검열 및 다른 형태의 정부개입으로부터 충분히 자유로워서 사람들이 진정으로 독립적인 출처의 정보들을 누릴 수 있을 것이다. 건강한 시민의 자유와 정치적 자유 덕분에 정부정책들을 비판하여 그러한 정책들을 변경시키는 것이 가능할 정도의 의미있는 자유가 보장될 수 있다. 이러한 자유들은 모두 민주주의의 중요한 특징이라 할 수 있는데, 이러한 자유들이 없거나 심각히 위협을 받는 나라에서 살았던 경험이 있는 사람이면 누구나 이를 증언해 줄 것이다.

달은 불평등이, 어느 지점을 넘어서게 되면, 민주주의의 질을 손상한다는데 동의할 뿐만 아니라 그렇게 주장했다. 소수의 사람들이 자신들의 부의 결과로 정치과정에 대한 불균형적인 통제를 하게 된다면, 모든 사람은 정치적 의제에 영향을 미치는데 동등한 능력을 지녀야만 한다는 달의 요건은 절충을 필요로 한다. 불평등의 정치적 영향에 대한 달의 우려는 그가 『민주주의』(*On Democracy*)를 출판한 이후 몇 년에 걸쳐 증대되었다. 당시 보다 오래된 민주정체들(older democracies)에 관한 그의 주요 관심사는 이러한 민주정체들이 자신들의 민주주의를 "완성시키고 심화시킬"(perfect and deepen) 수 있는지에 관하여 기울여져 왔다. 달에게는, 심화시킨다는 것은 민주적 통치 양식을 다른 영역들의 집단적 생활, 그중에서도 특히 경제영역으로 확장하는 것을 의미해 왔다.

그러나 새로운 세기(21세기) 초창기에 달은 불평등이 기본적 민주제도들과 타협할 수 있을 지도 모른다는 우려를 하기 시작했다. 2006년에 그의 마지막 저서인 『정치적 불평등에 관하여』(*On Political Equality*)를 출판할 때까지, 달은, 공개적으로, 불평등이 곧 너무 극심해져서 "일부 국가들 – 미국을 포함하여 – 을 우리가 통상 그러한 국가들을 민주적이라고 간주하는 경계문턱 이하로 밀어 넣을 수 있는지"의 문제를 궁금해 하였다. 그가 그 저술을 하였을 때, 경제적 불평등은 30년 동안 미국에서 증대하고 있었다. 지니 계수(the Gini coefficient)는 70년대 초반기의 0.4 미만으로부터 거의 0.5 수준으로 증대되어서, 미국을 선진 자본주의 민주국가들에서 가장 불평등한 국가로 만들기에 이르렀다.

우리는 2006년에 세계가 거품 경제에(in a bubble) 살고 있었다는 사실을 이제 알게 되었다. 이 거품 경제는 2년 뒤에 폭발하여, 대공황(the Great Depression)이래 가장 극심한 경기침체를 불러왔다. 수백만의 사람들이 직업을 상실하였으며, 또 다른 수백만 보다 더 많은 사람들이 직업을 구할 수가 없었다. 부동산 가격은 급격히 추락하였으며, 임금은 침체되었다. 리만 브라더스(Lehman Brothers), 크라이슬러(Chrysler), 그리고 제너럴 모터스(General Motors)와 같은 주요 회사들이 파산하였다. 메릴 린치(Merrill Lynch)와 같은 대규모 투자 은행들은 동일한 파산을 면하기 위하여 수백억 달러의 대가를 치르면서 하룻밤 사이의 강제적 합병을 감행했다. 이러한 사건들은 발생하기 몇 주 전까지도 – 어떤 경우에는 며칠, 심지어 어떤 경우에는 몇 시간 전까지도 – 생각할 수도 없는 일들이었다. 미국 최상위 개인부자들은 아무 말도 못한 채 수십억 달러를 날려야 했다. 그 당시에는 대대적인 경제적 재산의 질서 재편성이 일어날 수 있을 것처럼 여겨졌다.

그러나 대 공항 이후의 수십 년과는 달리, 미국은 2006년 이후에도 불평등의 지속적인 감소를 찾아 볼 수 없었다. 최상층 계층에서 발생하였던 부의 손실의 상당한 분량은 5년 이내에 다시 회복되었다. 이것은, 부분적으로는 주요 금융, 보험 및 자동차 회사들에 대한 연방정부의 신속한 구제금융 제공의 덕분이기도 하고, 부분적으로는 금융시장이 2008년 파산의 가파른 손실로부터 빠르게 회복한 덕택이기도 하다 – 또한 연방 준비은행(the Federal Reserve)이 수조 달러에 달하는 돈을 저렴한 가치의 형태로(in the form of trillions of dollars of cheap money) 경제에 쏟아 부은 실질적인 정부 지원에 힘입었기 때문이다. 그리고 하층 및 중간 계층의 수입은 여전히 침체되었기 때문에, 불평등 증대의 장기적 추세는 다시 재개되었다. 2014년 1월에 옥스팜(Oxfam: Oxford Committee for Famine Relief, Oxford를 본부로 하여 1942년에 발족한, 세계 각지의 빈민 구제기관)은 미국인의 최상위 부유층 1%가 경제금융위기 이후의 성장의 95%를 차지한 반면, 하위 90%는 2009년 이래 더 가난해졌다고 보고한 바 있다.[74] 거듭되는 연구에 의하면 불평등은 이제 19세기 후반의 금빛시대(the Gilded Age)의 수준을 능가한다고 한다.[75] 달의 우려는 그러한 사건들에 의해 토론의 쟁점으로 주목을 받지 못했다.

경제적 불평등이 민주주의를 위태롭게 하는 하나의 방식은 돈이 선거정치에 영향을 미치는데 사용되었을 경우이다. 버클리 대 발레오(Buckley v. Valeo) 사건의 1976년 판례에서, 연방대법원은 의회가 정치적 선거 캠페인에 대한 기부금을 규제할 수 있다고 결정하였다. 그러나 판사들은 또한 돈(money)을 수정헌법 1조에 의해 보호되는 언론(speech)과 동등한 것으로 간주하였다. 이것은 정치적 "자금사용"(political "expenditures")에 대한 규제의 금지를 정당화하는 중대한 결정이었다. 정치자금 사용이 (만약에 그 기금이 선거운동에 사용되지 않는다면, 상응관계가 성립되지 않는다는 것을 근거로) 부패를 증진시킬 것이라는 우려를 불식시키면서, 판사들은 정치자금 사용에 대한 어떤 규제도 언론의 자유를 제한하게 됨으로 용납할 수 없다고 주장하였다. 그 판사들은 그러한 자유를 보호하는 것이 "선거의 결과에 영향을 미치는 개인 및 집단의 "상대적 능력을 평등화하는 것" 보다 더 중요하다고 주장하였다. 부유한 개인이 자기 자신의 선거에 자기 자금을 사용할 때조차도, 수정헌법 제1조는 "자기 자신의 후보직을 위해 입법적 제한 없이 말할 수 있는"(to speak without legislative limit on behalf of his own candidacy) 후보자의 자유에 대한 어떠한 규제도 "단순히 용납할 수 없다"

---

74 "Working for the Few: Political Capture and Economic Inequality," Oxfam Briefing Paper #178, January 20, 2014, http://www.oxfam.org/en/policy/working-for-the-few-economic-inequality.

75 Nolan McCarty, Keith Poole, and Howard Rosenthal, *Political Bubbles: Financial Crises and the Failure of American Democracy*(Princeton: Princeton University Press, 2013).

(simply cannot tolerate)고 한다.[76] 버클리 판례는 선거정치에서 무한정 정치자금 사용이 가능하도록 봇물을 터놓았다. 덕분에 제한없는 정치자금 사용은 "정치자금지출"에 관계한 집단 및 개인들이 선거운동 광고들을 글자 그대로 복사할 수 있게 하는 전단지(the fig leaf)에 의해 신성시되기에 이르렀다.

2010년에, 연방대법원은 버클리 사례를 *Citizens United v. Federal Election Commission* 판례에서 법인(corporations)에게도 확대하였다.[77] 그 이후 얼마 되지 않아, 워싱톤 디씨의 항소 법원(the D. C. Court of Appeals)은 그 규정을 Speech Now.org v. Federal Election Commission 사건에서 지지집단에 대한 기여금(contributions to advocacy groups)도 포함하는 것으로 확대하였다.[78] 이것은 새로운 기구, 즉 "독립적 정치자금 만"(independent expenditure only)을 다루는 정치활동위원회(political action committee, 또는 Super PAC)의 탄생과 이의 급속한 성장으로 연결되었다.[79] 기부금에 대한 몇몇 남아있는 제한들 중의 하나가 4년 후에 떨어져 나가게 되었다. 즉 연방대법원이, 한 개인 기부자가 후보자들, 정치활동위원회, 그리고 정당들에 분할하여 선거주기 당 약 350만 달러($3.5 million)를 이제 기부할 수 있다고 시사함으로써, 선거주기 당 117,200 달러로 설정되었던 총 기부금에

---

76 Buckley v. Valeo 424 U.S. 1(1976), 39, 48, 59.

77 Citizens United v. Federal Election Commission 558 US. 310 (2010).

78 SpeechNow.org v. Federal Election Commission 599 F.3d 686, 689 (D. C. Cir. 2010).

79 7월 현재로, Super PACs은 2012년 회기 년도에 총수령액total receipts) $828,234,595을 보고하였으며, 총독립지출(total independent expenditures) $609,417,654를 보고한 바 있다. Open Secrets. Center for Responsive Politics. http://www.opensecrets.org/pacs/superpacs.php. See also "Koch-Backed Political Network, Designed to Shield Donors, Raised $400 million in 2012," *Washington Post*, January 6, 2014.

대한 제한을 일축하였다.[80] 더욱이, 비록 시민연합(Citizens United)의 판례가 미 의회로 하여금 법인의 정치자금 지출(corporate political expenditures)의 공개를 요구할 수 있도록 허용하긴 하였지만, 이전의 연방대법원의 판결 및 연방선거위원회(the Federal Election Commission)에 의한 결정들은 이것을 거의 집행 불가능하도록 만들어 왔다.[81] 그 첫 효과는, 2012년 선거에서 처음으로 나타났는데, 무제한의 자금이 선거결과에 영향을 미칠 수 있을 정도로 개인뿐만 아니라 법인에 의해 사용되었으며, 이의 상당 부분은 익명으로 쓰여졌다.

시민연합(Citizens United)의 판례는 민주주의를 아주 괴롭히는 위협이다. 그러나 저변에 깔려있는 문제는 바로 돈(money)은 곧 표현(speech)이라고 하는 버클리(Buckley)의 주장이다. 이것에 대한 답변은, 판사 화이트(Justice Byron White)가 그 당시 그의 이견에서 말했듯이, 돈은 표현이 아니다. 돈은 돈일뿐이다. 그리고 돈은 선거의 경쟁에서 아주 중요한 자원이다. 정치자금 지출을 규제하는 원래의 결정은 "막대한 선거전쟁 자금(a huge campaign chest)에 힘입어 그 누구도 압도적 우위를 점해서는 안 되는 후보자들 간에, 선거(의 결과)가 결정되어야 한다는 의회의 숙고적 판단(a considered judgment)"을 반영하였다.[82]

버클리는 선거 기간 동안 정치적 의사소통에 얼마나 많은 돈을 사람들

---

80 McCutcheon v. *Federal Election Commission* 572 US. (2014).

81 Stephen Engelberg and Kim Parker, "Flood of Secret Campaign Cash: It's Not All Citizens United," Propublica, August 23, 2012, http//www.propublica.org/article/flood-of-secret-campaign-cash-its-not-all-citizens-united.

82 Buckley v. Valeo, 259, 265, 266.

이 사용할 수 있는지에 대한 제한을 둔다면, 이는 "반드시"(necessarily) "토론할 수 있는 쟁점의 수"(the number of issues discussed) 또는 "토론 규명의 심도"(the depth of their exploration)를 제한 할 것이라고 주장하였다.[83] 필연적 지식이라기 보다는, 이 애매모호한 주장은, 수백만 달러의 돈이 특정 후보자나 정책을 지지하는 데 (또는 공격하는 데) 사용되어졌을 때, 어떤 일이 발생할 수 있는지, 즉 관련되어 있는 대중매체 시장에 온통 침투하여 경쟁적 견해들을 익사시키는 것과 같은 문제를 무시하고 있다. 압도적 선거자금 지출(saturation spending)은 실제적으로 토론할 수 있는 쟁점의 수나 토론 규명의 심도를 손상할 수도 있다. 사람들은 경청할 수 있는 한정된 역량을 지닌다. 대대적 전쟁 자금을 가진 자들은, 일방적으로, 그러한 자금을 의제설정에 새로운 쟁점을 추가하여 심도 있는 토론을 증진시키거나, 아니면 역으로 반대되는 의견을 몰아내어서 공격적 광고 성격의 암살행위를 위해 사용할 것인지의 여부를 결정할 수 있다.

미국에서의 이러한 봇물 터놓기의 파급효과는 다른 나라들에게는 경고가 되어야만 한다. 선거운동의 공적 자금 지원(public financing of campaigns)은, 후보자들이 군비경쟁적 자금조달 논리(arms-race logic of fund-raising)에 사로잡혀, 공적 자금을 수용하는 데 따르는 자발적 제한에 스스로 구속될 수 없다는 사실을 인지함에 따라, 포기되어 왔던 것이다. 2012년 대통령 선거에서 오바마(Barack Obama)와 롬니(Mitt Romney)가 넘어섰던 10억 달러 문턱(the billion-dollar threshold)은 미래의 일어날 전조를 나타낸다. 마찬가지로 수천만 달러의 상원의원 선거와 함께, 2년마다 재선에 직면

83 Buckley v. Valeo, 19.

하는 하원의원들이 영원한 자금조달 기계를 운영해야 할 필요성도 같은 문제이다.[84] 가령 특정 형태의 강제적 공적 선거자금 제도(compulsory public funding)가 *버클리* 이후의 시대(the post–*Buckley* era)에 사법적 심사(constitutional muster)를 통과한다 하더라도(분명히 시작되지도 않을 것이지만), 이것은 버클리가 권위화하고 보다 최근의 결정들이 확대한 무한정 지출을 논하지는 않을 것이다.

문제의 현실은, 지금까지 40년 넘도록 연방대법원에 의해 저질러진 미국민주주의에 대한 손상을 해소하기 위해서는, 헌법수정이 요구된다는 점이다. 수많은 정치인들이 그러한 변화에 이득을 얻게 되겠지만, 이들이 그것을 지지하는 데에는 막대한 집단적 행위의 장애들(huge collective action obstacles)이 존재한다. 이것은 돈과 결부된 이해관계를 말하는 것과는 관계가 전혀 없다. 돈과 관계된 이익들의 비중은 자신들의 정치적 영향력을 아주 실질적으로 증진시키고 있는 새로운 현상을 유지하는 문제에 비해 떨어질 것이다.

둘째, 불평등은 또한 누가 정치에 참여할 지에 영향을 미친다. 매카티(Nolan McCarty), 푸울(Keith Poole), 그리고 로젠탈(Howard Rosenthal)이 미국에 대해 보여주었듯이, 최상층으로 부가 집중된 반면, 최하층에서의 저임금 계층의 성장은 악화되었다. 양당의 정치인들에 대한 유인동기(incentives for politicians)가 가난한 자들의 이익들로부터 멀어지는 방향으로 기울어져왔기 때문이다. 그 이유는 가난한 사람들은 비교적 적은 숫자로 투표

84 Paul Hirschkorn, "The $1 Billion Presidential Campaign," CBS News, October 21, 2012. http// www.cbsnews.com/news/the-1-billion-presidential-campaign/[01-15-2015]

를 하는 반면, 부자들은 투표는 물론 선거운동과정에서 정치적 명분에 돈을 기부함으로써 두 가지 방향 모두에서 참여한다는 점이다. 순수효과는 불평등이 증가함에 따라, 양당의 정치는 우측 방향으로 옮겨가게 되는 것으로 나타난다. 이것이 금빛시대(the Gilded Age)기간 동안에 나타났으며, 이 현상은 20세기 중반 무렵에 불평등이 떨어짐에 따라 서서히 쇠퇴하였고, 이것은 다시 1960년대 이래로 이민의 증가와 최상층에서의 불균형적인 수입증가로 인한 불평등의 재등장으로 회귀하게 되었다.[85]

이러한 문제는 아마도 강제적 투표(의무투표제)를 통해 어느 정도는 완화할 수도 있을 것이다. 선거 참여결과는 강제적 투표(의무투표제)를 실시하는 오스트레일리아와 같은 나라들에서는 다소 높게 나타나고 있다. 이것이 정당들로 하여금 보다 광범위한 범위의 선거구민에 관심을 기울이는 유인동기를 제공해 줄 수 있다고 생각하는 것은 타당한 것으로 여겨진다. 강제적 투표(의무투표제)를 시행하는 10여개의 나라들에 대한 체계적 연구가 이러한 추론을 확증할 수 있는지의 여부는 아직도 미지수이다.[86] 어떤 경우에도 이러한 연구는 선거정치에서 개인적 돈의 역할에 대한 규제의 실패를 다루지 않을 것이다. 선거정치에서 개인적 돈의 역할은 오스트레일리아에서는 아마도 놀랍게도 광범위하며 아주 경미하게 규제되고 있을 뿐

---

85 Nolan McCarty, Keith Poole, and Howard Rosenthal, *Polarized America: The Dance of Ideology and Unequal Riches*(Princeton: Princeton University Press, 2006), 7–9, 71–138.

86 의무투표제 법을 실시하는 대부분의 나라들은 그 법을 강행하지는 않는다. 그 결과로 그 효과는 미미한 정도로 나타난다. 다소 놀랍게도, 그 중요한 영향은 노인들의 투표참여율을 증대시키고 있는 점이다. Ellen Quintelier, Mark Hooghe, and Sofie Martin, "The Effect of Compulsory Voting on Turn Stratification Patterns: A Cross National Analysis," *International Political Science Review* 32, 4(2011): 396–416.

이다. 정치인들이 돈을 필요로 하는 한, 돈을 주거나 주지 않을 수 있는 입장에 있는 사람들은 그들(정치인들)의 관심을 얻거나 유지하게 될 것이다.

민주정치에서 돈이 문제가 되는 세 번째 주요 방식은 정치체제의 복잡성과 관계가 있다. 이 문제, 역시, 미국에서는 특히 첨예한 문제이다. 나는 나의 서문(이 저서의 제2판 서문)에서, 미국의 건국 선조들에 의해 고안된 권력분립이 그들이 기대했던 방식으로 작동할 것이라는 데 대해 달이 회의적이었다는 점을 언급한 바 있다. 건국 선조들이 고안했던 다중적 거부권 체제(the system of multiple vetoes)는, 실제로 그랬던 것처럼, 변화를 어렵게 만드는 것을 염두에 두었다. 변화를 어렵게 만드는 것은 중요한 헌법적 보장 장치들을 보호하는 하나의 방법이다. 그렇게 하지 않는다면, 아마도 그러한 헌법적 보장 장치들은 다수파의 독재에 의한 변덕의 희생물이 될 수도 있는 것이다 – 비록 내가 언급하긴 하였지만, 이것이 민주정체들에서 중요한 문제가 된다는 것에 대한 증거가 불충분하다고 달이 생각하였던 것은 옳다. 변화를 어렵게 만드는 것은, 그렇지만, 불가능하게 만드는 것은 아니다. 그리고 정치적 행위는 자원을 필요로 하는 세상에서는, 그러한 자원을 가진 자들은 자원을 가지지 못한 자들 보다는 변화를 달성하거나 – 또는 변화의 방향을 설정하려는 – 경향이 더 강할 수 있다.

최저임금(the minimum wage) 문제를 부유한 자들에 영향을 미치는 입법과 대조하여 생각해 보자. 최저임금은 최근 수십 년간 인플레이션으로 인해 꾸준히 야금야금 실질 가치가 줄어들었다. 그렇지만 민주주의자들은 최저임금을 현실에 맞게 인상한다는 것이 어렵다는 사실을 인식해 왔다. 민주주의자들은, 자신들의 상대인 공화주의자들의 저지 능력을 압도하여, 최저임금을 인플레이션과 연동시켜 지표화 하는데 결코 성공한 적이 없었다.

아마도 최저임금을 인플레이션과 연동시켜 지표화 한다면 최저임금 문제를 해결할 수 있을 것이다.[87] 대조적으로 고소득 납세자들에게 가능한 세금을 줄여주는 대안적인 최소세금제(the alternative minimum tax)는 인플레이션으로 납세자 과세등급이 점차 올라가는 현상(bracket creep)을 회피하기 위하여 1986년 이래 11번이나 수정되었으며, 그것은 2013년에 인플레이션 지표를 반영하였다.[88] 토지세를 내야 하는 문턱(토지세 대상 기준)은 또한 근년에 들어 상당한 정도로 높아졌다. 이것 또한 2013년에 인플레이션 지표가 반영되었다.[89] 간단히 말해, 현상유지 경향 자체가 중립적이지 않은 것이다. 현상유지는, 정치인들에게 압력을 행사하고, 후원자들의 요구를 들어주는 댓가로 정치인들이 누리게 되는 지대를 지불할 수 있는 자원을 가진자들에게 이득이 되도록 체계적으로 작동한다.

제도적 복잡성(institutional complexity) 또한 불투명성을 조장함으로써 부유한 자원을 가진자들의 불균형적인 이득을 얻도록 작동한다. 이것은 이

87 연방최저임금(A federal minimum wage: FMW)은 1958년에 처음으로 시간당 $0.25로, 2012년 달러로 환산하면 $4.00로 설정되었다. 그 기준에 의하면, 가장 높았던 것은 1968년의 $10.51이었다. 연방최저임금은, 의회가 그것을 인상할 수 있을 때가지(즉 2009년에 마지막으로 인상했던 것처럼), 태생적으로 인플레이션에 의해 좀 먹어들어 갔다. 2012년에는 연방최저임금은 $7.25이었는데, 그 실질적 수준은 1960년의 것이었다. See "Minimum Wage History," Oregon State University, http://oregonstate.edu/instruct/anth484/miniwage.html; Lawrence Mishel, "Declining Value of the Federal Minimum Wage as a Major Factor Driving Inequality," Report for the Economic Policy Institute, February, 2013, http://www.epi.org/publication/declining-federal-minimum-wage-inequality/; and McCarty, Poole, and Rosenthal, Polarized America, 166-169.

88 Internal Revenue Code section 55(d), as amended by section 104(b)(1) of the American Taxpayer Relief Act of 2012(January 2, 2013).

89 matthew Dalton, "Permanent Estate Tax Ends Decade of Uncertainty," Tax Notes Today, January 3, 2013, http://www.taxanalysists.com/www/website.nsf/Web/RequestInformation?OpenDocument&trial=FTN&dn=2013-106&title=Permanent%20Estate%20Tax%20Ends%20Decade%20of%20Uncertainty.

체계를 잘 이해하는 자들이 관료제에서는 물론, 관료와 정치인들 간에서 주종문제(principle–agent problems)를 악용하고, 때때로 심지어 창출하도록 하는 것을 허용한다. 이것은 해당 금융위기에 대응하여 의회에 의해 통과된 도드–프랭크 금융 규제(the Dodd–Frank financial regulation)에 대한 2009–2010 투쟁이 잘 보여주고 있다. 강도 높은 재정분야 로비는, 자신의 방식을 의회를 통하여 작동시켰던 다양한 방식으로, 해당 법안을 약화시켰다. 그러나 공중의 분노가 워낙 강해서 정치인들이 거부할 수 밖에 없었던 분야가 하나 있었다. 그 분야는 바로 소유권 거래 금지(the ban on proprietary trading)였다. 투자은행들은, 1999년의 글래스–스티걸 법령의 폐지(the 1999 repeal of the Glass–Steagall Act)(그 자체는 효과적인 수년간의 로비운동의 성과였던)이래, 자신의 계좌에 따라 자유롭게 거래할 수 있었다.[90] 이것이 당시의 재정위기를 악화시켰던 것으로 널리 알려졌다. 이것은 은행가들을 제어해야 한다는 인식을 형성하는데 기여하였다.

연방준비위원회의 전 의장인 볼커(Paul Volker)는 소유권 거래 금지의 재도입을 주장하는데 앞장섰다. 이것은 산업계의 강경한 반대에도 불구하고, 결과적으로 지배적이 되었다. 그러나 일단 볼커 원칙(the Volker rule)의 특정 형태가 최종 법안에 살아남게 되자, 로비스트들은 여러 갈래의 예외 조항들을 두어, 그 법안을 거의 시행불가능하게 만들어 버렸다.[91] 그들은

---

90 The hundreds of millions of dollars spent by financial lobbies while the bill was moving through Congress and regualtions were being written swamped anything that could be put together on the other side. See Gary Rivlin, "How Wall Street Defanged Dodd–Frank," The Investigative Fund, April 30, 2013, http://www.theinvestigativefund.org/investigations/politicsandovernment/1778/how_wall_street_defanged_dodd–frank/.

91 Alan S. Blinder, *After the Music Stopped: The Financial Crisis, the Response, and the Work Ahead*(New

또한 세부사항의 많은 부분을 시행단계로 미루고, 그리고 나서 법률입안자들에게, 의미있는 법률작성을 거의 불가능하게 만드는 수만 가지의 논평과 이의를 홍수처럼 제기하였다.[92] 2013년 12월에(2년 이상이나 늦게) 마침내 867 페이지에 달하는 규약이 채택되었을 때, 그것은 여전히 1,800여개 이상의 미해결의 질문들로 시달렸으며, *포브스* 잡지(*Forbes* magazine)는 수백 페이지가 "Sullivan & Cromwell, Cleary Gottlieb, Skadden Arps로부터 파견된 보수를 듬뿍 받는 변호사들, 그리고 시간당 1,400 달러를 받는 다른 법정 대리 변호사들이 골드만 삭스(Goldman Sachs)와 J. P.모건 체이스(J. P. Morgan Chase)에게 유리하게 해석할 수 있게 하는 허점 투성이로 가득 차 있는 것"으로 묘사하였다.[93] 해당 법안이 통과된지 얼마되지 않아, 나는 주요 투자은행에서 일하는 한 사원에게 그들이 이제는 소유권 거래 사업에서 완전히 손을 떼는지 여부를 물은 적이 있다. 그의 답은 이러했다: 그 분야를 없애기로 하는 지의 여부를 아는 데에는 적어도 5년이 걸릴 것이다.

그것은 그야말로 정면으로 정신을 번쩍 들게 하는 말이다. 민주주의제도에서 불평등이 초래할 수 있는 부패의 결과들에 대한 달의 우려 섞인 선견지명을 잘 보여주는 사례이다. 그것은 또한, 달이 사법심사제도가 민주주의에 의해 성취된 보호를 넘어서서 추가적인 시민보호를 제공하지 못하였다고 말했을 때, 아마도 그가 사태를 아주 조심스럽게 언급하였다는 점을 시사

York: Penguin, 2013), 290–319.

92 Blinder, *After the Music Stopped*, 315–316.

93 Robert Lenzner, "The 867 Page Volcker Rule Is Unfathomable and a Plague on Markets," Forbes online, December 10, 2013, http://www.forbes.com/sites/robertlezner/2013/12/10/the-credit-markets-are- broken-due-to-the-disastrous-867-page-volcker-rule/.

해 준다. 이 분야에 있어서 연방대법원의 결정들은 *버클리(Buckley)*역주: 버클리 대 발레오(Bucley v. Valeo) 선거자금은 표현의 자유를 의미한다는 미국연방법원의 1976년 판결 이래로 돈에 의한 정치가 민주주의를 지속적으로 침식시켜 오도록 수십년을 방치해왔다. 미국 국민들에 의해 선출된 대표들이 통과시킨 법률들을 위헌이라고 거듭하여 일축함으로써, 이러한 부패의 결과들을 키워온 것이 바로 미국의 대법원이었다는 점은 결코 작은 아이러니라고 할 수 없다. 적어도 이 부분에서 사법심사제도는 돈을 가진 소수의 정치권력자들에게 불균형하게 권력을 강화시켜줌으로썰 민주주의를 망가뜨려 온 것이다.

부록

부록 A
선거제도

선거제도에 관해 좀 더 알기를 원한다면, 시작하기 가장 좋은 것은 앤드류 레이놀즈(Andrew Reynolds)와 벤 레일리(Ben Reilly)가 편집한 『선거제도 기획에 관한 국제 IDEA 핸드북(*The International IDEA Handbook of Electoral System Design*)』(Stockholm: International Institute for Democracy and Electoral Assistance, 1997)이다.

이 책은 '선거제도의 세계'를 세 개의 주요한 단위로 나누고 있다. 다수대표제도(Plurality–Majority systems), 비례대표제도(Proportional Representation–PR systems), 그리고 준(準)비례대표제도(Semi–PR systems)가 그것이다. 단순다수대표제도(First–Past–the–Post: FPTP, 이것은 제11장에서 비례대표제도와 비교하여 설명한 것이다)는 다수대표제도의 네 가지 유형 중의 하나이다. 다른 것들은 선택투표제도[Alternative Vote system(AV), 이것은 또한 선호투표(Preferential Voting)로 알려져 있다]와 프랑스에서 사용되고 있는 2단계 투표제도(Two Round system)를 포함하고 있다.

대안적 선거제도는 오스트레일리아[수정된 형태의 대안적 선거제도를 태평양의 섬나라인 나우루(Nauru)에서]에서 유일하게 사용되고 있지만, 일부 정치학자들은 이를 강력하게 지지하고 있다. 이 제도 하에서 후보들은 단순다수대표에서처럼 소선거구로부터 선출될 수 있다. 그러나 단순다수대표와 다르게, 투표자들은 후보자의 등급–첫 번째 선택에서 한 명, 두 번째에서 두 명, 세 번째는 세 명 등–을 매길 수 있다. 만일 아무도 다수표를 얻지 못하면, 전체에서 가장 적게 득표한 후보는 탈락된다. 그리고 후보 중 차선의 득표를 얻은 사람은 다시 고려의 대상이 된다. 이것은 한 후보가 과반수의 득표를 얻을 때까지 반복된다. 프랑스의 2단계 투표제도도 이와 비슷한 결과를 얻기 위한 제도이다. 둘 다 단순다수대표에서 나타날 수 있는 잠재적 결함을 피하기 위한 것이다. 만일 둘 이상의 후보가 한 자리를 놓고 경합을 벌이고 있다면, 그 자리는 유권자들에게 다시 선택의 기회를 준다면 다수가 거부할지도 모를 후보가 차지할 수도 있다. 실제로 대안적 선거제도는 유권자들에게 기회를 제공한다.

비례대표제도는 세 가지 그룹으로 나뉜다. 널리 알려진 가장 일반적 방법은 정당에서 제공하는 명단으로부터 후보를 선출하는 명부제도(the List system)이다. 당선후보의 수는 후보자의 정당에 유권자가 던진 득표 비율에 엄격히 따라서 선출된다. 독일, 이탈리아, 그리고 아주 최근에 뉴질랜드에서는 혼합비례대표제도(the Mixed Member Proportional system)를 도입하고 있는데, 일부 후보들은, 예를 들면 반은 전국 비례대표 명부로 선출하고, 다른 반은 소선구제에서 선출하는 방식이다. 그래서, 혼합비례대표제도를 옹호하는 사람들은, 명부제를 통해 비례대표제도의 비례성의 일부를 제공하면서도, 단순다수대표처럼, 순수한 비례대표제 보다는 의회의 다수파를 산출할 가능성이 더 높을 것이라고 주장한다.

정치학자들이 자주 지지하고 있지만 거의 사용되지 않는 한 비례대표 제도는 (이미 1921년부터 이를 실행해 온 아일랜드의 경우를 제외하면) 단기이양투표제도[Single Transferable Vote(STV)]이다. 위에서 언급한 대안적 선거에서처럼, 유권자들은 후보자들의 등급을 매긴다. 그러나 대안적 선거제도와 다르게 단기이양투표제도는 *대선거구*(multimember districts)에서 이루어진다. 그러나 이 글에서 단기이양투표제도의 투표방식을 설명하기에는 너무나 복잡하지만, 대선거구에서의 의석은 가장 높은 순위의 후보가 차지하게 되며 정당들 간에는 의석수가 투표와 근접한 비율로 이루어지는 것을 단기이양투표제도는 보장하고 있다. 비록 아일랜드에서의 유권자들은 이 제도에 만족해하지만, 이 제도의 복잡성 때문에 다른 어떤 곳에서는 이를 채택하기를 꺼려하고 있다. 『핸드북』은 아홉 가지 제도와 그 결과를 설명하고 있다. 게다가 이 책은 현명한 '선거제도 기획에 관한 조언'을 제공하고 있다. 이 책에서 말하는 교훈들(짧은 표현으로 되어 있는)은 다음과 같다.

- 단순하게 하라.
- 혁신을 두려워하지 말라.
- 모든 것을 포함시키는 데 주력하라.
- 모든 주요 행위자들이 받아들일 수 있는 수용성과 정당성을 세워라.
- 유권자의 영향력을 극대화하라.
- 응집력이 강한 정당을 고무시키지 않도록 균형을 유지하라.

이미 존재하는 다소 많은 수의 대안적 선거제도의 관찰을 통해 세 가지

안을 제안한다. 먼저, 민주주의 국가는 그 국가가 필요로 하는 것에 잘 맞지 않는 선거제도를 가졌다면, 다른 것으로 교체해야 한다. 둘째, 한 국가의 선거제도는 그것의 특정한 성격－역사적, 전통적, 문화적 등등의 성격－에 맞추어 재단될 수도 있다. 셋째, 한 국가가 새로운 선거제도를 적용하기 전에(혹은 이미 존재하는 것을 지속하기로 결정하기 전에), 대안들은 선거제도에 관해 경험과 능력이 있는 전문가들의 도움을 통해 주의 깊게 탐구되어야 한다.

부록 B

문화·인종적으로 분열된 국가들에서의 정치 화합

상이한 하위문화를 지닌 민주적 국가에서 만족스러운 정도의 정치적 화합을 보장할 수 있는 제도구성은 대략 두 가지 형태, 즉 '협의 민주주의(consociational democracy)'와 선거제도(electoral arrangements)로 나뉘어진다.

협의 민주주의는 비례대표 선거체제하의 선거 후 정치적 지도자들 간의 *대연합*(grand coalition)의 형성이라는 결과로 나타난다. 비례대표 선거체제는 각 하위문화의 집단에게 대략 이 집단의 상대적 득표의 규모에 비례하여 입법부 내의 의석의 점유를 보장해 준다. 이 주제에 관한 최고의 권위를 지니는 이론가는 레이파트(Arend Lijphart)인데, 그는 『*Democracy in Plural Societies: A Comparative Exploration*』(New Haven and London: Yale University Press, 1977, chap. 3, 53~103)이라는 저서에서 이에 대한 개관을 하고 있다.

협의 민주주의체제는 대략 1917년부터 1970년대에 이르는 동안 스위스, 벨기에, 네덜란드에서, 1945년부터 1966년에 이르는 동안 오스트리아에서 존속하여 왔다. 하위문화의 패턴과 합의를 이루는 정치적 제도들은 각 국가에 따라 다르다(달랐다). 스위스는 모국어(독일어, 프랑스어, 이탈리아어 그리고 로마어), 종교(신교, 구교), 그리고 캔톤(canton)에 있어서 차이가 있다. 언어와 종교상의 차이는 어느 정도 상호간 교차되어 있다. 독일어를 사용하는 일부의 사람들이 신교이고, 또 일부의 독일어 사용자가 구교인 반면, 프랑스어 사용자의 일부는 구교인 동시에 다른 일부의 프랑스어 사용자는 신교이기도 하다. 이러한 상호 교차적인 차이들은 언어와 종교상의 갈등을 완화시켜 주었다. 이러한 언어와 종교상의 갈등은 현대 스위스에서는 거의 존재하지 않는다. 그렇지만 캔톤이 작으면 작을수록 언어와 종교 양자 모두의 측면에서 보아 아주 동질적인 것이 일반적이다. 이러한 결과는 역사는 물론 의도적 계획 양자에 의해 나타난 것이다. 비록 스위스의 합의적 정치제도들은 스위스 연방(the Swiss Confederacy)의 헌법에 의해 주로 구성되어 있긴 하지만, 이 제도들은 또한 스위스인의 일상태도와 정치문화에 의해 강력히 지지되고 있는 것으로 여겨진다.

벨기에(Belgium)에서는 분리된 정당들이 세 가지 하부문화, 카톨릭(Catholic), 자유주의(Liberal), 사회주의(Socialist)를 중심으로 처음 발전하였다. 시간이 지나면서, 이러한 정당들은 심지어 언어상의 차이에 따라 더 나눠어 지게 되었다. 언어상의 차이는 부분적으로는 지역적 차이와 마찬가지라 할 수 있다. 프랑스어는 왈로니아(Wallonia) 지역에서, 그리고 플란더스 말(Flemish)은 플란더스(Flanders) 지역에서 각기 지배적이었다. 하부문화에 대한 보다 큰 자율권의 요구는 광범위한 연방주의화(extensive federalization)로 진전되어, 개별적인 지역 및 언어적인 공공 기관들과 함께,

이중언어 수도로서 특별한 지위를 갖는 브러셀을 두게 되었다. 또한 연방의회(federal cabinets)를 구성함에 있어 플란더스 사람(Flemmings)과 왈룬 사람(Walloons)간에 엄격한 균형을 유지하는 것이 표준적 관행이었다.

네델란드(the Netherlands)에서는, 연방 네델란드 공화국(the confederal Dutch Republic, 1579–1795)에 처음 그 뿌리를 두고 있는 오래된 엘리트 수용 전통이 자유주의자들, 칼빈주의자들, 카톨릭 및 사회주의자들의 개별적인 하부문화의 발전을 용이하게 만들었다. 이러한 개별적인 하부문화들은 정치에서부터 결혼, 이웃관계, 클럽, 노동조합, 신문 및 기타에 이르는 모든 관계 및 활동에 실제적으로 침투되어 있다. 이러한 하부문화가 발전하게 된 배경의 주요 구분선은 종교와 계급이었다. 1917년의 국가대타협에 의해, 종교 학교(religious schools)와 공립학교(public schools)간에 완전히 동등한 재정지원, 보편적 참정권 및 강력한 비례대표 체제를 허용하기에 이르렀다. 이것은 또 다시 더 개별적인 이념적 가족체제를 강화하게 되었다. 이러한 정치적 실천들이 모든 정당의 연립(all party–coalitions)이라는 결과로 통상 나타나지는 않았지만, 이러한 실천들은 집단 의사결정, 그리고 소수자 이익에 대한 상호 인정 및 자율적 집단 권리들을 촉진하는 기반이 되었을 뿐만 아니라, 동시에 상대적으로 효과적인 정부를 창출하였다.

네델란드 체제는 1968년의 레이파트(Arendt Lijphart)의 영향력 있는 분석인 *The Politics of Accommodation: Pluralism and Democracy in the Netherlands*(Berkeley: University of California Press)에서 묘사된 협의민주주의 모델(the consociational democracy)의 전형적 표준이 되었다. 그렇지만, 그때에는, 이미 하부문화의 특징들이 점점 더 약화되기 시작하였는데, 사회주의자들은 점점더 국가체제로 통합해 들어오게 되고, 두 개의 종교적 하부문화들은 광범위한 세속화의 과정을 겪게 된다. 그러나 집단적 관행들과 자율적 집단 주장들에 대한 일반적 존중은 여전히 전반적으로 지속되었다.

성공적인 협의 민주주의는 드물다. 그 이유는 의심할 여지없이 이러한 협의 민주주의를 작동하게 하는 조건들이 충족되는 경우가 드물기 때문이다. 분열된 사회의 문제에 대한 해결으로서 협의주의(consociationalism)에 대한 비판들은 다음과 같다. (1) 문화적으로 분열된 수많은 국가에서, 협의주의의 성공을 위한 우호적(아마도 필요한) 조건들은 너무 취약하거나 아예 결여되어 있다. (2) 협의적 제도장치들은 민주정부에 있어서 *반대*(opposition)라는 중요한 역할을 상당히 축소시킨다. (3) 일부 비판자들은 상호적 거부권과 합의의 필요성은 극단적인 교착상태로 진전될 수 있다는 우려를 표명한다. 그렇지만, 네델란드의 경험과 일부 다른 한 때의 협의체제들은 두번째 비판의 타당성에 의문을 제기하고 동시에 세번째 비판이 틀리다는 점을 명확히 해준다.

일부 정치학자들은 의회 또는 대통령 선거 이전 및 기간 동안에 정치지도자들이 지속적인 선거연합(electoral coalitions)을 형성할 수 있도록 강한 동기를 부여하는 선거제도를 고안하는 것이 하나의 대안이 될 것이라고 주장한다[예를 들어 Donald L. Horowitz, *Ethnic Groups in Conflict*(Berkeley: University of California press, 1985)와 *A Democratic South Africa? Constitutional Engineering in a Divided Society*(Berkeley: University of California Press, 1991)를 참조하라]. 그렇지만 이러한 것이 최선으로 달성될 수 있는 방법은 그렇게 분명하지 않다. 단순다수대표가 가장 덜 바람직한 체제라는 것은 분명하다. 왜냐하면 이 체제는 한 집단이 의석의 압도적 다수를 획득하여 협상, 타협, 연립형성을 불필요하게 만들 수 있기 때문이다. 일부 관찰자들은 부록 A에 기술된 대안적 투표체제의 장점을 언급한다. *분포조건들*(distribution requirements)은 대통령직 후보자들로 하여금 하나 이상의 주요 하부문화집단이나 인종집단으로부터 최소한 퍼센트의 투표(a minimum percentage of votes)를 획득할 것을 요구하게 할 수 있다 – 그렇지만 케냐에서는, "대통령에 당선되기 위해서 후보자는 8개 주 중에서 적어도 5개 주에서 최소한 투표의 25%를 획득해야 한다는 조건에도 불구하고, 1992년에 반대당 분열 때문에 다니엘 아랍 모이(Daniel Arap Moi)가 단지 투표의 35%를 획득하는 것만으로 대통령이 되었다."[*The International IDEA Handbook of Electoral System Design*, edited by Andrew Reynolds and Ben Reilly(Stockholm: International Institute for Democracy and Electoral Assistance, 1977), 1090.] 아니면 주요 인종집단 모두가 합의한 정착된 방법에 따라 이들 집단들에게 주요 공직을 배분할 수도 있을 것이다. 그렇지만 이러한 방법의 어느 것도 분열적인 문화적 갈등에 영원한 종결을 보장할 수는 없다. 한때 레바논, 나이지리아, 스리랑카에서 안정을 이룩하였던 아주 기막힌 제도들도 인종적 갈등의 긴장으로 모두 붕괴되어 내전 또는 권위주의적 통치로 변모하였다.

피할 수 없을 것 같은 하나의 결론이 있다. 문화적으로 분열된 국가의 문제들에 대한 일반적 해결은 없다는 것이다. 모든 해결책은 개별국가의 특성에 맞도록 재단이 될 필요가 있을 것이다.

부록 C

민주주의 국가들에 대한 측정

얼마나 많은 민주주의 국가들이 존재하는가. 당신의 나라와 같은 특정 국가가 '민주주의'에서부터 '독재정치'에 이르는 단계에서 어디에 위치하는가.

상상하건대, 비록 이 책의 독자들 중에서 이 세상의 민주주의 국가들의 수를 간명하고, 아주 근거 있고, 동시에 최신의 측정을 할 필요가 많이 있다고 느끼는 사람이 드물다 할지라도, 일부의 사람들은 두 번째 질문에 대한 답을 찾기를 당연히 바랄 수 있다. 그렇지만 이에 대한 답을 찾는 것은 첫 번째 질문에 대한 답을 필요로 할 수 있다.

그리고 이러한 답을 찾는다는 것은 그렇게 쉽지가 않다. 그 이유는 민주주의 국가가 제8장에서 언급한 다두제의 모든 제도를 소유해야 한다는 문제와 이러한 제도가 특정 국가에 존재하고 있는지를 판단하는 문제는 별개의 것이기 때문이다. 어떤 국가가 다두 민주주의 정치체제들을 함유하고 있다는 의미에서 민주적이라는 결론을 내리는 것은 적어도 두 가지의 판단을 필요로 한다. 하나는 그 제도가 그 국가에 실제로 존재해야 한다(actually exist)는 것과, 다른 하나는 이들 제도가 적어도 특정한 하한선이나 최소 요건(lower limit or threshold) 이상으로 존재해야 한다는 것이다. 이 하한선이나 최소 요건을 밑돌게 되면 우리는 그 국가를 비민주적이라고 말할 것이다. 독자적인 관찰자들이 제공하는 이 세상 국가들에 관한 막대한 양의 정보 공급은 첫 번째 판단에 도달하는 데 많은 도움을 준다. 두 번째 판단은 훨씬 더 다루기 힘들고, 다소간 자의적이라고 할 수 있다. 하나의 해결방안은 그 한계수준이 유럽과 영어사용권 국가들－더 오래된 민주주의 국가들－에 존재하는 수준에 의해 대략 설정된다고 가정하는 방법이다. 묵시적으로 또는 명시적으로 이것이 표준적인 해결이라고 나는 믿는다. 우리들은 주요 민주적 정치제도들이 어떤 국가에 상당한 수준으로 존재할 경우에만 이 국가를 '민주적'이라고 판단한다.

근년에 수많은 학자들과 연구기관들은 각 국가들이 민주적 기준들을 만족스럽게 충족시키는가 아니면 그렇지 못하는가를 구별할 수 있는 충분히 합당한 근거가 있는 판단들을 모색하여 왔다. 그렇게 함에 있어, 이들은 종종 유사하긴 해도 동일하지는 않은 기준들을 사용하였다. 다행스럽게도, 그 결과는 비록 '민주주의'와 '비민주주의' 간의 명확한 구분이라는 것이 다소간 자의적이라 하더라도, 수렴하는 경향이 있다는 것이다.

예를 들어 나는 그러한 노력들의 세 가지 경우를 언급하고자 한다. 나의 『민주주의와 그 비판자들(*Democracy and Its Critics*)』(New Haven and London: Yale University Press, 1989)에 있는 한 도표는 1850년부터 1979년에 이르는 다두제 민주정체의 수적 증가를 보여 주고 있으며, 그리고 이 책의 그림 1을 작성하는 데 그 도표를 기초로 하여 작성하였다. 위 저서의 또 다른 도표(도표 17.3, 241쪽, 원저서)는 대략 1981년부터 1985년에 이르는 동안의 168개 국가들을 일곱 개 범주로 구분하였다. 이 일곱 개 범주의 구분은 네 개의 주요 민주주의 정치제도들이 존재하고 있는 완전 다두제(full polyarchies)로부터 이 제도들 중 아무도 존재하지 않는 극단적인 권위주의 체제(extreme political institutions)에 이르는 범위를 포함하고 있다. 이 두 개의 도표는 마이클 카피지(Michael Coppedge)와 울프강 라이니케(Wolfgang Reinicke)의 연구를 기초로 하여 작성되었다. 이 두 사람은 그들의 연구에서 네 가지 기본적 민주제도들－자유롭고 공정한 선거, 표현의 자유, 정보원(情報源)에 대한 대안적이고 독립적인 접근 가능성(alter－native and independent sources of information), 결사적 자율성(associational autonomy)－의 각각에 대한 개별국가의 상대적 수준을 판단할 수 있는 최선의 정보를 사용하였다. 이들은 *Studies in Comparative International Development* 25, 1(Spring 1990): 51~72쪽에서 '다두제의 측정(Measuring Polyarchy)'에 관한 자신들의 방법을 설명하고 있다. 이 방법은 주의 깊은 방대한 양의 연구를 포함하고 있는데, 반복되어 사용된 것은 아니었다[그렇지만 카피지는, "Modernization and Thresholds of Democracy: Evidence for a Common Path," in *Inequality, Democracy, and Economic Development*, edited by Manus I. Midlarsky(Cambridge: Cambridge University Press, 1997), 177~201쪽에 있는 스케일에 관하여 간략히 언급하고 여기에 있는 이전의 등급들을 유효적절하게 채택하고 있다].

아주 쉽게 접근할 수 있는 현대의 또 다른 유용한 연구출처는 비당파적인 기구인 '프리덤 하우스(Freedom House)'의 연례출판물인 『*Freedom in the World: The Annual Survey of Political Rights and Civil Liberties*, 1996~1997』이다. 만약에 당신이 인터넷에 접속할 수 있다면, 인터넷 사이트

http://www.freedomhouse.org/political/frtable1.htm에서 이 국가들의 목록을 찾을 수 있다. 프리덤 하우스는 두 가지 스케일로 국가들의 등급을 매기고 있다. 이 두 가지 스케일은 각각 '가장 자유롭다'(1)에서부터 '가장 자유롭지 않다'(7)라는 범위로 설정되는데, 하나는 정치적 권리(Political Rights)와 다른 하나는 시민적 자유(Civil Liberties)를 측정하기 위한 것이다. 내가 정치적 권리에서 등급 1, 즉 '가장 자유롭다'로 측정되고 동시에 시민적 자유의 스케일에서 1, 2 또는 3으로 측정된 모든 국가들을 헤아려 보았더니, 56개 국가가 이 두 가지 기준 모두를 충족시켰으며, 이 국가들 모두가, 내가 생각하기에는, 이러한 국가들의 민주주의 제도들에 관한 여타의 판단들과 잘 부합한다는 사실을 발견하였다. 그렇지만 인도, 브라질, 러시아는 이 수준에 도달하지 못하였다. 프리덤 하우스는 인도를 정치적 권리에서 등급 2와 시민적 자유에서는 등급 4를, 러시아는 정치적 권리에서 등급 3과 시민적 자유에서 등급 4로 매기고 있다. 이 두 국가를 포함한다면, 모두 58개국에 이를 것이다.

또 다른 연구 출처는 콜로라도대학(University of Colorado)에서 1994년에 행한 157개 국가들에 관한 분석이다. 이 분석은 정체 3(Polity 3)을 주장하고 있다. 여기에 관한 정보는 다음의 인터넷 사이트에서 얻을 수 있다(http://isere.colorado.edu/pub/datasets/polity3).

157개 국가들은 10점제의 민주정치 스케일(democracy scale: 0=최저, 10=최고)과 10점제의 독재정치 스케일(autocracy scale: 0=최저, 10=최고)로 등급이 매겨져 있다. 이들 국가 중에서, 65개 국가가 독재정치 등급에서 0점과 민주정치 등급에서 8, 9 또는 10점으로 나타나고 있다. 이 전체적 수치는 그림 1의 1990년도에 해당되는 지표에서 나타나고 있다. 그렇지만 이 모든 국가들을 '민주적'이라고 부를 수 있는 합당한 근거가 있긴 하겠지만, 말하자면 우리들은 그래도 이 모든 국가들을 정도에 따라서 '민주적'이라고 판단할 수 있을 것이다. 그래서 우리들은 35개 국가가 민주정치의 등급에서 10점을 받아 '가장 민주적(most democratic)'인 국가로, 9점을 받은 7개 국가를 '상당히 민주적(fairly democratic)'인 국가로, 8점을 받은 23개 국가를 '최저의 민주적(marginally democratic)' 국가로 분류할 수 있다.

그렇지만 정체 3(Polity III)은 대부분의 소국가들, 예를 들면 산마리노(San Ma- rino: 인구 2만 4,000명)와 카리브해와 태평양의 도서국가들, 즉 바베이도스(Barbados: 인구 25만 6,000명)와 미크로네시아(Micronesia: 인구 12만 3,000명)와 같은 아주 조그만 국가들을 대부분 생략하였다. 그렇긴 하지만, 프리덤 하우스 스케일상으로는 산마리노, 바베이도스 그리고 미크로네시아 모두 정치적 권리와 시민적 자유의 양 지표 모두에서 최상으로 평가되기 때문에 '가장 민주적'인 국가로 간주될 만하다.

요약하면 다음과 같다. 비록 현재 세계에 있는 모든 민주주의 국가들을 완전하고 신빙성 있게 측정한다는 것이 잘 될 것 같지는 않지만, 이 두 가지 출처는 아주 좋은 계산방법을 보여 주고 있다. 아마도 이 책을 읽는 대부분의 독자들에게 훨씬 중요한, 이 두 가지 연구 출처는 전문가들이 독자적으로 민주주의에 직접적으로 관계되는 측정값에 의존하여 특정 국가들의 등급을 매기는 방법을 독자들에게 보여 준다.

부록 D

민주주의 국가들에 대한 측정 II

정치학자 및 사회학자들은 어떤 나라가 민주적인가의 여부를 경험적으로 평가하기 위한 일련의 방법들을 발전시켜 왔다.

민주정체의 구체적 특징을 확인해 내기 위한 가장 최초이면서 가장 영향력 있는 시도들 중의 하나가 달(Dahl)에서 유래한다. 그는 자신이 민주화의 두 가지 주요 차원으로 간주할 수 있는 바에 입각한 "다극체제"(polyarchy)를 측정할 수 있는 한 방안을 개발하였다: 선거에 참여할 수 있는 기회(opportunities to participate in elections)와 정치권력을 추구할 수 있는 기회(opportunities to compete for political power). 1969년에 해당되는 자료로, 민주주의의 7가지 제도적 요건들로 간주되는 것의 10가지 지표들을 사용하였다.[1] 이러한 자료들을 사용하여, 그는 선거참여와 정치적 권력

---

1 이러한 요건들은 다음과 같다: 1) 단체를 형성하고 참여할 수 있는 자유(freedom to form and join organizations; 2) 표현의 자유(freedom of expression), 3) 투표의 권리(right to vote), 4) 지지호소 경쟁을 할 수 있는 정치지도자들의 권리(right of political leaders to compete for support), 5) 대안

경쟁의 기회를 가장 적은 기회에서 시작하여 가장 큰 기회에 이르는 연속적 범위 선상에 국가들을 위치시키는 척도를 만들어 냈다. 이러한 측정은 후에 1985년 해당 사항에 대하여 코피디지(Coppedge)와 라이니케(Reinicke)(1990)에 의해 확장되었다.

비록 이러한 민주주의의 측정들이 상당수의 나라들을 포함하고 있긴 하지만, 이러한 측정들이 1년 혹은 2년에 한정되고 있다.[2] 오늘날에는, 상대적으로 많은 수의 년도에 걸쳐 모든 나라들은 아니라 하더라도, 대부분의 나라들을 포함하는 세 가지 다른 민주주의의 측정방식이 있다. 이러한 측정 방식들은 민주정체의 원인과 결과를 경험적으로 연구하는 정치학자, 사회학자 및 경제학자들에 의해 사용되고 있다. 이 세 가지 측정방식은 다음과 같다:

1) 정치체제의 특징과 이행에 관한 정체 IV 측정방식(The Polity IV measures of political regime characteristics and transitions). 이것은 1800년부터 2012년까지를 다루고 있다(found at: http://www.systemicpeace.org/polity/polity4.htm).
2) 정치 및 시민적 자유에 관한 프리덤 하우스 측정방식[The Freedom House(FH) measure of political and civil liberties]. 이것은 1973년부

적 정보 원천의 존재(existence of alternative sources of information), 6) 자유로운 공정한 선거(free and fair elections), 7) 정부의 정책들이 대중투표에 의존할 수 있도록 하는 제도(institutions that make government policies depend on popular votes).

2 유사한 제한은 볼렌(Bollen)(1980)에 의해 개발된 측정에도 해당된다. 볼렌의 측정은, 원래는 1960년과 1965년도에 대하여 구성되었는데, 1955, 1970, 1975 및 1980년도로 확장되었으나, 다른 연도에 대하여는 이루어지지 않았다.

터 2014년간의 세계의 모든 국가를 포함한다.

3) 세보르스키와 다른 사람들(2000)에 의해 *Democracy and Development* (DD)에서 개발된 민주주의와 독재의 구분. 1946년과 2008년간의 세계의 모든 국가를 포함하고 있다.

비록 이 세 가지 방식이 비교적 상당한 수의 연도에 걸쳐 많은 나라들을 포함하고 있다는 점에서 유사성을 보이지만, 이러한 측정방식들은 적어도 다음 세 가지 중요한 점에서 차이를 보여준다.

1) 각 측정방식에 내재해 있는 민주주의에 대한 관점(the conception of democracy)
2) 정치체제를 평가하는데 사용되는 자료의 성격(the nature of data), 그리고
3) 이 측정방식들이 개발하고 있는 측정의 유형(type of measurement)

제1장의 발췌 설명에서 예시되었듯이, 민주주의에 대한 관점들은 보다 실체적 견해의 민주주의(substantive view)에 반대하여 엄격한 절차주의 견해(procedural view)를 채택할지 여부의 입장에서 보면 차이를 보인다. 절차주의의 견해에서는, 민주주의란, 제도의 작동에 의해 발생한 결과와는 전혀 무관하게, 특정 제도들의 존재에 배타적으로 의존한다. 그래서. DD(Democracy and Development)의 저자들은 "'민주주의'란 통치하는 자들이 경쟁적 선거를 통하여 선출되는 정치체제이다."(2000: 15)라고 언급한다. 이들은, 민주주의가 정치, 사회 및 경제적 생활의 규범적으로 바람직한

측면에 미치는 관계를 규명하는데 관심을 가진 이래, 보다 광범위한 정의(定義)의 민주주의가 시사할 수 있는 동어반복을 피할 수 있도록 민주주의를 보다 협소하게 정의할 필요를 느꼈다(2000: 14).

실체적 관점들의 민주주의에서는, 제도란 필요하긴 하지만 정치체제의 성격을 규정하는 데에는 충분한 요소는 아니다. 비록 경쟁적 선거를 치루지 않는 민주주의는 존재하지 않는다고 말할 수 있긴 하지만, 경쟁적 선거에 기초한 모든 정치체제가 민주적으로 부를 수 있는 것은 아니다. 중요한 것은 이러한 경쟁적 선거를 통해 그 밖의 다른 무언가가 발생한다는 점이다: 공공선이 달성되고, 시민들의 선호가 대표되고, 정부들은 책임성을 가지게 되고, 시민의 정치적 참여는 극대화되고, 경제적 평등은 향상되고, 합리성이 시행되고, 경제적 조건들은 증진한다는 등등. 그래서 프리덤 하우스 측정방식(FH)을 사용하는 사람들은 이 방식이 제공하는 "자유"(freedom)의 측정이 "민주주의"(democracy)를 척도 하는데 사용될 수 있다고 생각한다. 유사하게, 정체 IV(Polity IV) 측정방식은 민주주의를 대안적 정책과 지도자를 시민들이 선택할 수 있도록 하는 제도의 존재로 생각한다. 이 제도들은 "집행부의 정치권력 사용에 대한 제약의 제도화"와 함께, "일상생활 및 정치참여의 행위에 있어서 모든 시민들에게 시민적 자유의 보장"과 결합되어 있다(manual, p. 14). 끝으로, 볼렌(Bollen)(1980: 372)은 민주주의를 엘리트의 정치권력이 최소화되고 비엘리트의 정치권력이 극대화 되는 정도"로 정의하고 있다. 그 이후의 정식화에서는, 그는 "민주주의란 정치적 민주주의의 정도를 결정하는 엘리트와 비엘리트간의 상대적 힘이다"라고 언급한다. 그리고 또, "비엘리트가 엘리트를 거의 통제할 수 없는 곳에서는, 정치적 민주주의의 수준이 낮다. 엘리트들이 비엘리트들에게 책임 해명의 의무를 진다면, 정치적 민주주의의 수준은 더 높아지게 된다"고 언급한다 (Bollen 1991: 4).

민주주의의 측정방식들 간의 두 번째 차이는 정체를 평가하는 데 사용되거나 요구되는 정보의 유형과 관계가 있다. 대부분의 측정 방식들은 코드 작성자의 주관적 판단들을 크게 요구하는 데이터에 기초하고 있다. 그래서 프리덤 하우스의 측정 방식(FH)은 유관한 용어나 한정적 조건들이 의미하는 바를 명백하게 규정하지 않은 채, 다음과 같은 질문들에 대한 답변을 요구한다: *공정한* 선거법(*fair* electoral laws), *평등한* 선거운동기회(*equal* campaigning opportunities), *공정한* 여론조사(*fair* polling) 및 *정직한* 투표용지의 작성(*honest* tabulation of ballots)이 이루어지는가? 소수파들은 수긍할만한 정도(reasonable)의 자기결정(self-determination), 자치정부(self-government), 자율성(autonomy), 또는 의사결정과정에서의 비공식적 합의를 통한 참여(participation through informal consensus in the decision-making process)를 하고 있는가? 국민들은 군대, 외국의 권력, 전체주의적 정당, 종교적 위계, 경제적 과두체제, 또는 그 밖의 다른 강력한 집단에 의한 *지배로부터 자유로운가(free from domination)*? *자유롭고 독립적인* 대중매체(*free* and *independent* media)가 존재하는가? *자유로운* 노조(*free* trade unions) 및 다른 직업적 조직들이 존재하며, 동시에 *효과적인* 집단적 협상(*effective* collective bargaining)이 이루어지는가? *인격적 자율성*(*personal autonomy*)이 보장되는가? *기회의 평등(equality of opportunity)*이 존재하는가? 유사하게, 정체 IV(the Polity IV) 민주주의 척도는 어떤 주어진 특정 나라에서 최고수반(the chief executive)에 대한 제약들이 대등한 상태(parity)에 근접하는가, *실체적인 제약들(substantial limitations)*에 부딪치거나, 두 가지

가능한 *중간 매개적* 범주(two possible *intermediate* categories)의 하나에 국한되어 있는지의 여부를 사람들에게 결정할 것을 요구한다.

정체 IV 접근법은 DD의 저자들이 채택한 접근법과 대조된다. DD의 저자들은 4가지 관찰 가능한 기준에 기초하여 민주주의를 분류한다. 그래서 이들에게는 민주주의 국가가 되기 위해서는, 특정 정체는 선출된 집행부(elected executive), 선출된 입법부(elected legislature), 둘 또는 그 이상의 정당들이 경쟁하는 선거제도(elections), 적어도 한번 정도는 권력을 상실한 적이 있는 현직자들(incumbents)을 가져야만 한다. 이러한 규칙들은 1946년 이래 매년 모든 나라들에 있는 광대한 대다수의 정체를 모호하지 않게 분류한다. 그렇지만, 그들은, 역사가 그러한 규칙들을 적용하기 위한 필요한 정보들을 아직 제공해 주지 못하였던 소규모 분량의 경우들에 대하여는 설명을 하지 못하고 있다. 이러한 사례들을 수용하기 위한 "중간단계"의 측정 범주("intermediate" measures)를 창조하는 것보다 오히려, 이들은 그러한 사례들을 분리하기로 결정하여, 각각의 사용자가 자신들의 분석에 이 사례들을 어떻게 사용할지 또는 사용여부를 스스로 결정하도록 하였다.

끝으로, 민주주의 측정방식들은 이 방식들이 관찰을 하려는 수준에 관하여 차이를 보인다. 대부분의 측정 방식들은 연속적(continuous)이거나, 아니면 범주적이라 하더라도, 연속적 스케일로 변환시킨 것 중의 하나이다. 이것은 정체 IV 와 프리덤 하우스 모델(FH)에는 맞는 말이다. 정체 IV 모델은 민주정치(democracy)와 독재정치(autocracy)의 각각 다른 지표(각각 0에서부터 10에 이르는)를 제공하고, 이것들이 흔히 결합되어 21점의 스케일을 보인다면 민주주의에 해당된다(고수준의 민주주의를 나타내는 높은 가치를 지니는 것으로). 후자의 방식은 시민적 및 정치적 자유에 대한 각각 독립적인 지표(1에서부터 7까지 범주)를 제공하여, 이것들이 흔히 결합되어 단일 측정의 민주주의의 정도(a single measure of the degrees of democracy)를 나타내는데, 2에서부터(최고수준의 민주주의) 14(최저수준의 민주주의)에 걸쳐 나타난다. 대조하여 본다면, DD는 정치체제를 단순하게 두 가지 범주, 즉 민주체제(democracies)와 독재체제(dictatorships)로 분류한다.

민주주의를 경험적으로 연구하는 자들과 관계된 토론 가운데, 이것이 아마도 최고수준의 논란을 발생시켰던 것이라 할 수 있다. 민주주의에 대한 연속적 측정(continuous measure of democracy)의 가장 강력한 주창자들은 볼렌(Bollen)과 잭만(Jackman)(1989)이었다. 이들은 "정치적 민주주의 개념의 가장 고유한 연속적 성격(continuous nature)"을 강변하고 "민주주의란 개념적으로 본다면 연속적이기 때문에, 그것은 연속적 지표를 통하여 가장 잘 측정될 수 있으며"(1989: 612), 그리고 "민주주의란 항상 정도의 문제(a matter of degree)이다"(1989: 618) 라고 주장하였다.

또 다른 주장은 단계적 등급을 참작하는 특정방식들이, 보다 많은 정보를 함유하기 때문에, 이분법적 방식들(dichotomies)보다 우선시되어야 한다고 언급한다. 그리고 가령 이분법적 측정이 연속적 측정 방법들 보다 더 적은 오류를 가져온다 하더라도, 민주주의의 개념 근저에 있는 변수들에 덜 민감하다고 주장한다(Elkins 2000).

이 논의의 쟁점은 아마도 비례(proportion)의 문제를 제외시켜 왔던 것 같다. 문제는 누군가가 모든 정치체제들에 걸쳐서 관찰 가능한 민주주의에 대한 연속적 측정이나 범주적 측정을 채택해야만 하는 것에 있는 것이 아니다. 핵심은 민주정체와 비민주정체를 구분할 수 있는 자연적인 0점(a natural zero-point)이 존재하는가의 여부에 있다. 민주주의에 대한 범주적 측정을 개발하고 사용하는 자들조차도, 측정 기준(a yardstick)으로 사용할 수 있는 특정의 적절한 기준을 전제하여, 민주적 정체들은 얼마나 민주적인가에 관하여는 차이를 보이며, 그리고 이들 정체의 민주주의의 정도를 평가하는 특정한 측정이 의미가 있다는 점에는 동의를 할 수 있을 것이다. 그렇긴 하지만, 이것은 비민주적 정체에 반대되는 민주적 정체들에만 관계된다는 점에 유의하라. 이 측정 방식은 일부 정치체제는, 이들을 민주적이라고 부를 수 있는 최소한의 여건이 무엇이든지 간에, (민주적 정체가 되기에는) 실패할 것이라고 가정하고 있다.

민주주의란 사례의 스펙트럼에 걸쳐서 측정될 수 있으며 또한 그래야만 하는 특성을 지닌다는 믿음은, 예를 들자면, 얼토당토하지 않을 수 있는 강변으로 연결될 수 있다. 예를 들자면, 엔버 혹사(Enver Hoxa)의 공산주의 체제하에 있었던 1950년과 1955년의 알바니아(Albania)의 민주주의의 수준이, 볼렌의 스케일(the Bollen scale)에 따른다면, 약 24/100였다. 1960년과 1965년의 북한의 민주주의의 수준은 볼렌에 따르면 약 21였으며, 1980년에는 11까지 떨어졌다. 1960년과 1999년 기간의 쿠바의 평균 점수는 정체 스케일(the Polity scale)에서는 −7이였다(이 스케일에서는, 우리가 알다시피, 최소점이 −10이다). 1974년과 1980년 기간의 칠레의 민주주의의 수준은, 볼렌에 따른다면, 낮았지만, 긍정수치인 5.56이었다. 그것은 정체 스케일에 따른다면 평균 −7이였으며, 결합적인 프리덤 하우스 스케일(the combined Freedom House scale)에 따른다면, 11.6이였다. 싱가포르는 쿠바보다 더 민주적이였는데, −7(쿠바)에 비해 −2였다. 모부터 통치하의 자이레(Zaire under Mobuto)는, 비록 거의 바닥을 칠 정도였지만, 정체 스케일에서는 바닥에 있는 것은 아니었다: 종종 자이레는 −9점을 받았다. 그러나 때때로 사태가 개선되어, −8점을 획득한 바 있다. 그리고 프리덤 하우스 스케일(the FH scale)에서는, 자이레의 점수가 가장 덜 민주적인 점수 14(the least democratic 14)로부터 다소간 보다 민주적인 점수 11(the somewhat more democratic 11)의 범위에 있었다. 프리덤 하우스에 따른다면, 인종격리 기간하의 남아프리카(South Africa)는 1993년 이래의 러시아, 1990년대의 도미니카 공화국(the Dominican Republic), 탈공산주의의 알바니아와 루마니아(postcommunist Albania and Romania), 1990년대의 스리랑카(Sri Lanka)와 유사한 점수를 획득하였다. 그래서 만약 누군가가 민주주의가 모든 정체들에 대해서 연속적으로 측정될 수 있다고 믿는다면, 그 사람은 혹사 통치하의 알바니아(Albania under Hoxa), 북한(North Korea), 피노체 통치하의 칠레(Chile under Pinochet)와 같은 곳에서도 민주주의의 긍정적 수준을 이야기 하는 것이 말이 된다고 주장할 준비가 되어 있어야만 할 것이다. 그리고 또, 이러한 측정 스케일들에서 하나의 가치가 다른 가치로 변환될 수 있다고 말하는 것이 말이 되고, 또 마지막으로, 나라들에 걸쳐 나타나는 점수들을 의미 있게 해석할 수 있다고 주장할 준비가 되어 있어야만 하는 것이다.

상이한 측정 방식들의 정보 내용에 관하여 말하자면, 연속적 스케일이 이분법적 정치체제의 구분 보다 더 많은 정보를 함유한다고 하는 것은 맞지가 않다. 한 측정 방식의 정보의 내용은, 적어도 그것이 의존하고 있는 측정의 수준만큼이나, 그 측정 방식이 개념화되고 관찰되는 방식에 의존하게 된다. 우리가 1965년에 싱가포르의 민주주의의 수준이, 볼렌의 스케일에 따른다면, 76.94였다고 말할 때, 어떤 종류의 정보가 전달되고 있는가? 혹은 정체 스케일에 따른다면 버마의 군사정권이 −6의 점수를 받았다는 것은 무슨 종류의 정보가 전달되고 있는가? 어느 측정 방식이 더 많은 정보를 전달하는가?: 북한이 1965년에 볼렌 민주스케일에 의하면 21.04를 받았다고 말하는 것은 무엇이며, 또한 북한이, 그 지도자들이 경쟁적 선거를 거치지 않고 선출되었기 때문에, 1965년에 독재체제였다고 말하는 것은 무엇인가?

측정방식들은 그 방식들의 구성요소들의 좋은 정도만큼만 좋을 뿐이다. 프리덤 하우스 스케일(the FH scale)을 생각해 보자. 이 스케일은 정치적 자유 스케일(the political liberty scale)에 관한 8가지 질문들에 대한 답변과 시민적 자유 스케일(the civil liberty scale)에 관한 14개 질문들에 대한 답변에 기초하고 있다. 요구된 질문들과 정보의 성격을 전제한다면, 위에서 보았듯이, 이러한 답변들은 종종 코딩하는 사람들(coders)의 측에서 본다면 매우 주관적인 판단을 요구한다. 코딩하는 사람들은 그러한 질문들의 각각에 대해 0에서부터 4에 이르는 "원 점수"(raw points)를 부여한다. 그렇게 하면 정치적 권리 점수(political rights points)는 최대한 32점(4x8)이 되며, 시민적 자유 점수는 최대한 56(4x14)이 된다. 그리고 나서 각 나라들은 원 점수들에 따라 최종적인 정치적 및 시민적 자유들을 조합하는 7가지 범주의 하나로 배분된다. 예를 들어, 어떤 나라가 정치적 권리 점수에서 28–32범위 내에 있으면, 정치적 권리 스케일의 제1범주에 속하게 되며, 23–27의 점수에 머무르면, 제2범주에 속하게 된다는 등등이다.

프리덤 하우스 스케일이 의미 있는 정보를 전달하는 것이 사실이기 위해서는 무엇이 필요한가? 한 가지를 말한다면, 정치적 권리 및 시민적 권들의 점검 사항을 구성하는 22개 항목의 각각이 충분하게 정의되는 것이 필요하다. 점검사항 목록들의 묘사에서 나타나는 *평등한*(*equal*), *공정한*(*fair*), *정직한*(*honest*), *합당한*(*reasonable*) 등등과 같은 형용사들이 충분하게 정의되어서, 사람들로 하여금 나라들을 가로질러 발생하는 *불평등한*

(*unequal*), *불공정한*(*unfair*), *부정직한*(*dishonest*), 그리고 *불합당한*(*unreasonable*) 관행의 사례들과 구분하여 식별할 수 있도록 하여야만 했을 것이다. 그러려면, 사람들이 각각의 점검 항목에서 1, 2, 3, 4의 점수 대신에 0을 정치적 및 시민적 자유와 관계된 관행에 언제 부여하는 것이 마땅한 지를 결정할 수 있게 하는 규칙들이 있어야만 한다. 이러한 항목들이 의미가 있어야함은 물론, 또한 사람들이 이 의미 있는 항목들이 구체화되는 수준들을 식별할 수 있도록 하여야만 하는 것이다. 더욱이, 동등한 수치에 이르는 상이한 특성의 나열들(different constellations of attributes)은 동등한 값이 되어야만 하는 것 또한 사실이다. 예를 들자면, "기회의 평등"이 없는 "인격적 자율성"을 누린다는 것(having "personal" with no "equal opportunity")은 그 반대의 경우("equal opportunity" with no "personal autonomy"와 동등한 가치가 되어야만 한다. 끝으로, 사람들이 일단 사실들을 획득하게 되면 무엇을 해야 할 지를 이들이 알 수 있다고 가정한다면, 사람들은 또한 이러한 항목들의 각각에 관한 사실들을 획득해야만 한다. 필요한 것은 집행부 및 입법부 모두의 정책결정 행위들에 관한 정보이다. 즉 정치적 선거운동(political campaigning), (집권당은 물론 반대당 모두를 포함하는) 정당들(political parties), 노조(trade unions), 전문단체들(professional organizations), 사법부(the judiciary), 군부(the military), 종교단체(religious organizations), 경제적 과두제(economic oligarchies) 등등에 관한 정보이다.

만약 이러한 조건들이 충족된다면, 사실 프리덤 하우스 스케일(the FH scale)은 단순히 경쟁적 선거가 이루어지고 있는지의 여부에 의존한 양분법적 측정(dichotomous measure) 보다는 더 많은 정보를 전달하게 될 것이다. 그렇지만, 이러한 조건들이 충족이 되지 않는다면, 그러면 해당 과정의 각

단계에서 나타나게 되는 생성된 수치들은 점점 더 의미를 상실하게 될 것이다. 스케일 측정 방식(a scale)이 보다 많은 범주를 포함하고 보다 많은 가치들을 참작한다는 의미에서 양분법적 측정(a dichotomy) 보다 더 정교하다고 할 수 있다. 그렇지만, 그것이 각 국가의 정치체제에 관한 보다 많은 정보를 전달하기 때문에 그렇다고 하는 것이 아니라는 점은 확실하다. 이들이 전달하는 것은 스케일을 만드는데 관여한 사람들의 주관성(the subjectivity of those involved in generating the scale)에 관한 정보라고 말하는 것은 가능하다.

그렇다면 어떤 측정 방식을 민주주의를 연구하는 사람들이 사용하여야만 하는가? 그 외의 경우와 마찬가지로, 가장 최선의 측정 방식은 제시되는 질문과 이의 개념적 명료성의 기능이다. 그렇지만, 민주주의의 측정방식들은 모두 대단히 높은 상관성을 지니고 있어서, 어느 방식을 사용해야 하는지의 문제를 무의미하게 만든다. 사실상 정체 IV(Polity IV) 측정과 프리덤 하우스(FH) 측정방식의 상관성은 −0.90이다. 정체 IV 측정 방식은 DD가 분류한 민주주의의 사례의 87%를, 독재체제로 분류한 사례의 93%를 정확히 예측하고 있다. 프리덤 하우스 측정 방식은 각각, 87%와 93%를 예측하고 있다. 그러나 민주주의의 연속적 스케일들은 두 가지 양태의 분포도(bimodal distribution)를 보여주는데, 스케일의 상위와 하위의 양 끝에(high and low ends of the scales) 사례들이 고도로 집중되는 현상으로 나타난다: FH의 13 포인트 스케일에서 해당 사례들의 56%는, 그 스케일 중 최하위 3개 범주 및 최상위 3개 범주(the three lowest and highest categories of FH's 13−point scale)에 속하는 것으로 분류된다. 21 포인트 정체 IV 스케일(the 21−point Polity IV scale)에서는, 해당 사례들의 71%가 −7과 그 이하이거나, 7과 그 이상의 점수들을 획득하는 것으로 나타난다. 만약 민주주의의 스케일들의 극단적인 경우들을 배제한다면, 상이한 측정 방식들 간의 상관성은 상당히 축소될 것이다. 정체 IV와 프리덤 하우스(FH) 측정 방식간의 상관성은 −0.67로 나타난다. 정체 IV 측정 방식은 DD의 민주정체의 65%, 그리고 독재체제의 87%를 예측하는 반면, 이러한 수치들은 FH의 경우에 대해서는 각각 73%와 87%를 예측한다. 그래서 민주주의에 대한 상이한 측정 방식들 간에 고도의 상관성을 보여주는 것은 바로 논쟁의 여지가 없는 사례들(the uncontroversial cases)이다: 말하자면, 영국, 미국, 스웨덴, 북한(North Korea) 또는 이라크(Iraq)들에 대해서는 어떠한 방식도 매우 상이한 해독을 할 가능성이 없다. 문제는 "곤란한" 사례("difficult" cases)에서 발생한다. 이러한 사례에 속하는 것으로, 멕시코, 보츠와나(Botswana), 말레이시아, 페루, 과테말라(Guatemala)가 있으며, 그리고 현존의 측정 방식들을 이루고 있는 범주들에 쉽게 부합하지 않는 다수의 다른 국가들이 있다. 그렇지만 이러한 국가들이 "곤란한" 사례인 것은, 반드시 이들 국가들이 민주주의의 중간적 예들(intermediate instances of democracy)에 해당되어, 그래서 정도(gradations)를 참작할 수 있는 측정 방식을 요구하기 때문이라고 할 수는 없다. 오히려 이들이 곤란한 사례가 되는 이유는 정치체제의 유형을 분류해야만 하는 규칙들이 우리가 직면하는 세상의 모든 사례들의 특징을 구분할 수 있을 정도로 충분히 좋다고 할 수 없기 때문이다. 아마도 민주주의의 정도(gradations) 보다는, 우리가 필요로 하는 것은 단지 민주정체를 확인해 낼 수 있는 보다 나은 규칙일 뿐이다.

이러한 내용의 어느 것도 프리덤 하우스(FH), 정체측정(Polity), 또는 볼렌(Bolen)과 같은 스케일 측정 보다 DD와 같은 이분법적 측정 방식의 사용을 반드시 옹호해 주는 주장이 되는 것은 아니다. 우리가 이러한 경우들-이러한 스케일들에서는 분포의 중간에 밀집이 되는 경우들-에 다다르게 된다면, 어떠한 합치도 측정방식들 간에 존재하지 않는 것으로 보인다. 선택은 *개념적 근거들과 그리고 각 측정방식이 함유할 수 있는 오류의 양에 근거하여 이루어져야만 한다(the choice must be made on conceptual grounds and on the basis of the amount of error each measure may contain).* 정체 스케일(the Polity scale)에서 4나 4에서 5로 이동하는 것이 무엇을 의미하는지를 유의미하게 하려면, 그러면 사람들은 그것(4또는 4에서 5로 이동하는 것)을 아마도 사용해야만 한다. 만약 사람들이 이것이 의미하는 바를 유의미하게 할 수 없다면, 그리고, 이러한 이유로, 이러한 수치를 발생시킨 그 과정을 의심한다면, 사람들은 "보다 조야한" 측정 방식(a "cruder" measure)을 사용함으로써 훨씬 더 도움을 받을 수도 있을 것이다. 그러나 그러한 방식은 특정한 이론적 및 경험적 의미를 지닌다.

다음에 따라오는 예에서 본다면, 우리는 1946년 이래 세계지역과 장기간에 걸쳐 민주정체들의 분포도를 규정하는 데 DD를 사용한다. 표(Table) A.1은 1946년과 2008년 사이에 세계의 각 지역에서의 민주정체들의 빈도수를 제시해 준다. 이러한 수치들은 1946년에 일찍이 존재했거나, 아니면 그 해 이후 독립이 된 나라들을 지칭한다. 표에서 두 번째 난은 각 지역에서 관찰된 나라-연도(country-years)의 수치를 나타낸다.

표 A.1의 세 번째 난은 민주주의 하에서 보냈던 각 지역의 나라-연도의 비율(percentage of country-years)을 나타낸다. 우리가 살펴볼 수 있듯이, 지역별로 큰 차이가 나타난다. 사하라 사막 이남의 아프리카(sub-Saharan Africa), 동 아시아(East Asia) 및 중동/북아프리카(the Middle East/North Africa)에서는 민주주의 하에서 보낸 시간은 조그만 비율이었다.

그 반대의 경우는 카리브해의 나라와 산업 국가들에게 해당된다. 이 지역에서는 대부분의 시간이 민주주의 하에서 보내졌다. 라틴 아메리카는 독특한데, 이곳에서는 민주주의와 독재체제를 동등한 비율로 경험하였다. 오일 수출 나라들(oil country)은 어떠한 나라도 민주정체인 적이 없었다.

표 A.1의 마지막 세 가지 난들은 각 지역에 있는 상이한 형태의 민주주의(different types of democracy)－의회제(parliamentary), 혼합형(mixed), 대통령제(presidential)－의 분포도를 나타낸다. 입법부를 신뢰하고 있는 정부의 체제를 의회제(parliamentary)라고 하며, 선출된 대통령의 권위(the authority of elected president)를 보좌하는 기능을 하는 정부의 체제를 대통령제(presidential)라 하고, 입법적 의회와 선출직 대통령 양자 모두에 반응하는 정부의 체제를 혼합형(mixed)이라 한다는 점을 기억하라. 우리가 볼 수 있듯이, 지역적 패턴들은, 또 다시, 매우 분명하다. 산업 국가들의 대부분의 민주주의 체제는 의회제이다. 마찬가지로, 남아시아(South Asia), 태평양 군도(the Pacific Islands), 및 카리브 해 지역(the Caribbean)에 존재하고 있는 상대적으로 비교적 적은 수의 민주정체들 역시 의회제를 채택하고 있다. 반면에 라틴 아메리카는 압도적으로 대통령제가 많은 반면, 사하라 사막 이남의 아프리카에 있는 민주정체들은 세 가지 유형에서 동등하게 나누어져 있는 경향을 보여준다.

그림 A.1은 1946년 이래의 민주정체들의 진화를 보여준다. 우리가 살펴 볼 수 있듯이, 전후의 민주정체의 진화(the postwar evolution of democracies)는 일종의 U 형태로 된 커브(a U−shaped curve)로 대략 축약시킬 수 있다. 민주정체들의 비율은 1940년대 말에는 상대적으로 높았다. 이때(1940년대 말)에는 벌써 그 비율이 쇠퇴하기 시작하여 1977부터 1978년간

표 A.1 지역에 따른 민주주의 분포, 1946–2008

Region	Country–years	% democratic	% parliamentary	% mixed	% presidential
Sub–Saharan Africa	2153	14.17	24.26	39.34	36.39
South Asia	393	44.78	82.39	5.68	11.93
East Asia	308	17.53	5.56	55.56	38.89
South–East Asia	513	19.10	46.94	0.00	53.06
Pacific Islands/Oceania	342	65.79	85.33	0.00	14.67
Middle East/North Africa	741	18.22	100.00	0.00	0.00
Latin America	1197	59.06	0.00	0.28	99.72
Caribbean/Non–Iberic America	521	76.97	95.01	0.00	4.99
Eastern Europe/Ex–Soviet Union	945	32.59	38.96	61.04	0.00
Industrial Countries	1636	94.44	68.87	21.29	9.84
Oil Countries	322	0.00	0.00	0.00	0.00
ALL	9071	43.59	54.63	17.174	28.20

에는 단지 28%라는 낮은 비율에 이르게 되었다. 그 이래(1977-1978)로 (다시) 세계의 민주정체들의 비율은 증가하여, 2008년에는 거의 62%에 이르게 되었는데, 이는 1946년 이래 가장 높은 수준이었다. 이러한 패턴은 헌팅톤(Huntington)에 의해 주장되었던, 민주주의의 물결이 발생한 증거로 곧바로 해석할 수는 없을 것이다. 셰보르스키와 기타의 학자들(Przeworski et al., 2000)이 주장하듯이, 그림 A.1에서 우리가 관찰할 수 있는 패턴은 민주체제가 독재체재로 전환된다거나 아니면 독재체제가 민주체제로 전환되는 경우의 산물인 것 같지는 않다. 오히려 그것은 많은 나라들이 이 세계에 나타나게 되었기 때문이라고 할 수 있다. 즉 많은 나라들이, 1960년대와 1970년대에 독립이 되고, 이들 나라들은 독재체제와 마찬가지로 민주체제를 실행했다. 앞의 연구자들(셰보르스키와 기타의 학자들)이 언급하듯이, 1946년 이전에 존재하였던 나라들에 있어서 민주체제와 독재체제의 비율은 거의 일정한 수준을 유지하였으며, 우리가 관찰하고 있는 변이(variation)는

그림 A. 1 민주주의 시간적 변천, 1946–2008

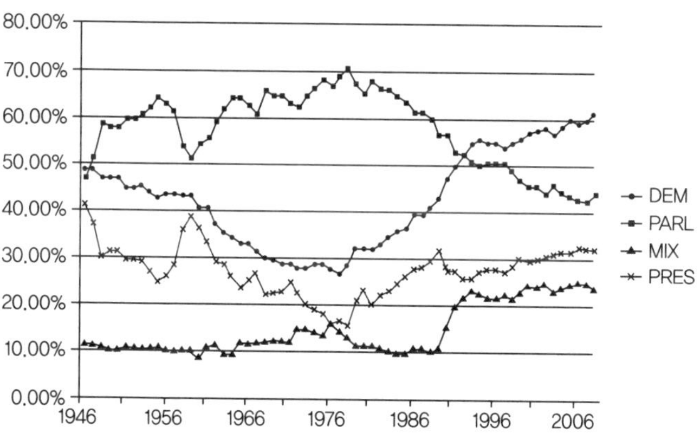

거의 완전히 라틴 아메리카에서의 체제 변화에서 기인한다.

그림 A.1은 또한 의회제, 혼합제, 또는 대통령제인 민주국가들의 비율을 반영하고 있다. 이 그림에서 가장 눈에 띄는 양상은 혼합체제(mixed system)를 채택해 온 민주주의 국가들의 비율이 최근에 증가하고 있다는 점이다. 혼합체제에서는 정부는 직접적으로 선출된 대통령에 책임을 지며, 동시에 의회 다수(a legislative majority)에게도 책임을 지는 체제이다. 우리는 사실 이러한 혼합체제들이 실제로 어떻게 작동하고 있는지에 대하여 별로 아는 게 없으며, 그 범주(혼합체제라는 범주)는 사실상 정부들이 형성되고 해체되는 방식에 있어서 상당한 정도의 차이를 아직 드러내고 있지 않다. 그렇지만, 이 형태가 새로운 민주국가들에서 점차적으로 유행하게 될 정부의 형태(an increasingly popular form of government), 즉 보다 주의 깊게 연구할 필요가 있는 정부형태라는 점은 의심의 여지가 없다.

References

Bollen, Kenneth. 1960. "Issues in the Comparative Measurement of Political Democracy." *American Sociological Review* 45(3): 370–390.

———. 1991. "Political Democracy: Conceptual and Measurement Traps," in Alex Inkeles, ed. *On Measuring Democracy: Its Consequences and Concomitants*. pp. 3–20. New Brunswick: Transaction Books.

Bollen, Kenneth A., and Robert W. Jackman. 1989. "Democracy, Stability, and Dichotomies," *American Sociological Review* 54(4): 612–621.

Chebub, José Antonio, Jennifer Gandhi, and James Raymond Vreeland. 2010.

"Democracy and Dictatorship Revisited." *Public Choice* 143(1): 67–101.

Coppedge, Michael, and Wolfgang H. Reinicke. 1990. "Measuring Polyarchy." *Studies in Comparative International Development* 25(1): 51–72.

Dahl, Robert A. 1971. *Polyarchy: Participation and Opposition.* New Haven: Yale University Press.

Elkins, Zachary. 2000. "Gradations of Democracy: Empirical Tests of Alternative Conceptualization." *American Journal of Political Science* 44(2): 293–301.

Marshall, Monty G., and Keith Jaggers. *Polity IV Project. Political Regime Characteristics and Transitions, 1800-1999. Dataset Users' Manual.* University of Maryland, College Park. Accessed at systemicpeace.org/inscr/p4manualv2012.pdf.

Przeworski, Adam. Mike Alvarez, José Antonio Cheibub, and Fernando Limongi. 2000. *Democracy and Development: Political Regimes and Economic Performance in the World, 1950-1990.* Cambridge: Cambridge University Press.

추가 참고도서

민주주의에 관한 주제를 직·간접적으로 다루고 있는 저서와 논문들의 수는 어마어마하게 많다. 아마도 기원전 4세기의 아리스토텔레스와 플라톤의 작품들로부터 지난해에 출판된 작품까지 수백 편에 이를 것이다. 따라서 다음에 따라오는 간략한 도서목록에 명백히 이들 작품들이 모두 포함되어 있는 것은 아니다. 그리고 불가피 선정한 것은 물론 아주 임의적이라고 할 수 있다.

그러나 내가 간략하게 취급한 이상으로 동 주제에 대하여 더 깊이 연구하고자 하거나 나와 다른 관점에서 민주주의를 탐구하고자 한다면, 여기에 소개된 작품들은 도움이 될 것이다. 나는 본문의 각주에서 이미 이들 중의 일부를 인용하였다.

1. 민주주의의 기원과 발달

Adcock, F. E. *Roman Political Ideas and Practice*. Ann Arbor: University of Michigan Press, 1959.

Agard, Walter R. *What Democracy Meant to the Greeks. Madison*: University of Wisconsin Press, 1965.

Hansen, Mogens Herman. *The Athenian Democracy in the Age of Demosthenes: Structure, Principles, and Ideology.* Translated by J. A. Cook. Oxford: Blackwell, 1991.

Huntington, Samuel P. *The Third Wave: Democratization in the Late Twentieth Century.* Norman: University of Oklahoma Press, 1991.

Jones, A. H. M. *Athenian Democracy.* Oxford: Blackwell, 1957.

Ober, Josiah. *Democracy and Knowledge: Innovation and Learning in Classical Athens.* Princeton: Princeton University Press, 2008.

Schwartzberg, Melissa. *Counting the Many: The Origins and Limits of Supermajority Rule.* New York: Cambridge University Press, 2013.

Taylor, Lily R. *Roman Voting Assemblies from the Hannibalic War to the Dictatorship of Caesar.* Ann Arbor: University of Michigan Press, 1966.

Vanhanen, Tatu. *The Process of Democratization: A Comparative Study of 147 States, 1980-1988.* New York: Crane Russak, 1990.

2. 민주적 목표, 이상, 이점

Barber, Benjamin R. *Strong Democracy: Participatory Politics for a New Age.* Berkeley: University of California Press, 1984.

Bobbio, Norberto. *The Future of Democracy: A Defence of the Rules of the Game.* Translated by Roger Griffin. Edited and introduced by Richard Bellamy. Cambridge: Polity Press, 1987. [Originally published as Il *futuro della democrazia.* Turin: Giulio Editore, 1984.]

Christophersen, Jens A. *The Meaning of "Democracy" as Used in European Ideologies from the French to the Russian Revolution.* Oslo: Universitetsforlaget, 1968.

Fishkin, James. *Democracy and Deliberation: New Directions for Democratic Reform.* New Haven and London: Yale University Press, 1991.

Gutmann, Amy. *Liberal Equality.* Cambridge: Cambridge University Press, 1980.

Held, David. *Models of Democracy*, 2d ed. Stanford: Stanford University Press, 1996.

Mansbridge, Jane J. *Beyond Adversarial Democracy.* New York: Basic Books, 1980.

Mill, John Stuart. *Considerations on Representative Government.* [1861] New York: Liberal Arts Press, 1958.

Pateman, Carole. *Participation and Democratic Theory.* Cambridge: Cambridge University Press, 1970.

Przeworski, Adam. *Democracy and the Limits of Self-Government.* New York: Cambridge University Press, 2010.

Rehfeld, Andrew. *The Concept of Constituency: Political Representation, Democratic Legitimacy, and Institutional Design.* New York: Cambridge UNiversity Press, 2005.

Rousseau, Jean-Jacques. *Du Contrat social, ou Principes de droit politique.* [1762] Paris: Editions Garnier Frères, 1962.

———. *On the Social Contract, with Geneva Manuscript and Political Economy.*

Edited by Roger D. Masters and translated by Judith R. Masters. New York: St. Martin's Press, 1978.

Sartori, Giovanni. *The Theory of Democracy Revisited. Chatham*, N.J.: Chatham House, 1987.

Sen, Amartya. "Freedoms and Needs." *New Republic*, January 10 and 17, 1994, 31~38.

Shapiro, Ian. *Democracy's Place*. Ithaca: Cornell University Press, 1996.

———. *Democratic Justice*. New Haven and London: Yale University Press, 1999.

Urbinati, Nadia. *Representative Democracy: Principles and Genealogy*. Chicago: University of Chicago Press, 2006.

3. 현실의 민주주의: 제도와 실례

Coppedge, Michael. *Democratization and Research Methods*. New York: Cambridge University Press, 2012.

Diamond, Larry, et al., eds. *Consolidating the Third Wave Democracies*. Baltimore: Johns Hopkins University Press, 1997.

Katznelson, Ira. *Fear Itself: The New Deal and the Origins of Our Time*. New York: W. W. Norton, 2013.

Klingemann, Hans-Dieter, Richard I. Hofferbert, and Ian Budge, et al. *Parties, Policies, and Democracy*. Boulder: Westview Press, 1994.

Lijphart, Arend. Democracies: *Patterns of Majoritarian and Consensus Government in Twenty-one Countries.* New Haven and London: Yale University Press, 1984.

———. *Democracy in Plural Societies: A Comparative Exploration.* New Haven and London: Yale University Press, 1977.

Lijphart, Arend, ed. *Parliamentary versus Presidential Government.* Oxford: Oxford University Press, 1992.

Linz, Juan J., and Arturo Valenzuela, eds. *The Failure of Presidential Democracy.* Baltimore: Johns Hopkins University Press, 1994.

Mayhew, David R. *Divided We Govern: Party Control, Lawmaking, and Investigations, 1946-2002*, 2d ed. New haven: Yale University Press, 2005.

———. *Partisan Balance: Why Political Parties Don't Kill the U. S. Constitutional System.* Princeton: Princeton University Press, 2011.

Powell, G. Bingham, Jr. *Elections as Instruments of Democracy: Majoritarian and Proportional Representation.* New Haven: Yale University Press, 2000.

Rae, Douglas W. *The Political Consequences of Electoral Laws.* New Haven: Yale University Press, 1967.

Runciman, David. *The Confidence Trap: A History of Democracy in Crisis from World War I to the Present.* Princeton: Princeton University Press, 2013.

Sartori, Giovanni. *Comparative Constitutional Engineering: An Inquiry into Structures, Incentives, and Outcomes.* London: Macmillan, 1994.

Shapiro, Ian. *The Real World of Democratic Theory.* Princeton: Princeton University Press, 2012.

Shugart, Matthew Soberg, and John M. Carey. *Presidents and Assemblies:*

Constitutional Design and Electoral Dynamics. New York: Cambridge University Press, 1992.

Stepan, Alfred, Jun J. Linz, and Yogendra Yadav. *Crafting State-Nations: India and Other Multinational Democracies.* Blatimore: Johns Hopkins University Press, 2011.

Stokes, Susan C., Thad Dunning, Marcelo Nazareno, and Vleria Brusco. *Brokers, Voters, and Clientelism: The Puzzle of Distributive Politics.* New york: Cambridge University Press, 2013.

Ware, Alan. *Citizens, Parties, and the State: A Reappraisal.* Princeton: Princeton University Press, 1988.

4. 우호적 및 비우호적 조건들

Archibugi, Daniele, and David Held, eds. *Cosmopolitan Democracy: An Agenda for a New World Order.* Cambridge: Polity Press, 1995.

Coleman, Isobel, and Terra Lawson-Remer, eds. *Pathways to Freedom: Political and Economic Lessons from Democratic Transitions.* New York: Council on Foreign Relations Press, 2013.

Diamond, Larry. *Developing Democracy: Toward Consolidation.* Baltimore: Johns Hopkins University Press, 1999.

Gutmann, Amy, and Dennis Thompson. *Democracy and Disagreement.* Cambridge: Belknap Press of Harvard University Press, 1996.

Hayek, Friedrich A. von. *The Road to Serfdom.* Chicago: University of

Chicago Press, 1976.

Held, David, ed. *Prospects for Democracy, North, South, East, West.* Stanford: Stanford University Press, 1993.

Inglehart, Ronald. *Culture Shift in Advanced Industrial Society.* Princeton: Princeton University Press, 1990.

———. *Modernization and Postmodernization: Cultural, Economic, and Political Change in Forty-three Societies.* Princeton: Princeton University Press, 1997.

Lindblom, Charles E. *Democracy and Market System.* Oslo: Norwegian Universities Press, 1988.

———. *The Intelligence of Democracy: Decision making Through Mutual Adjustment.* New York: Free Press, 1965.

———. *Politics and Markets: The World's Political Economic Systems.* New York: Basic Books, 1977.

Linz, Juan J., and Alfred Stepan. *Problems of Democratic Transition and Consolidation: Southern Europe, South America, and Post-Communist Europe.* Baltimore: Johns Hopkins University Press, 1996.

Polanyi, Karl. *The Great Transformation.* New York: Farrar and Rinehart, 1944.

Przeworski, Adam. *Democracy and the Market:* Political and Economic Reforms in Eastern Europe and Latin America. Cambridge: Cambridge University Press, 1991.

Przeworski, Adam, Michael Alvarez, José Cheibub, and Fernando Limongi. *Democracy and Development: Political Institutions and Well-Being in the*

World, 1950-1990. New York: Cambridge University Press, 2000.

Putnam, Robert D. *Making Democracy Work: Civic Traditions in Modern Italy.* Princeton: Princeton University Press, 1993.

Sen, Amartya. *Inequality Reexamined.* New York: Russell Sage Foundation, and Cambridge: Harvard University Press, 1992.

Walzer, Michael. *On Toleration.* New Haven and London: Yale University Press, 1997.

5. 도전과 전망

Budge, Ian. *The New Challenge of Direct Democracy.* Cambridge: Polity Press, 1996.

Burnheim, John. *Is Democracy Possible? The Alternative to Electoral Politics.* Berkeley: University of California Press, 1985.

Fishkin, James S. *The Voice of the People: Public Opinion and Democracy.* New Haven: Yale University Press, 1997.

Gutmann, Amy. *Democratic Education.* Princeton: Princeton University Press, 1987.

Hirst, Paul. *Associative Democracy: New Forms of Social and Economic Governance.* Cambridge: Polity Press, 1994.

King, Diamond, and Rogers M. Smith. *Still a House Divided: Race and Politics in Obama's America.* Princeton: Princeton University press, 2011.

Levinson, Sanford. *Our Undemocratic Constitution: Where the Constitution*

Goes Wrong (And How We Can Correct It). New York: Oxford University Press, 2008.

Schweickart, David. *Capitalism or Worker Control? An Ethical and Economic Appraisal*. New York: Praeger, 1980.

Shapiro, Ian. The State of Democratic Theory. Princeton: Princeton University Press, 2003.

Skocpol, Theda. *Diminished Democracy: From Membership to Management in American Civic Life*. Norman: University of Oklahoma Press, 2004.

Stokes, Susan C. *Mandates and Democracy: Neoliberalism by Surprise in Latin America*. New York: Cambridge University press, 2001.

감사의 말

회상해 보건대, 내가 민주주의의 이론과 실제에 관한 또 다른 책을 쓰고 싶다고 처음 말한 상대는 나의 부인 앤(Ann Sale Dahl)이었다. 나는 당시 염두에 두었던 책은 아마도 내가 저술하였던 대부분의 책보다 훨씬 덜 학문적일 것이라고 말하였다. 나는 다른 학자들과 전문가들, 또는 특별히 미국인들만을 주 대상으로 하여 책을 쓰지는 않을 것이라고 하였다. 나는 이 책이 어느 곳의 누구에게라도 도움이 될 수 있었으면 좋겠다고 생각하였다. 이 광대한 주제는 너무 복잡하여 이 문제를 심도 있게 탐구하고자 하는 사람들은 정치이론가들, 철학자들, 그리고 다른 기타 학자들뿐이었다. 이 주제에 관하여 더 알고자 하는 데 진지한 관심을 가지고 있을 사람들에게 도움을 주고자 하는 것이 나의 동기였다. 이러한 저술 의도에 적합한 집필 스타일을 제대로 찾는다는 것은 가슴 죄는 도전이었다는 것을 솔직히 고백하고자 한다. 나의 부인 앤의 열정적 반응이 나로 하여금 이 작업을 진행시킬 수 있도록 격려하여 주었다. 거의 완성된 초고를 처음 읽었던 사람 역시 앤이었다. 그리고 그녀의 능숙한 편집 제안이 나의 작품을 상당히 개선시켰다.

아주 부지런한 두 분의 동료학자인 제임스 피시킨(James Fishkin)과 마이클 월처(Michael Walzer)는 나의 완결된 초고 – 그런데 아주 완결된 것이 아니라는 것이 판명되었다 – 에 관하여 매우 관대하면서도 상세하게 논평하여 주었다. 이들의 논평과 제안들은 아주 적절하고 유용하여서 거의 모든 것을 수용하였다. 그러나 내가 원래 마음먹었던 이상의 방대한 저술을 요하는 것으로 생각되는 극히 일부의 논평과 제안을 무시할 수밖에 없었던 것을 안타깝게 생각한다.

나는 찰스 힐(Charles Hill), 데이비드 메이휴(David Mayhew), 이안 사피로(Ian Shapiro), 그리고 노마 톰슨(Norma Thompson)에게 감사를 표한다. 이들은 동 주제를 더 깊이 탐구하기를 원할 독자들에게 도움이 될 책들을 소개해 달라는 나의 요청에 답하여 주었다. 이들의 추천은 '추가 참고도서'를 풍부하게 하여 주었다.

원고를 마감하기 훨씬 전에, 나는 예일대학 출판부의 선임 편집자인 존 코벨(John Covell)에게 나의 저술에 관하여 언급하였는데, 그는 즉석에서 아주 강렬한 관심을 표현했다. 원고의 사본 한 부를 본 후, 그가 던진 질문과 제안들은 여러 면에서 이 책의 내용을 개선하는 데 도움이 되었다.

나는 예일대학 출판부와 오랫동안 관계를 유지하여 왔는데, 이 책을 통하여 이러한 관계를 계속 유지할 수 있는 것 또한 행복한 일이다. 예일대학 출판부가 이 책을 출판한다는 것은 나에게는 아주 기쁜 일이다. 왜냐하면 이 책을 저술하는 데 있어, 예일대학교 출판부에서 과거 수십 년 동안 출판하여 왔던 이전의 나의 저술들에 바로 의존하여 초안을 작성할 수 있었기 때문이다. 또한 국장 존 라이든(John Ryden), 부국장 티나 웨이너(Tina Weiner), 그리고 편집주간 메릴 래닝(Meryl Lanning)이 이 책의 출판에 대한 열정을 표현하였을 뿐만 아니라, 이 책이 신속하게 해외에서 번역 출판이 되어 전 세계의 독자들이 읽을 수 있도록 하려는 나의 제안을 아주 강력하게 지원해 준 데 대하여 아주 기쁘게 생각한다.

끝으로 부편집주간인 로라 존스 둘리(Laura Jones Dooley)의 편집은 신속하고 아주 훌륭하였다. 그녀의 공로는 일반 독자들에게는 보이지 않지만, 본 저자는 이 책이 그녀의 편집으로 인해 훨씬 나아졌다는 사실을 알고 있다. 그녀 역시 이 사실을 알았으면 한다.

옮긴이의 말

Robert A. Dahl, *On Democracy*(1998)의 번역본 (동명사, 1999)

민주주의는 대부분의 사람들에게 아주 친숙한 용어이다. 그러나 누가 이 민주주의에 관하여 설명해 달라고 하면 우리는 무엇을 어떻게 설명해야 할지 막연해지기 쉽다. 이렇게 쉽게 설명할 수 없는 이유를 크게 두 가지 정도로 생각해 볼 수 있다.

첫째, 민주주의의 근본원리에 대한 우리의 불확실한 개념과 생각 때문이다. 이것은 이론적으로 민주주의에 대한 개념과 그 근본원리에 대한 우리의 이해능력과 관계된다. 이러한 불확실성과 불확정성은 민주주의에 대한 이론적 이해 역시 끊임없이 탐구 및 연구가 진행되는 과정상의 사후적 결과이기 때문에, 이론가들조차 확정적이고 단정적인 해답을 가질 수 없다는 데 근원적으로 기인한다. 민주주의에 대한 이론적 이해 역시 끊임없이 진행되는 학문적 과정인 것이다. 이러한 이유로 우리는 민주주의에 대한 제한된 이해를 가지고 있으며, 이 제한된 이해 때문에 민주주의를 단정적으로 설명하기란 쉽지 않다. 다른 하나의 이유는 실제로 존재하는 민주정체들이 여러 가지의 모습을 띠고 있다는 것이다. 이 다양한 형태의 실제 민주주의를 근거로 하여 민주주의를 간명히 설명하기가 또한 쉽지 않은 것이다. 이런 다양한 형태는 우리로 하여금 두 가지 질문을 하게 만든다. 이렇게 많은 형태의 민주주의에서 우리는 진짜 민주주의와 가짜 민주주의를 가릴 수 있는가? 구분할 수 있다면 그 기준들은 무엇인가? 나아가서 설사 민주적 정체와 비민주적 정체를 구분할 수 있는 기준을 찾았다 할지라도, 민주적 정체들 상호간에서 보다 민주적이고 보다 덜 민주적인 정체들을 또한 구분해 낼 수 있는가? 이러한 문제들이 다양한 현실의 민주정체와 관련된 물음들이다. 이러한 물음들에 대한 확실한 기준이 없다면 우리는 실제 민주주의를 통해서도 민주주의에 대한 설명을 하기가 어렵게 되는 것이다.

로버트 달은 이 책에서 위와 같은 제반 문제들에 아주 간명하게 답하고 있다. 민주주의의 정치원리 및 민주정체와 비민주정체 간의 구별 기준들을 설명하고 있으며, 또한 민주주의 정치원리가 갖고 있는 이론적 미해결의 한계 및 문제점들을 지적하고 있다. 이러한 간명한 설명은 저자 자신이 밝히듯이 민주주의에 대한 전문적 연구가들이 아닌 사람들에게 민주주의에 대한 입문서의 형식으로 전달되고 있다.

학생들을 가르치면서, 그리고 논문을 쓰기 위해서 민주주의에 관한 많은 저서와 논문을 읽어 봤지만, 이렇게 간단명료하고도 알기 쉽게 씌어진 책은 본 적이 없다는 것이 역자들의 공통된 의견이다. 번역을 진행하면서 역자들 모두는 이와 같은 로버트 달의 탁월성에 감탄하였다. 이러한 역자들의 감탄이 단순한 과장이나 찬사가 아님을 전문가뿐만 아니라 비전문가들이 이 책을 처음부터 끝까지 읽어 본다면 알 수 있을 것이다. 이 책을 끝까지 읽는 독자라면 다음 두 가지를 깨닫게 되리라고 옮긴이들은 장담할 수 있다. 하나는 민주주의가 무엇인지, 다른 하나는 로버트 달이 왜 민주주의 이론의 대가인지를 깨닫게 될 것이다.

저자 자신이 이 책은 전문가가 아닌 전 세계에 있는 민주주의에 대해 관심 있는 사람들을 위하여 '민주주의의 입문서'로 시작되었다는 저술 의도를 밝혔듯이, 이 책은 민주주의에 관심을 가진 사람이라면 누구나 쉽게 읽을 수 있는 책이라고 생각된다. 동시에 민주주의를 전문적으로 연구하고 있는 사람에게도 매우 유용한 책이 될 것이다. 따라서 이 책의 독자의 범위는 상당히 넓을 것으로 추정된다. 민주주의를 이론적으로 연구하는 사람은 물론 민주정치 과정에 직접 참여하고 있는 자, 대학생, 중등 및 고등 교육과정에서 민주주의를 가르치고 있는 교사 등에게 크게 도움이 될 수 있는 책이다. 그렇지만 광범위한 층의 독자들이 쉽게 접근할 수 있다고 해서, 이 책의 전문성의 정도가 낮다고 말할 수는 없다. 오히려 높은 수준의 전문성을 아주 쉽게 설명하였다는 것이 이 책에 대한 보다 정확한 평가일 것이다. 따라서 이 책은 민주주의를 전문으로 연구하는 사람들도 놓쳐서는 안 되는 이론적으로 중요성을 지닌 책이다. 아무쪼록 많은 독자들이 이 책을 읽어서 민주주의를 이해하는 데 도움이 되었으면 한다. 나아가서 이 책을 통해 민주주의에 대한 이론적 이해를 증진시켜 실제로 한국의 민주정치 운영을 한 차원 승화시킬 수 있는 밑거름이 되었으면 하는 것이 옮긴이들 모두가 이 책을 번역하면서 가졌던 일치된 생각이다.

이 책은 앞에서 밝혔듯이 공동번역으로 이루어진 작품이다. 이 책의 제1장과 제1부 민주주의의 기원은 정상화 박사, 제2부 이상적 민주주의는 장동진 교수, 제3부의 현실의 민주주의는 김왕식 교수, 제4부의 우호적 조건들과 비우호적 조건들은 이기호 박사가 각각 담당하여 번역하였다. 번역 초고를 완성한 후 역자들은 서로 돌려보며 번역상의 문제를 최소화하고 용어를 통일하기 위하여 여러 차례 모여 토론하고 의견을 수렴하는 과정을 거쳤다. 그럼에도 불구하고 역자들이 저자의 의도를 충분히 살리지 못한 점이 있다면 독자들의 관대한 이해를 바란다.

이 번역서가 출간되기까지 도움을 주신 여러분들에게 이 자리를 빌어 감사의 말을 전한다. 그리고 무엇보다 이 책이 미국에서 출판되기도 전에 최종적으로 완결된 원고를 긴급히 입수하여 번역 제안을 하였던 동명사의 임종은 기획실장에게 감사드린다. 그리고 이 번역본이 쉽게 읽힐 수 있도록 편집 및 교정을 해준 동명사의 편집부 일동과, 끝으로 이 책이 번역될 수 있도록 예일대학 출판부와의 계약을 통하여 판권문제를 해결해 준 동명사의 최국주 사장님께 감사를 표한다.

이 책의 공동번역에 참가한 이들은 언제나 이러한 학문적 작업을 할 수 있도록 길러 준 여러 은사님들과 직·간접적으로 도움을 주었던 분들, 그리고 이 사회에 대하여 언제나 감사한 마음을 가지고 있다. 아무쪼록 이 번역본이 많은 사람들에게 읽혀져서 이러한 감사에 대한 조그만 표시가 되었으면 한다.

1999년 2월

옮긴이 일동

인명색인

ㅋ

ㅌ

ㅍ

ㅎ

용어색인

ㄱ

ㄴ

ㄷ

ㄹ

ㅁ

ㅂ

ㅅ

ㅇ

ㅈ

ㅎ

C

D

F

S